KB141186

Node.js와 오픈소스를 활용한
안드로이드 서비스 개발

Node.js와 오픈소스를 활용한
안드로이드 서비스 개발

© 2017. 한동호 All Rights Reserved.

초판 1쇄 발행 2017년 8월 4일 **2쇄 발행** 2018년 10월 25일

지은이 한동호
펴낸이 장성두
펴낸곳 주식회사 제이펍

출판신고 2009년 11월 10일 제406-2009-000087호
주소 경기도 파주시 회동길 159 3층 3-B호
전화 070-8201-9010 / **팩스** 02-6280-0405
홈페이지 www.jpub.kr / **원고투고** jeipub@gmail.com
독자문의 readers.jpub@gmail.com / **교재문의** jeipubmarketer@gmail.com

편집부 이종무, 황혜나, 최병찬, 이 슬, 이주원 / **소통·기획팀** 민지환 / **회계팀** 김유미
표지디자인 미디어픽스 / **본문디자인** 한지혜
용지 에스에이치페이퍼 / **인쇄** 한승인쇄사 / **제본** 광우제책사

ISBN 979-11-85890-96-8 (93000)
값 26,000원

제이펍은 독자 여러분의 아이디어와 원고 투고를 기다리고 있습니다. 책으로 펴내고자 하는 아이디어나 원고가 있으신 분께서는
책의 간단한 개요와 차례, 구성과 저(역)자 약력 등을 메일로 보내주세요. jeipub@gmail.com

Best Food

Node.js와 오픈소스를 활용한
안드로이드 서비스 개발

한동호 지음

제이펍

차 례

머리말

안드로이드는 2008년 이후로 지속적인 발전을 거듭하여 현재는 윈도우를 제치고 세계에서 가장 많이 사용하는 OS가 되었다. 그만큼 안드로이드 기기가 많아진 것을 의미하며, 사용자도 엄청나게 증가하였음을 방증한다. 또한, 많은 서비스들이 iOS보다 안드로이드에서 먼저 런칭되고 있을 만큼 안드로이드는 모바일에서 매우 중요한 자리를 차지하고 있다.

필자는 2008년 이후부터 학생과 스타트업을 상대로 안드로이드 세미나와 컨설팅, 강의 등을 지속적으로 해 왔다. 서비스를 만들기 위해서 많은 것을 배우고 익혀야 하다 보니 원하는 서비스를 개발하지는 못하고 시간만 소비하는 경우도 보았고, 방향을 잘못 잡아 어려움을 겪는 경우도 보았다. 시장성을 살펴보기 위해 프로토타입을 빠르게 만들고 싶은데도 배워야 할 것들이 많다 보니 시작도 하지 못한 경우도 있었다. '왜 그럴까?'를 생각해 보니 시중에 나와 있는 대다수의 책들이 단순히 안드로이드 자체만을 알려주고 있었고, 학원 대부분도 안드로이드 앱에 대해서만 가르치고 있을 뿐 안드로이드와 서버를 구성하는 방법에 대한 과정은 없었다.

그래서 필자는 서비스를 조금이나마 빠르고 쉽게 만들 방법이 없을까를 고민하였다. 그 결과, 서버 쪽 지식이 많지 않아도 개발할 수 있는 Node.js를 서버 기술로 하는 책을 집필하기에 이르렀다. 이 책에서는 안드로이드와 Node.js 그리고 MariaDB를 사용하여 맛집 서비스를 구축하는 방법을 설명하고 있으며, 컴퓨터에서 소스를 보면서 책을 보는 번거로움을 방지하기 위해 소스 전문을 수록하였다.

그렇다고 이 책이 안드로이드나 Node.js의 기초 지식을 설명하지는 않는다. 안드로이드를 공부했지만 전체적인 서비스를 구성하는 방법에 대해서 감이 오지 않았던 독자를 위하여 구성하였기 때문이다. 그래서 이 책을 효율적으로 보기 위해서는 적어도 안드로이드 서적을 1권 이상 학습한 경험이 있어야 하며, 자바스크립트 기초 문법 정도도 알고 있어야 한다.

이 책은 서비스를 완벽하게 구축하는 최고의 방법을 설명하지는 않는다. 하지만 서버를 사용한 안드로이드 서비스를 쉽게 구축하는 방법과 전체적인 서비스 구성을 설명하고 있으므로 서비스를 만들고 싶었지만 막막했던 독자들에게는 많은 도움이 될 것이라 생각한다. 이 책을 통해 전체적인 서비스를 구성하는 방법을 익히고 추가 자료를 학습한다면 본인만의 멋진 서비스를 구축할 수 있을 것이다.

안드로이드를 시작하는 많은 이들에게 이 책이 조금이나마 도움이 되기를 바란다.

한동호

베타리더 후기

강경구

안드로이드 기초 서적을 한번 보고 나면 '어떤 걸 만들 수 있을까?'라는 고민에 빠지게 됩니다. 이 책은 하나의 앱을 만드는 데 필요한 서버, DB, 클라이언트를 모두 설명하고 있어서 책을 따라하다 보면 작은 프로젝트를 경험할 수 있으며, 실제 모바일 서비스의 흐름도 이해할 수 있을 것 입니다. 또한, 실무에서 두루 사용하는 오픈소스를 익히는 데도 도움이 됩니다.

김종욱(KAIST)

안드로이드 기반의 서비스를 만들고자 하는 분이라면 이 책을 통해 기초를 획득할 수 있습니다. 안드로이드 위치 기반의 다양한 기능과 관리 방법에 대해서 어느 서적보다도 잘 정리되어 있는 책입니다. 다만, 부록을 참고하라는 언급이 자주 나와 본문과 부록을 오가며 보는 게 다소 불편했습니다. 그리고 책에 서비스 코드 전체가 실려 있는 건 일장일단이 있을 것 같네요.

박두현(마블러스)

처음 안드로이드를 접하는 사람에게는 다소 어려운 책입니다. 하지만 프로그래밍 경험이 있지만 안드로이드가 처음인 분, 안드로이드를 공부했지만 아직 무엇을 만들어야 할지 몰라서 고민이신 분들에게는 강력하게 추천하고픈 책입니다. 특히 처음 프로그래밍할 때 많이들 궁금해하는 백엔드 부분에 대해서도 가이드해 줄 수 있는 훌륭한 책이라고 생각합니다. 많은 공부가 되었습니다. 그리고 이 책은 일반적인 '쿡북'의 형태를 따르고 있다고 생각했는데, 기존의 쿡북들과는 다르게 부록 부분을 본문의 양 못지않게 할애하여 기존 쿡북의 단점인 설명의 부족함을 극복하려 한 점이 인상 깊었습니다. 부록 부분만 마지막에 쭉 읽어봐도 앞에서 읽은 내용이 정리되네요. 앞으로 모든 쿡북이 이 형태를 따라갔으면 좋겠다는 생각도 해 봅니다.

🦋 이아름

노드와 안드로이드를 이용해서 애플리케이션 만드는 과정을 장대하게 풀어낸 책이라고 생각합니다. 둘 다 애매하게 알고 있던 분들이 예제를 따라 배우다 보면 안드로이드 서비스의 전체 그림을 직접 그릴 수 있을 것 같습니다.

🦋 이요셉

Node.js와 Express.js를 기반으로 한 다양한 오픈소스 패키지들로 서버를 구성하고, 안드로이드로 맛집 검색 앱을 만들어 보는 책! 안드로이드 초급 공부를 마친 분들이 읽기에 적당한 실전형 도서입니다. 무엇보다도 공부와 작업이 바로바로 눈에 보이는 결과물로 나오니 흥미롭게 따라 해 볼 수 있었습니다. 내용과 기획은 매우 좋았다고 생각됩니다만, 설명이 조금 더 자세하였다면 초보자들도 좀 더 쉽게 따라 할 수 있을 것 같네요.

🦋 한홍근(서울옥션블루)

안드로이드 앱 기초를 공부하고 토이 프로젝트를 만들어 보려는 분들께 추천합니다. 실제로 'BestFood'라는 맛집 추천 프로젝트를 만들면서 앱 개발에 대해 익숙해질 수 있습니다. 그리고 오픈소스를 활용하면서 다른 사람이 작성한 코드를 적절하게 가공해서 사용하는 방법도 연습할 수 있습니다. '안드로이드 앱 공부했는데 그다음에 뭘 하면 좋을까요?'라는 질문을 받는다면 '일단, 이 책을 보면서 따라해 보세요'라고 권하고 싶습니다.

제이펍은 책에 대한 애정과 기술에 대한 열정이 뜨거운 베타리더들로 하여금
출간되는 모든 서적에 사전 검증을 시행하고 있습니다.

01

시작하기 전에

이 책은 맛집 검색 및 맛집 등록 기능을 제공하는 '베스트푸드'라는 안드로이드 앱 서비스를 개발하는 데 필요한 안드로이드 기술과 서버 기술, 그리고 데이터베이스에 대한 내용을 다루고 있다. 안드로이드와 서버 기술을 다루기 위해 맛집 앱을 선택했는데, 그 이유는 누구나 이해하기 쉬운 서비스라서 기능에 대한 별도 설명 없이 안드로이드와 서버 기술에만 집중할 수 있기 때문이다.

이 책은 안드로이드 앱을 서버와 연동하여 개발하고 싶은 독자를 대상으로 구성하였으며, 베스트푸드 앱 서비스를 어떻게 개발하는지에 대한 내용을 담고 있다. 이 장에서는 이러한 내용에 대해 살펴보겠다.

1.1 이 책의 대상 독자 및 선수 지식

이 책은 베스트푸드라는 맛집 검색 및 등록 서비스를 개발하는 방법을 설명한다. 클라이언트는 안드로이드로 개발하고 서버는 노드(Node.js)로 개발한다. 또한, 서버 측 데이터베이스는 MariaDB를 사용한다. 안드로이드를 기반으로 하는 서비스를 구축하는 데 필요한 기본적인 지식을 살펴볼 수 있도록 구성하였으므로 다음과 같은 독자가 합습하기에 적당하다.

이 책의 대상 독자

- 본인의 서비스를 개발하고 싶은 독자
- 스타트업에서 빠르게 서비스를 개발해야 하는 독자

- 안드로이드 서비스가 어떻게 개발되는지 궁금한 독자

- 학생이지만 기본적인 앱 개발을 해 보고 싶은 독자

- 안드로이드를 학습했지만 서버 개발을 어떻게 해야 하는지 궁금했던 독자

이 책은 최대한 쉽게 설명하고자 노력했지만, 안드로이드나 자바스크립트를 전혀 모르는 경우에는 따라하기 쉽지 않을 수 있다. 그러므로 이 책을 보기 위해서는 적어도 안드로이드를 설치하고 간단한 앱 정도는 만들어 본 경험이 있어야 한다. 또한, Node.js를 모르더라도 자바스크립트 기본 문법은 이해하고 있어야 이 책을 수월하게 볼 수 있을 것이다.

이 책을 학습하기 위해 필요한 선수 지식

- 자바스크립트 기본 문법
- 안드로이드 기초 지식
- 웹서버의 이해

1.2 이 책의 구성

이 책은 크게 '개발 환경 구성', '서비스 개발', '부록'으로 구성되어 있다.

'개발 환경 구성'에서는 전체 프로젝트 디렉터리를 구성하고, 노드(Node.js)와 자바(Java), 그리고 마리아디비(MariaDB)와 안드로이드 스튜디오(Android Studio)를 설치한다.

'서비스 개발'에서는 안드로이드 스튜디오에서 레이아웃과 자바 코드를 개발하는 방법과 노드로 서버 코드를 개발하는 방법을 살펴본다.

마지막으로, 이 책의 뒷부분에 있는 '부록'에서는 '서비스 개발'에서 다루지 못한 프로젝트의 나머지 코드와 서비스를 개발하면서 알아두면 좋은 팁과 라이브러리를 설명하였다.

이 책의 구성을 간략히 정리하면 다음과 같다.

- 베스트푸드 앱 소개
- 개발 환경 구성하기
- 단계별로 안드로이드와 노드 개발하기
- 소스 코드와 Tip & Tech, 주요 라이브러리

1.3 학습 방법

이 책은 안드로이드로 모바일 앱을 개발하고 노드로 서버를 구성하는 내용을 담고 있다. 그래서 기본적인 문법이나 사용 방법을 알고 있으면 좋지만, 그렇지 못한 경우를 위해 '부록'을 별도로 구성하여 본문에서 설명하지 못한 내용을 추가로 설명하고 있다. 그러므로 본문 내용을 보다가 이해가 잘 안 되는 부분이 있다면 이 책의 '부록'을 살펴보기 바란다.

개발 예정 서비스

이 책은 사용자가 맛집 정보를 직접 등록하고, 이를 리스트 형태나 지도에서 조회해 볼 수 있는 안드로이드 앱 개발 방법을 설명한다. 다른 앱들에서 흔히 볼 수 있는 기본적인 기능들을 가지고 있으므로 이를 통해 앱이 어떻게 동작하는지를 이해할 수 있을 것이며, 다른 앱을 개발하는 데에도 많은 도움이 될 것이다.

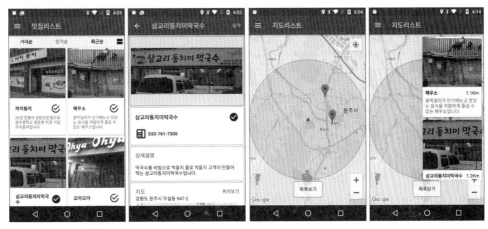

그림 1-1 베스트푸드 앱 소개

서비스에 필요한 기술

베스트푸드 앱은 안드로이드 클라이언트를 개발하고 노드 서버를 통해 데이터베이스를 연동해서 데이터를 안드로이드에 전송해야 하므로 다음과 같은 기술 요소가 필요하다.

- 자바(JAVA)
- 안드로이드(Android)

- 노드(Node.js)
- 마리아디비(MariaDB), 에스큐엘(SQL)

자바와 안드로이드에 대한 기초적인 지식이 있다면 이 책을 보면서 빠르게 기술을 익힐 수 있을 것이다. 하지만 잘 모르더라도 관련 서적을 함께 보면서 실습을 통해 코드를 익힌다면 크게 부담스럽지 않게 책을 볼 수 있다. 또한, 기본적인 SQL문을 작성해야 하므로 SELECT, INSERT, UPDATE와 JOIN, ORDER BY, WHERE 등에 대해서도 미리 살펴보면 이 책을 보는 데 많은 도움이 될 것이다.

이 책의 학습 방법

1. 책의 내용을 보면서 처음부터 하나씩 코드를 작성하면서 학습한다.

코드를 직접 작성하지 않고 소스 코드를 다운로드해서 본다면 눈으로만 책을 보게 되어 실질적인 학습이 되지 않을 것이다. 이는 소스 코드를 볼 때는 이해하지만 소스 코드 없이는 개발할 수 없는 상태가 되기 때문에 좋은 방법이 아니다. 하지만 안드로이드를 어느 정도 했다면 소스 코드로 전체 흐름을 파악하고 책을 보는 것도 좋은 방법이다.

2. '부록'에 있는 베스트푸드 관련 소스 코드를 살펴본다.

책의 본문에서는 라이브러리나 몇몇 안드로이드 클래스에 대해서는 설명하고 있지 않다. 본문의 흐름을 이해하는 데 방해가 될 수 있기 때문에 해당 내용을 책의 '부록'에 별도로 수록하였으니 함께 살펴보면서 학습을 진행하는 것이 좋다.

3. '부록'의 Tip & Tech와 관련 라이브러리를 살펴본다.

안드로이드와 노드를 학습하면서 필요한 지식이나 관련 라이브러리를 '부록'에 수록하였다. 실력 향상에 도움이 될 수 있으니 꼭 살펴보기 바란다.

책의 소스 및 이미지 다운로드 방법

베스트푸드 앱을 만들기 위해 필요한 모든 소스는 GitHub 사이트에서 다운로드할 수 있으며, 라이브러리나 추가적인 설명을 위한 소스는 책의 코드로만 제공하고 있다. GitHub 사이트에 업로드된 안드로이드와 노드 관련 소스 코드는 다음의 링크를 참고하기 바란다.

URL https://github.com/kairo96/and_node

- **app** 안드로이드 소스 코드(안드로이드 스튜디오 프로젝트)
- **web** 노드 소스 코드

그림 1-2 **베스트푸드 소스 코드 GitHub**

GitHub에서 소스 코드를 온라인에서 직접 살펴볼 수 있다. 또는 오른쪽 상단의 'Clone or download'를 클릭해서 ZIP으로 다운로드하거나 GIT 주소를 통해 소스를 볼 수 있다. GIT 주소를 통해 소스를 보는 방법은 인터넷에서 검색해 보자. 관련 이미지도 소스에 포함되어 있으므로 함께 다운로드할 수 있다.

문의사항

안드로이드나 자바스크립트를 처음 접하는 독자라면 이 책이 다소 어려울 수 있다. 또한, 책을 학습하거나 개발을 하다 보면 여러 궁금증이 생길 수 있는데, 이는 아래에 나와 있는 네이버 카페에서 도움을 얻을 수 있을 것이다. 게다가 책에서 미처 설명하지 못한 내용이나 다양한 학습 자료도 공유할 예정이므로 자주 방문하면 여러모로 도움이 될 것이다.

URL http://cafe.naver.com/jandev

02

베스트푸드 앱 소개

베스트푸드 앱은 사용자가 맛집을 직접 입력하고 다른 사용자가 맛집을 조회할 수 있는 서비스 앱이다. 그래서 기본적으로 맛집을 등록하는 화면과 맛집을 조회하는 화면이 있으며, 지도에서 맛집 위치를 볼 수 있는 화면도 포함되어 있다. 그리고 맛집을 즐겨찾기에 넣어 즐겨찾기에 있는 맛집만 조회할 수 있는 화면도 포함하고 있다.

2.1 안드로이드 앱 화면 및 기능 소개

시작 화면

시작 화면은 일명 '스플래쉬(Splash)' 화면이라고 불리는 화면이며, 다음과 같은 순서로 동작한다.

1 화면이 보여지고 폰에 저장된 전화번호로 서버에 저장된 정보를 조회한다.

2 조회된 정보가 없다면 전화번호 정보를 서버에 저장하고 프로필 화면으로 이동한다.

3 조회된 정보가 있다면 메인 화면으로 이동한다.

그림 2-1 시작 화면

왼쪽 메뉴

그림 2-2 왼쪽 메뉴

왼쪽 메뉴는 '메뉴' 버튼을 눌렀을 때 왼쪽에서 오른쪽으로 나오는 화면이며, NavigationView를 써서 만든다.

- **맛집리스트** 맛집 정보를 보여주는 화면이며, 거리순, 인기순, 최근순으로 맛집리스트를 볼 수 있다.
- **지도리스트** 구글 맵에 맛집 정보를 보여주는 화면이며, 지도 화면에서 리스트 형태로 맛집을 볼 수도 있다.
- **즐겨찾기** '즐겨찾기' 버튼을 클릭해 사용자가 즐겨찾기 한 맛집만을 볼 수 있는 화면이다.
- **맛집등록** 맛집을 직접 등록할 수 있는 화면이다. 위치를 선택하고 기본적인 정보를 등록할 수 있다.
- **프로필설정** 프로필 사진과 이름, 성별, 생일을 등록할 수 있는 화면이다.

맛집리스트

그림 2-3 맛집리스트 1

그림 2-4 맛집리스트 2

거리순, 인기순, 최근순으로 맛집 정보를 볼 수 있는 화면이다. 오른쪽에 있는 ▬ 아이콘을 클릭하면 맛집 정보를 한 개씩 나열해서 볼 수 있으며, ▦ 아이콘을 클릭하면 맛집 정보를 격자 형태로 볼 수도 있다.

맛집정보

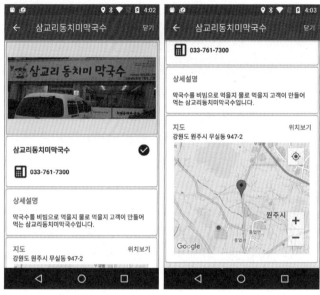

그림 2-5 맛집정보 1   그림 2-6 맛집정보 2

맛집 정보를 볼 수 있는 화면이다. 맛집에 대한 사진을 볼 수 있으며, 맛집 이름, 설명 그리고 지도를 볼 수 있다. 지도는 구글 맵을 사용하며, 맛집 위치는 마커로 표시하여 사용자가 위치를 알 수 있게 한다.

지도리스트

그림 2-7 지도리스트   그림 2-8 지도리스트(목록)

지도리스트에는 사용자가 위치한 곳에서 화면으로 보여줄 수 있는 반경 내의 맛집 정보를 마커로 보여준다. 그리고 볼 수 있는 영역을 표시해 주기 위해 파란색으로 원을 표시한다.

아래에 있는 '목록보기' 버튼을 클릭하면 지도에 표시된 맛집 정보에 대한 리스트가 오른쪽에 표시한다.

즐겨찾기

즐겨찾기 화면은 맛집 정보를 즐겨찾기 한 내역만 나오는 화면이다. 또한, 이 화면에서 맛집 이름 옆의 '체크' 버튼을 누르면 즐겨찾기에서 해지할 수 있다.

그림 2-9 즐겨찾기

맛집 등록

그림 2-10 맛집 위치 등록   그림 2-11 맛집 정보 등록   그림 2-12 맛집 이미지 등록

맛집 등록 화면은 맛집을 직접 등록할 수 있는 화면이다. 모바일 화면이다 보니 한 화면에서 모든 정보를 입력하기보다는 단계별로 입력할 수 있도록 하고 있다. 가장 먼저 위치를 설정하고 맛집 이름과 전화번호 등을 입력한다. 그리고 맛집 이미지를 등록한다.

프로필 설정

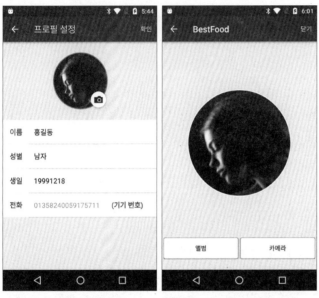

그림 2-13 **프로필 정보 설정**   그림 2-14 **프로필 아이콘 설정**

프로필 설정 화면은 개인 정보를 등록하는 화면이다. 이름, 성별, 생일을 입력할 수 있으며, 전화 항목은 자동으로 설정된다. 전화가 가능한 폰이라면 전화번호가 자동으로 보여지며, 기기번호는 해당 기기를 유일하게 지칭할 수 있어야 하므로 별도 알고리즘을 통해 생성해야 한다.

프로필 사진 옆의 '카메라' 버튼을 클릭하면 프로필 이미지를 앨범에서 선택하거나 카메라로 촬영할 수 있다.

이 장에서는 베스트푸드 앱을 개발하기 위해 구성해야 하는 개발 환경에 대해서 살펴볼 것이다. 대략적인 전체 구성을 살펴본 후에 각각의 구성 요소를 설치하고 기본 환경을 살펴본다. 이 과정에서는 책을 보는 시점에 따라 설치 파일 버전이 다를 수 있지만, 크게 다른 점은 없으니 최신 버전으로 설치해도 무방하다.

3.1 전체 구성 살펴보기

베스트푸드 앱은 크게 세 부분으로 구성된다. 클라이언트는 안드로이드(Android), 서버는 노드(Node.js)와 익스프레스(Express.js), 그리고 데이터베이스는 마리아디비(MariaDB)다. 그러므로 자바스크립트에 대한 기본적인 지식이 필요하며, SQL문에 대해서도 어느 정도 이해하고 있어야 한다.

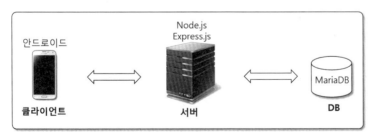

그림 3-1 **전체 구성**

3.2 프로젝트 디렉터리 구성하기

여기서는 C:\bestfood 디렉터리에 프로젝트를 생성하였다. 해당 디렉터리 아래에 안드로이드 프로젝트를 android 디렉터리로, 노드 프로젝트는 web 디렉터리로, DB는 MariaDB 디렉터리로 설치하였다.

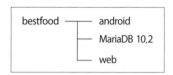

그림 3-2 **프로젝트 디렉터리 구성**

디렉터리는 bestfood만 생성하고 나머지 디렉터리는 아직 생성하지 않아도 된다. 각 단계를 진행하면서 생성할 것이다.

3.3 MariaDB 설치하기

이제 데이터베이스를 설치해 보자. 마리아디비(MariaDB)는 마이에스큐엘(MySQL)과 매우 유사하지만 무료이며, 오픈 소스 소프트웨어다. 이 둘의 차이점에 대해서 인터넷에서 찾아보면 재미있을 것이다.

1 MariaDB 다운로드 사이트로 이동한다.

URL https://downloads.mariadb.org/

그림 3-3 **MariaDB 사이트**

2 다운로드 페이지에서 OS에 맞는 파일을 다운로드한다.

필자는 64비트 윈도우이고, 바로 설치할 수 있는 버전인 mariadb-10.2.6-winx64.msi를 설치하였다.

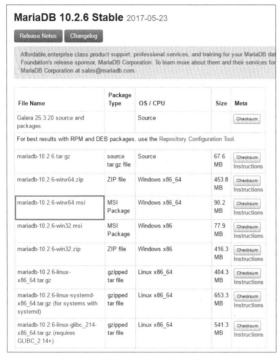

MariaDB 10.2.6 Stable 2017-05-23

Release Notes Changelog

Affordable,enterprise class product support, professional services, and training for your MariaDB dat Foundation's release sponsor, MariaDB Corporation. To learn more about them and their services fo MariaDB Corporation at sales@mariadb.com.

File Name	Package Type	OS / CPU	Size	Meta
Galera 25.3.20 source and packages		Source		Checksum
For best results with RPM and DEB packages, use the Repository Configuration Tool.				
mariadb-10.2.6.tar.gz	source tar.gz file	Source	67.6 MB	Checksum Instructions
mariadb-10.2.6-winx64.zip	ZIP file	Windows x86_64	453.8 MB	Checksum Instructions
mariadb-10.2.6-winx64.msi	MSI Package	Windows x86_64	90.2 MB	Checksum Instructions
mariadb-10.2.6-win32.msi	MSI Package	Windows x86	77.9 MB	Checksum Instructions
mariadb-10.2.6-win32.zip	ZIP file	Windows x86	416.3 MB	Checksum Instructions
mariadb-10.2.6-linux-x86_64.tar.gz	gzipped tar file	Linux x86_64	404.3 MB	Checksum Instructions
mariadb-10.2.6-linux-systemd-x86_64.tar.gz (for systems with systemd)	gzipped tar file	Linux x86_64	653.3 MB	Checksum Instructions
mariadb-10.2.6-linux-glibc_214-x86_64.tar.gz (requires GLIBC_2.14+)	gzipped tar file	Linux x86_64	541.3 MB	Checksum Instructions

그림 3-4 MariaDB 다운로드

3 개인 관련 정보는 입력하거나, 다운로드만 원한다면 오른쪽의 'No thanks'로 시작하는 버튼을 클릭하면 된다.

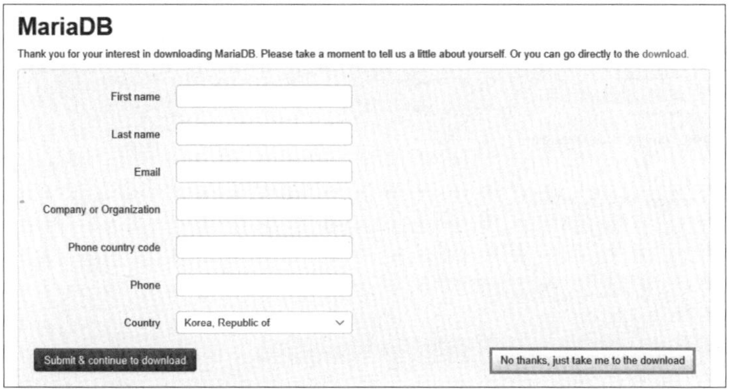

그림 3-5 MariaDB 다운로드

④ 다운로드한 파일을 설치한다. 이때 설치 경로를 다음처럼 C:₩bestfood 디렉터리 아래로
지정한다.

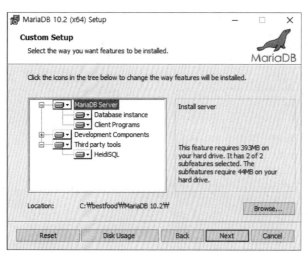

그림 3-6 MariaDB 설치

⑤ root 패스워드를 입력한다. 다음처럼 입력하면 된다.

· **New root password:** bestfood

· **Confirm:** bestfood

요즘은 기본적으로 UTF-8을 많이 사용하므로 'Use UTF8 as default server's character set'
의 체크박스를 체크한다.

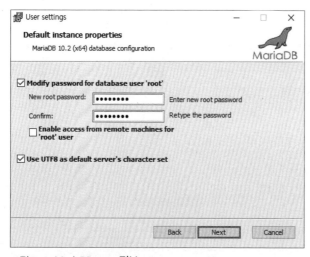

그림 3-7 MariaDB root 정보

'Next' 버튼을 클릭하여 나오는 서비스와 포트 번호 등은 수정하지 않고 기본값을 그대로 사용하면 된다. 설치 완료 화면이 나올 때까지 'Next' 버튼을 클릭하자. 이로서 설치 과정이 끝났으니 이제 데이터베이스를 생성하고 베스트푸드 앱에 필요한 테이블을 생성해야 한다.

3.4 MariaDB 데이터베이스 생성하기

이제 마리아디비에 데이터베이스를 생성하고 테이블을 생성해 보자.

1 마리아디비와 함께 설치된 하이디에스큐엘(HeidiSQL)을 실행한다. 그리고 왼쪽 아래 '신규' 버튼을 클릭한다. 참고로, 하이디에스큐엘은 바탕화면이나 프로그램 목록에서 찾을 수 있다.

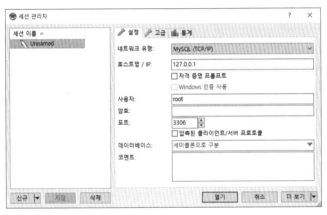

그림 3-8 HeidiSQL 실행

2 세션 이름의 'Unnamed'를 'bestfood'로 변경하고 해당 세션의 암호를 'bestfood'로 설정한다. 참고로, 세션 이름은 마우스 오른쪽 버튼을 클릭해서 나오는 'Rename'을 눌러 변경할 수 있다.

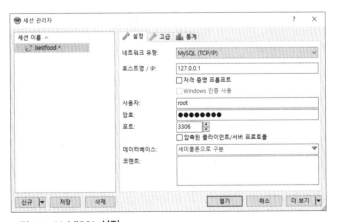

그림 3-9 HeidiSQL 설정

③ 다음은 이전 화면에서 '열기' 버튼을 클릭해서 나오는 화면이다. 왼쪽 bestfood 세션 이름에서 마우스 오른쪽 버튼을 클릭해서 '새로 생성'을 클릭한 후에 '데이터베이스'를 선택한다.

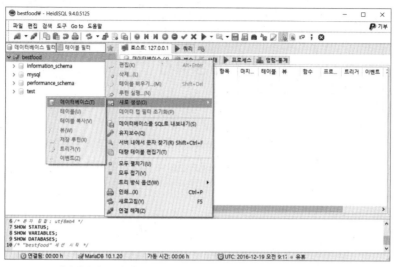

그림 3-10 **데이터베이스 생성 1**

④ 데이터베이스 이름을 입력하고 '확인' 버튼을 클릭해서 bestfood 데이터베이스를 생성한다.

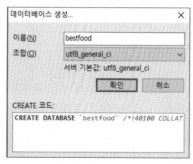

그림 3-11 **데이터베이스 생성 2**

⑤ 이제 생성한 데이터베이스를 선택해서 테이블을 생성한다.

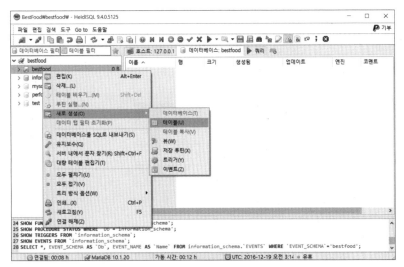

그림 3-12 **테이블 생성 1**

⑥ 테이블을 생성했다면 이제 테이블 이름과 칼럼을 추가하면 된다. 테이블에 대한 정보는 다음 장을 살펴보기 바란다. 테이블은 컬럼별로 직접 입력할 수도 있으며, 다음 장에 정리되어 있는 SQL문을 사용하여 생성할 수도 있다.

그림 3-13 **테이블 생성 2**

이제 다음 장의 테이블 설명을 보면서 테이블을 모두 생성해 보도록 하자.

3.5 MariaDB 테이블 생성하기

베스트푸드 앱에서는 4개의 테이블을 사용한다. 맛집 정보를 저장하는 bestfood_info, 맛집 이미지를 저장하는 bestfood_info_image, 사용자가 즐겨찾기 한 맛집 정보를 저장하는 bestfood_keep, 사용자 정보를 저장하는 bestfood_member가 있다.

bestfood_info	
seq	INT
member_seq	INT
name	VARCHAR
tel	VARCHAR
address	VARCHAR
latitude	DOUBLE
longitude	DOUBLE
description	VARCHAR
keep_cnt	INT
reg_date	TIMESTAMP

bestfood_info_image	
seq	INT
info_seq	INT
filename	VARCHAR
image_memo	VARCHAR
reg_date	TIMESTAMP

bestfood_member	
seq	INT
phone	VARCHAR
name	VARCHAR
sextype	VARCHAR
birthday	VARCHAR
member_icon_filename	VARCHAR
reg_date	TIMESTAMP

bestfood_keep	
seq	INT
member_seq	INT
info_seq	INT
reg_date	TIMESTAMP

그림 3-14 **베스트푸드 서비스 테이블 구조**

테이블을 좀 더 상세히 살펴보면 다음과 같다.

맛집 정보 테이블(bestfood_info)

맛집 정보를 등록하는 bestfood_info 테이블은 사용자 일련번호(member_seq), 맛집 이름(name), 전화번호(tel), 주소(address), 위도(latitude), 경도(longitude), 설명(description), 즐겨찾기 수(keep_cnt), 등록일시(reg_date) 칼럼을 가진다. seq는 등록된 맛집 정보를 구분하는 일련번호로서 기본값을 AUTO_INCREMENT로 설정하여 맛집을 등록할 때마다 자동으로 증가하게 하였다.

#	이름	데이터 유형	길이/설정	부호 없음	NULL 허용	0으로 채움	기본값
1	seq	INT	11	☐	☑	☐	AUTO_INCREMENT
2	member_seq	INT	11	☐	☐	☐	기본값 없음
3	name	VARCHAR	20	☑	☐	☑	기본값 없음
4	tel	VARCHAR	20	☑	☐	☑	기본값 없음
5	address	VARCHAR	50	☑	☐	☑	기본값 없음
6	latitude	DOUBLE		☐	☐	☐	기본값 없음
7	longitude	DOUBLE		☐	☐	☐	기본값 없음
8	description	VARCHAR	500	☑	☐	☑	기본값 없음
9	keep_cnt	INT	10	☐	☐	☐	0
10	reg_date	TIMESTAMP		☑	☐	☑	CURRENT_TIMESTAMP

그림 3-15 맛집 정보 테이블(bestfood_info)

bestfood_info 테이블을 생성하는 create문은 다음과 같다. 참고로, heidiSQL의 툴바 아래쪽에 있는 '쿼리' 탭을 클릭해서 테이블 생성문을 입력하면 테이블을 바로 생성할 수 있다.

bestfood_info 테이블 생성문

```
CREATE TABLE IF NOT EXISTS bestfood_info (
    seq int(11) NOT NULL AUTO_INCREMENT,
    member_seq int(11) NOT NULL,
    name varchar(20) NOT NULL,
    tel varchar(20) NOT NULL,
    address varchar(50) NOT NULL,
    latitude double NOT NULL,
    longitude double NOT NULL,
    description varchar(500) NOT NULL,
    keep_cnt int(11) NOT NULL DEFAULT '0',
    reg_date timestamp NOT NULL DEFAULT CURRENT_TIMESTAMP,
    PRIMARY KEY (seq)
) ENGINE=InnoDB DEFAULT CHARSET=utf8;
```

맛집 이미지 정보 테이블(bestfood_info_image)

맛집 이미지 정보를 등록하는 bestfood_info_image 테이블은 맛집 일련번호(info_seq), 이미지 파일 이름(filename), 이미지 메모(image_memo), 등록일(reg_date)로 구성된다.

#	이름	데이터 유형	길이/설정	부호 …	NULL 허용	0으로 채움	기본값
1	seq	INT	11	☐	☑	☐	AUTO_INCREMENT
2	info_seq	INT	11	☐	☐	☐	기본값 없음
3	filename	VARCHAR	30	☑	☐	☑	기본값 없음
4	image_memo	VARCHAR	100	☑	☐	☑	기본값 없음
5	reg_date	TIMESTAMP		☑	☐	☑	CURRENT_TIMESTAMP

그림 3-16 맛집 이미지 정보 테이블(bestfood_info_image)

bestfood_info_image 테이블을 생성하는 create문은 다음과 같다.

bestfood_info_image 테이블 생성문

```
CREATE TABLE IF NOT EXISTS bestfood_info_image (
    seq int(11) NOT NULL AUTO_INCREMENT,
    info_seq int(11) NOT NULL,
    filename varchar(30) NOT NULL,
    image_memo varchar(100) NOT NULL,
    reg_date timestamp NOT NULL DEFAULT CURRENT_TIMESTAMP,
    PRIMARY KEY (seq)
) ENGINE=InnoDB DEFAULT CHARSET=utf8;
```

즐겨찾기 테이블(bestfood_keep)

나만의 맛집 정보를 저장하는 즐겨찾기 테이블인 bestfood_keep은 사용자 일련번호(member_seq), 맛집 일련번호(info_seq), 등록일(reg_date)로 구성되어 있다. 사용자가 맛집을 즐겨찾기 하면 bestfood_keep 테이블에 저장된다.

#	이름	데이터 유형	길이/설정	부호 없음	NULL 허용	0으로 채움	기본값
1	seq	INT	11	☐	☒	☐	AUTO_INCREMENT
2	member_seq	INT	11	☐	☐	☐	기본값 없음
3	info_seq	INT	11	☐	☐	☐	기본값 없음
4	reg_date	TIMESTAMP		☒	☐	☒	CURRENT_TIMESTAMP

그림 3-17 즐겨찾기 테이블(bestfood_keep)

bestfood_ keep 테이블을 생성하는 create문은 다음과 같다.

bestfood_keep 테이블 생성문

```
CREATE TABLE IF NOT EXISTS bestfood_info_image (
    seq int(11) NOT NULL AUTO_INCREMENT,
    info_seq int(11) NOT NULL,
    filename varchar(30) NOT NULL,
    image_memo varchar(100) NOT NULL,
    reg_date timestamp NOT NULL DEFAULT CURRENT_TIMESTAMP,
    PRIMARY KEY (seq)
) ENGINE=InnoDB DEFAULT CHARSET=utf8;
```

회원 정보 테이블(bestfood_member)

회원 정보 테이블은 사용자 전화번호(phone), 이름(name), 성별(sextype), 생년월일(birthday), 프로필 아이콘 파일 이름(member_icon_filename), 등록일(reg_date)로 구성되어 있다.

#	이름	데이터 유형	길이/설정	부호 없음	NULL 허용	0으로 채움	기본값
1	seq	INT	11	☐	☑	☐	AUTO_INCREMENT
2	phone	VARCHAR	30	☑	☐	☑	기본값 없음
3	name	VARCHAR	30	☑	☑	☑	NULL
4	sextype	VARCHAR	10	☑	☑	☑	NULL
5	birthday	VARCHAR	30	☑	☑	☑	NULL
6	member_icon_filename	VARCHAR	50	☑	☑	☑	NULL
7	reg_date	TIMESTAMP		☑	☐	☑	CURRENT_TIMESTAMP

그림 3-18 회원 정보 테이블(bestfood_member)

bestfood_ member 테이블을 생성하는 create문은 다음과 같다.

bestfood_member 테이블 생성문

```
CREATE TABLE IF NOT EXISTS bestfood_member (
    seq int(11) NOT NULL AUTO_INCREMENT,
    phone varchar(30) NOT NULL,
    name varchar(30) DEFAULT NULL,
    sextype varchar(10) DEFAULT NULL,
    birthday varchar(30) DEFAULT NULL,
    member_icon_filename varchar(50) DEFAULT NULL,
    reg_date timestamp NOT NULL DEFAULT CURRENT_TIMESTAMP,
    PRIMARY KEY (seq)
) ENGINE=InnoDB DEFAULT CHARSET=utf8;
```

3.6 노드 설치하기

이제 노드를 설치하는 방법에 대해 살펴보겠다.

① 가장 먼저 노드 공식 사이트에 접속한다. 사이트는 영문 버전뿐만 아니라 한글 버전으로도 준비되어 있다.

URL https://nodejs.org/ko/

2 화면에 보이는 두 개의 버전 중에서 v8.10 버전을 클릭한다. 녹색 박스를 클릭하면 운영체제에 맞게 자동으로 다운로드된다. 참고로, 현재의 최신 버전은 8.1.0이지만 안정적으로 사용할 수 있는 버전은 6.11.0이므로 운영 환경에서는 LTS 버전 사용을 권장한다. 또한, 버전이 다르더라도 크게 문제 없으니 일단 최신 버전을 다운로드해서 진행하기 바란다.

그림 3-19 **노드 설치 버전**

3 다운로드한 파일을 더블클릭해서 설치를 시작한다.

4 화면에 나오는 내용을 읽어 보면서 차례대로 진행하여 설치를 완료한다.

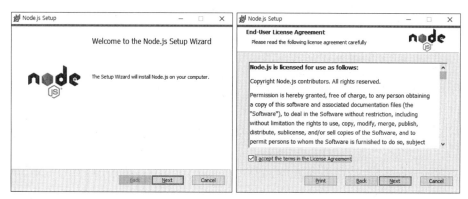

그림 3-20 **노드 설치 1**   그림 3-21 **노드 설치 2**

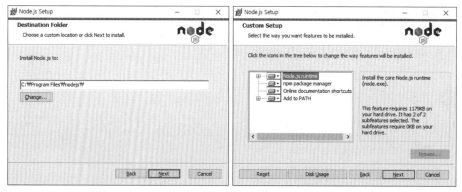

그림 3-22 **노드 설치 3**   그림 3-23 **노드 설치 4**

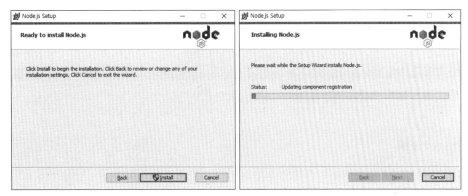

그림 3-24 **노드 설치 5**　　　　　　　　　　　　그림 3-25 **노드 설치 6**

그림 3-26 **노드 설치 7**

3.7 노드 환경 구성하기

노드는 설치했으므로 이제 노드의 패키지 관리자인 npm을 사용해서 익스프레스 프로젝트를 자동으로 생성해 주는 express-generator 모듈을 설치하자. 참고로, 익스프레스는 노드 기반에서 웹 애플리케이션 개발을 지원하는 프레임워크이며, 이에 대한 자세한 설명은 [부록](375페이지)에서 살펴볼 수 있다.

npm의 기본 사용법은 다음과 같다.

npm install [모듈명] -g

모듈을 전역으로 설치할 때 사용하는 방식이다. 여기서 설치 옵션인 g는 global을 뜻한다. 일반적으로 특정 프로젝트가 아닌 전체 프로젝트에서 공통으로 사용할 수 있는 익스프레스 템플릿 생성 모듈인 express-generator나 노드 프로젝트를 실행하는 nodemon 등을 전역으로 설치한다.

npm install [모듈명] --save

현재 작업 중인 프로젝트에 모듈을 설치할 때 사용하는 방식이다. --save 옵션을 지정하면 현재 프로젝트의 package.json에 모듈 이름과 버전을 추가한다. 이를 통해 현재 프로젝트가 사용하고 있는 모듈 이름과 버전을 파악할 수 있다.

npm install

프로젝트의 package.json에 작성된 모듈을 한 번에 설치하고 싶을 때 사용하는 명령어다. package.json만 있다면 같은 버전의 모듈을 손쉽게 설치할 수 있다.

① 가장 먼저 윈도우 명령 프롬프트나 ConEmu를 실행한 후에 bestfood 디렉터리로 이동한다. 참고로, 윈도우 명령 프롬프트는 윈도우 7에서는 윈도우 버튼을 클릭한 후 입력창에 cmd를 입력해서 실행할 수 있고, 윈도우 10에서는 'Windows 검색' 창에 cmd를 입력해서 실행할 수 있다. ConEmu는 윈도우 명령 프롬프트를 좀 더 쉽게 사용할 수 있게 해 주는 툴이며, 별도로 설치해야 한다. ConEmu는 이 책의 [부록](377페이지)에서 살펴볼 수 있다.

```
C:\bestfood>
```

② 익스프레스 프로젝트를 쉽게 생성해 주는 express-generator 모듈을 전역으로 설치한다.

```
C:\bestfood>npm install express-generator -g
```

express-generator 모듈의 사용법은 express -h로 살펴볼 수 있다. 프로젝트를 생성할 때 화면 구성을 위한 다양한 템플릿 엔진을 지정할 수 있으며, 이 중에서 우리는 쉽게 사용할 수 있는 ejs를 사용할 것이다.

```
C:\bestfood>express -h

  Usage: express [options] [dir]

  Options:

    -h, --help          output usage information
        --version       output the version number
    -e, --ejs           add ejs engine support
        --pug           add pug engine support
        --hbs           add handlebars engine support
    -H, --hogan         add hogan.js engine support
    -v, --view <engine> add view <engine> support (ejs|hbs|hjs|jade|pug|twig|
```

```
                                                  vash) (defaults to jade)
  -c, --css <engine>    add stylesheet <engine> support
                             (less|stylus|compass|sass)(defaults to plain css)
      --git             add .gitignore
  -f, --force           force on non-empty directory
```

③ bestfood 디렉터리 내에서 아래 명령어를 실행해서 프로젝트 디렉터리를 생성한다. 이때 템플릿 엔진은 ejs로 설치할 것이므로 -e 옵션을 추가한다.

```
C:\bestfood>express -e web

  warning: option `--ejs' has been renamed to `--view=ejs'


  create : web
  create : web/package.json
  create : web/app.js
  create : web/public/images
  create : web/public/stylesheets
  create : web/public/stylesheets/style.css
  create : web/public/javascripts
  create : web/public
  create : web/routes
  create : web/routes/index.js
  create : web/routes/users.js
  create : web/views
  create : web/views/index.ejs
  create : web/views/error.ejs
  create : web/bin
  create : web/bin/www

  install dependencies:
    > cd web && npm install

  run the app:
    > SET DEBUG=web:* & npm start
```

이렇게 express-generator를 사용해서 프로젝트를 생성하면 기본적인 모듈들이 자동으로 package.json에 추가된다. 다음은 c:\bestfood\web 디렉터리에 생성된 package.json 파일이다.

```
{
  "name": "web",
  "version": "0.0.0",
  "private": true,
  "scripts": {
```

```
    "start": "node ./bin/www"
  },
  "dependencies": {
    "body-parser": "~1.17.1",
    "cookie-parser": "~1.4.3",
    "debug": "~2.6.3",
    "ejs": "~2.5.6",
    "express": "~4.15.2",
    "morgan": "~1.8.1",
    "serve-favicon": "~2.4.2"
  }
}
```

※ 설치 시점에 따라 모듈 버전은 다를 수 있다.

④ C:₩bestfood₩web₩public 디렉터리에 있는 디렉터리 이름을 다음처럼 변경한다. 긴 이름을 그대로 사용해도 되지만, 개발할 때 조금이나마 편하려면 이름을 변경하는 것이 좋다.

```
images -> img
javascripts -> js
stylesheets -> css
```

⑤ package.json에 추가된 모듈을 설치한다. npm install 명령어를 사용하면 package.json에 선언된 모듈이 자동으로 설치된다. 이때 명령어는 web 디렉터리 아래에서 실행한다.

```
C:₩bestfood₩web>npm install
```

⑥ 추가로 필요한 모듈을 설치한다. 이때는 설치 옵션에 --save를 주어 package.json에 설치된 모듈을 추가해야 한다. 이렇게 추가해 놓으면 어떤 모듈을 사용하고 있는지 알 수 있으며, 나중에 동일한 프로젝트를 다른 곳에 생성할 때 package.json을 복사해서 설치하면 되므로 매우 편리하다. 파일 업로드 모듈인 formidable과 mysql 연결 모듈인 mysql을 함께 설치하자. 우리는 MariaDB를 사용하지만, MariaDB와 MySQL은 내부적으로 거의 같으므로 mysql 모듈을 설치하면 된다.

```
C:₩bestfood₩web>npm install formidable mysql --save
web@0.0.0 C:₩bestfood₩web
+-- formidable@1.1.1
`-- mysql@2.13.0
  +-- bignumber.js@3.1.2
  +-- readable-stream@1.1.14
  | +-- core-util-is@1.0.2
  | +-- inherits@2.0.3
  | +-- isarray@0.0.1
```

```
| `-- string_decoder@0.10.31
`-- sqlstring@2.2.0
```

3.8 노드 실행하기

이제 설치한 노드를 실행해 보자. 노드는 자체적으로 웹서버의 역할까지 함께 하므로 별도의 웹서버를 설치할 필요가 없다. 하지만 나중에 성능 향상을 위해 Nginx(엔진엑스)를 설치해서 정적인 파일은 Nginx에서 처리하게 하고, 동적인 파일은 노드에서 처리하게 하는 것이 가장 효율적인 구성이다. 하지만 이 책에서는 복잡함을 줄이기 위해 노드만을 사용해서 구성하였다.

노드 서버 실행하기

노드는 npm start 명령어를 사용해서 실행할 수 있다. 참고로, 실행을 종료하고 싶다면 CTRL + C를 입력하면 된다.

```
C:\bestfood\web>npm start

> web@0.0.0 start C:\bestfood\web
> node ./bin/www
```

> **NOTE** **노드몬(nodemon)으로 수정사항 감지하기**
>
> npm start로 노드를 실행하면 소스 코드를 수정한 것이 반영되지 않는다. 그래서 이런 경우를 위한 여러 모듈이 있는데, 그중에서 간단히 사용할 수 있는 게 노드몬이다.
>
> **설치:** npm install nodemon -g
> (어떤 프로젝트에서도 사용할 수 있게 하기 위해 전역으로 설치한다)
>
> 프로젝트 디렉터리에서 nodemon이라고 실행하면 된다. 그러면 소스 코드가 수정될 경우 수정을 감지하고 다시 시작되는 것을 확인할 수 있다. 따라서 우리는 소스 코드를 변경할 때마다 서버를 재시작해야 하는 번거로움을 줄일 수 있다. 다음은 nodemon을 실행한 화면이다.
>
> ```
> C:\bestfood\web>nodemon
> [nodemon] 1.11.0
> [nodemon] to restart at any time, enter `rs`
> [nodemon] watching: *.*
> [nodemon] starting `node ./bin/www`
> ```

결과 확인하기

결과는 브라우저에 http://localhost:3000
으로 접속해서 확인할 수 있다. 별도의
도메인을 연결하지 않을 것이므로 로컬
환경을 의미하는 localhost를 지정하면 된
다. 하지만 안드로이드 앱을 만들어서 서
버와 연동할 때는 localhost로는 노드가
설치된 서버를 파악할 수 없다. 따라서 그
때는 지정된 ip로 접근할 수 있도록 안드

그림 3-27 **노드 및 익스프레스 실행 화면**

로이드 앱에서 설정해야 한다. 이에 대해서는 나중에 다시 살펴보겠다.

노드는 기본적으로 3000번 포트에서 동작하도록 되어 있다. 우리가 원한다면 이 포트 번호를
80번으로 변경해서 포트를 지정하지 않고도 접근할 수 있게 만들 수 있다. 물론, 다른 포트 번
호를 지정할 수도 있다. 포트를 변경하고 싶다면 C:₩bestfood₩web₩bin 디렉터리의 www
파일의 내용을 수정해야 한다.

3.9 자바 JDK 설치하기

안드로이드 스튜디오를 사용하기 위해서는 자바가 먼저 설치되어 있어야 한다. 다음 링크로
들어가서 자바를 찾아 본인의 OS 환경에 맞는 JDK를 설치하자.

URL https://www.oracle.com/downloads/

아니면 다음 링크를 통해 JDK 설치 페이지로 바로 이동할 수도 있다.

URL http://www.oracle.com/technetwork/java/javase/downloads/jdk8-downloads-2133151.
html

> **N O T E** **안드로이드 스튜디오와 함께 설치된 OpenJDK 사용하기**
>
> 안드로이드 스튜디오 2.2 버전부터는 OpenJDK 8이 함께 설치된다. 그래서 자바를 별도로 설치해서
> 사용할 수도 있고 함께 설치된 JDK를 사용할 수도 있다. 별도로 설치하고 싶지 않다면 프로젝트에서
> 'File ➡ Project Structure ➡ SDK Location'에 있는 'Use embedded JDK'를 체크하면 된다. 이렇게
> 할 경우, 이 장에서 설명하는 3.9 '자바 JDK 설치하기' 내용은 건너뛰어도 된다.

① 다음 화면에서 'Accept License Agreement'를 체크하고 본인의 OS에 맞는 파일을 다운로드하면 된다.

그림 3-28 **자바 JDK 다운로드**

참고로, 필자의 윈도우는 64비트이므로 jdk-8u131-windows-x64.exe를 설치했다.

② 파일을 다운로드했으면 설치한다.

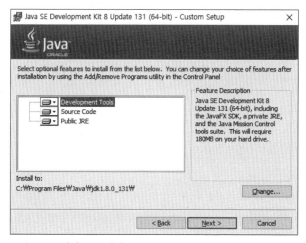

그림 3-29 **자바 JDK 설치**

③ 윈도우에서 제어판을 실행하고 '시스템 및 보안' 메뉴의 '시스템'을 클릭한 후, '고급 시스템 설정' 메뉴를 클릭한다. 그리고 '환경 변수'를 클릭한다.

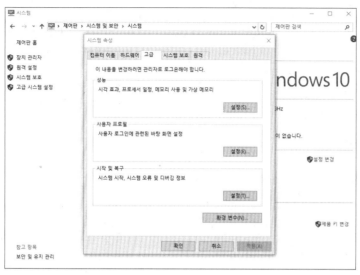

그림 3-30 **환경 변수 설정**

④ 하단의 '시스템 변수'에서 '새로 만들기' 버튼을 클릭해서 변수 이름과 변숫값을 지정한다. 이때 변숫값은 설치한 JDK 경로를 입력해야 한다.

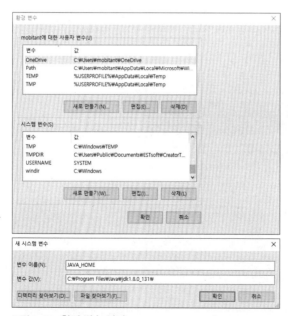

그림 3-31 **환경 변수 설정**

3.10 안드로이드 스튜디오 설치하기

이제 안드로이드 스튜디오를 설치할 것이다. 안드로이드 스튜디오를 사용하기 위해서는 반드시 자바가 설치되어 있어야 한다. 아직 설치하지 않았다면 먼저 설치하기 바란다. 참고로, 안드로이드 스튜디오 버전은 설치 시점에 따라 이 책의 버전과 다를 수 있다. 하지만 설치 방법은 크게 다르지 않을 것이므로 최신 버전을 설치하도록 하자.

1 안드로이드 개발자 사이트에 접속해서 안드로이드 스튜디오를 다운로드한다.

URL https://developer.android.com/studio/

그림 3-32 **안드로이드 스튜디오 다운로드**

2 다운로드한 안드로이드 스튜디오를 설치한다. 기본 설정으로 진행하면 된다.

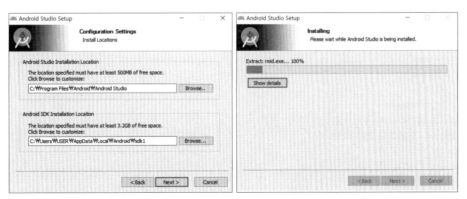

그림 3-33 **안드로이드 스튜디오 설치 1**　　그림 3-34 **안드로이드 스튜디오 설치 2**

안드로이드 스튜디오를 실행해서 프로젝트를 생성하는 방법은 조금 뒤에 살펴보겠다.

04

노드 프로젝트 살펴보기

익스프레스 제네레이터(express-generator)는 노드로 서버를 구성할 때 기본적으로 필요한 파일과 디렉터리를 생성해 주는 모듈이다. 이를 통해 생성한 프로젝트의 기본 구조와 핵심 코드에 대해서 살펴보겠다.

4.1 프로젝트의 기본 디렉터리 살펴보기

다음은 C:₩bestfood 디렉터리에 구성한 베스트푸드 서비스의 최종 프로젝트 구조다.

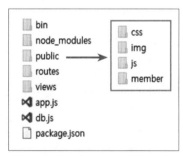

그림 4-1 프로젝트 기본 디렉터리

bin 디렉터리

bin 디렉터리에는 www 이름의 파일이 한 개 존재한다. 이 파일은 확장자가 없지만, 내부는 노드가 서버로서 동작하기 위한 기본적인 코드가 자바스크립트로 작성되어 있다. 또한, 서버를 시작할 포트가 지정되어 있다.

node_modules 디렉터리

이 디렉터리는 npm install을 실행하면서 생긴 디렉터리다. 그래서 package.json에 선언되어 있는 모듈과 이 모듈을 실행하기 위해서 필요한 의존관계의 모듈이 설치되어 있다.

public 디렉터리

이 디렉터리는 이미지, 자바스크립트, 스타일시트와 관련된 디렉터리로 구성되어 있다. 원래는 완전한 이름으로 있었지만, 편의상 짧은 이름이 좋기 때문에 프로젝트를 구성하면서 img, js, css로 변경하였다. 아직 변경하지 않았다면 지금이라도 변경하기를 바란다. 또한, 사용자 프로필 아이콘을 저장할 수 있도록 public 디렉터리에 member 디렉터리를 만들자.

그림 4-2 public 디렉터리

routes 디렉터리

이 디렉터리에는 index.js와 users.js 파일이 존재한다. 기본적으로 생성되는 파일이며, 파일 내부에는 라우트를 처리하기 위한 코드가 작성되어 있다.

views 디렉터리

뷰를 처리하는 파일이 위치한 곳이며, 프로젝트를 생성할 때 템플릿 엔진으로 ejs를 지정했으므로 이 디렉터리에는 확장자가 ejs인 파일이 위치하게 된다. 참고로, 베스트푸드 앱은 웹 페이지를 만들지 않을 것이므로 이 디렉터리를 사용할 일이 없다. 그러므로 지금은 이러한 디렉터리도 있다는 것만 기억하기 바란다.

app.js 파일

웹 애플리케이션을 동작시키기 위해 기본적으로 필요한 설정들을 가지고 있는 파일이다. 이 파일에 대해서는 조금 뒤에 자세히 살펴보겠다.

db.js 파일

데이터베이스를 연동하기 위한 함수가 작성되어 있는 파일이다. 이 파일은 자동으로 생성된 파일이 아니므로 나중에 직접 작성해야 한다. 이에 대해서는 나중에 살펴보겠다.

package.json 파일

프로젝트 설정 내용이 들어 있는 파일이다. 이 파일에는 웹 애플리케이션의 이름과 버전, 그리고 프로젝트에서 사용하는 모듈이 명시되어 있다.

4.2 프로젝트의 기본 파일 살펴보기

bin/www에 위치한 www 파일

이 파일은 확장자가 존재하지 않지만, 내부는 자바스크립트로 작성된 노드 파일이다. 이 파일에서는 기본적으로 노드를 실행할 포트를 설정하고 웹서버를 생성하는 코드가 작성되어 있다. 이 파일의 핵심 코드를 살펴보면 다음과 같다.

코드 4-1 /bin/www

```
/**
 * 사용할 모듈 지정
 */

var app = require('../app');
var debug = require('debug')('web:server');
var http = require('http');

/**
 * 환경 설정에 지정된 포트가 있다면 이를 사용하고
 * 없다면 지정한 포트(3000)를 사용하도록 설정
 */

var port = normalizePort(process.env.PORT || '3000');
app.set('port', port);

/**
 * HTTP 서버 생성
 */

var server = http.createServer(app);
```

```
/**
 * 지정된 포트 상에서 응답 대기하도록 설정
 */

server.listen(port);
```

이 코드에서 사용한 normalizePort( ) 함수는 지정된 포트의 값을 숫자나 문자열, 아니면 false 로 반환하도록 하는 함수다. 이를 통해 포트가 제대로 된 값인지 확인하게 된다.

app.js

이 파일은 웹 애플리케이션을 위한 기본적인 설정을 가지고 있는 파일이다. 모듈을 로딩하고, 템플릿 엔진을 설정하며, 라우트를 설정하는 코드를 가지고 있다.

```
var express = require('express');
var path = require('path');
var favicon = require('serve-favicon');
var logger = require('morgan');
var cookieParser = require('cookie-parser');
var bodyParser = require('body-parser');
```

파일의 상단 부분에는 사용할 모듈을 로딩하는 코드가 작성되어 있다. 외부 모듈을 해당 파일에서 사용하고 싶다면 require( ) 함수를 호출해야 한다.

```
var index = require('./routes/index');
var users = require('./routes/users');
```

라우트 코드를 로딩하는 코드다. require( ) 함수를 사용하며, 로딩한 라우트 함수들을 지정된 변수로 사용할 수 있게 해 준다.

```
var app = express();
```

익스프레스 객체를 app 변수로 선언한다. 앞으로 app을 통해 익스프레스 함수를 호출할 수 있게 된다. 이 변수를 통해서 할 수 있는 일은 다음과 같다.

express 객체를 통해 할 수 있는 작업

- HTTP requests 라우팅
- 미들웨어 설정
- HTML 뷰 렌더링
- 템플릿 엔진 설정

```
app.set('views', path.join(__dirname, 'views'));
app.set('view engine', 'ejs');
```

익스프레스에서 사용할 템플릿 엔진을 설정하는 코드다. __dirname은 현재 디렉터리를 의미하며, path.join( ) 함수는 경로를 연결하는 기능을 한다. 그래서 현재 디렉터리 아래에 있는 views 디렉터리를 의미한다. 그리고 app.set( ) 함수는 익스프레스의 환경을 설정하는 함수다. 그래서 첫 번째 라인은 경로를, 두 번째 라인은 템플릿 엔진의 종류를 설정한다. 참고로, app. get( ) 함수도 정의되어 있으며, 이 함수는 환경 값을 반환하는 역할을 한다.

```
// uncomment after placing your favicon in /public
//app.use(favicon(path.join(__dirname, 'public', 'favicon.ico')));
app.use(logger('dev'));
app.use(bodyParser.json());
app.use(bodyParser.urlencoded({ extended: false }));
app.use(cookieParser());
app.use(express.static(path.join(__dirname, 'public')));
```

app.use( ) 함수는 지정된 인자를 실행하는 함수다. 여기서는 각각의 모듈을 사용하도록 설정하고 있으며, 각 모듈에 대한 자세한 설명은 [부록](387페이지)을 살펴보기 바란다.

```
app.use('/', index);
app.use('/users', users);
```

라우트를 설정하는 코드다. 여기서 말하는 라우트는 url 경로의 뒷부분을 의미한다. 그래서 '/' 와 관련된 라우트는 routes 파일에 설정된 라우트 함수를 통해 처리되며, '/users'와 관련된 라우트는 users 파일에 작성된 라우트 함수를 통해 처리된다. 따라서 '/a', '/b'는 routes에 정의된 라우트 함수에서, '/users/a', '/users/b'는 users에 정의된 라우트 함수에서 처리된다.

index는 코드 상단의 require('./routes/index')로 로딩된 index.js 파일의 코드를 접근하는 변수이며, users는 require('./routes/users')로 로딩된 users.js 파일의 코드를 접근하는 변수다. 이렇게 외부 파일을 통해 라우트를 처리하는 것이 나중에 코드가 많아졌을 때 정리하기 좋은 방법이다. 하지만 간단히 사용할 경우에는 app.get( )이나 app.post( ) 등의 함수로 라우트를 처리하기도 한다.

코드 4-2 /routes/index.js

```
var express = require('express');
var router = express.Router();

/* GET home page. */
router.get('/', function(req, res, next) {
  res.render('index', { title: 'Express' });
});

module.exports = router;
```

일반적으로 별도 파일이 아닌 app.js에서 라우트를 처리할 때는 app.get( )이나 app.post( ) 함수를 사용하면 되지만, 별도 파일에서 라우트 함수를 작성할 때는 express.Router( ) 함수를 통해 호출해야 한다. 그리고 별도 파일에서 작성한 함수를 사용할 수 있도록 module.exports = router;를 추가해야 한다. index.js에 작성된 router.get( ) 함수는 URL 경로가 /일 때 호출되는 함수이며, 실제로 호출되어 실행될 코드는 function(req, res, next) {} 함수에 작성하면 된다. function은 req, res, next 인자를 가지고 있으며, req는 HTTP 요청 객체에 대한 정보이며, res는 HTTP 응답 객체에 대한 정보를 가지고 있다.

코드 4-3 /routes/users.js

```
var express = require('express');
var router = express.Router();

/* GET users listing. */
router.get('/', function(req, res, next) {
  res.send('respond with a resource');
});

module.exports = router;
```

users.js는 위에서 살펴본 index.js와 유사하다. 다음은 app.js에 작성되어 있는 에러 핸들러다.

```
// catch 404 and forward to error handler
app.use(function(req, res, next) {
  var err = new Error('Not Found');
  err.status = 404;
  next(err);
});
```

이 코드는 app.use('/', index)나 app.use('/users', users)에서 요청을 제대로 처리하지 못할 경우 호출된다. 즉, URL로 요청한 라우트를 처리할 수 있는 함수가 index나 users에 선언되어 있지 않을 때 호출되는 에러 핸들러다. HTTP는 기본적으로 여러 응답 코드를 가지고 있는데, 그 중 하나가 요청을 제대로 처리하지 못할 때 응답하는 404 에러 코드다.

```
// error handler
app.use(function(err, req, res, next) {
  // set locals, only providing error in development
  res.locals.message = err.message;
  res.locals.error = req.app.get('env') === 'development' ? err : {};

  // render the error page
  res.status(err.status || 500);
  res.render('error');
});
```

이 코드는 코드 실행 중에 발생한 에러를 처리하기 위한 함수다. 에러가 발생할 경우 이 함수가 호출되며, res.locals의 message에는 에러 메시지를 저장하고 error에는 에러 객체를 저장한다. 이때 에러 객체는 req.app.get('env')가 반환한 값이 개발 환경을 지칭하는 development일 때만 저장된다. 이렇게 저장된 값들은 에러를 처리하는 페이지에서 보여줄 수 있으며, 이 코드에서는 error.ejs에서 보여주고 있다. res.render() 함수는 템플릿 엔진을 통해 뷰를 처리하는 함수이며, 이 함수에 지정된 파일을 화면에 보여주는 역할을 한다. 그래서 error.ejs가 화면에 보여지며, 이 파일에서는 message와 error 값을 활용해서 사용자에게 에러에 대한 메시지를 보여줄 수 있게 된다. 참고로, 우리는 안드로이드 앱과 통신만 할 뿐이므로 ejs가 필요하지는 않다.

코드 4-4 /views/error.ejs

```
<h1><%= message %></h1>
<h2><%= error.status %></h2>
<pre><%= error.stack %></pre>
```

4.3 노드 라우트 파일 설정하기

라우트는 '/member/phone'과 같은 경로를 의미하며, 이러한 경로를 처리하는 것을 라우터라고 한다. 기본으로 생성된 노드 프로젝트의 라우터는 index와 users이며, app.js에 작성되어 있다. 하지만 우리는 세 개의 라우터 member, food, keep이 필요하므로 기본으로 작성된 다음과 같은 코드는 필요 없으므로 삭제하고 코드를 새로 작성해야 한다.

```
var index = require('./routes/index');
var users = require('./routes/users');
// 코드 생략
app.use('/', index);
app.use('/users', users);
```

자동으로 생성된 코드에서는 require() 함수와 app.use() 함수가 분리되어 있었지만, 우리는 코드 작성의 편의상 다음과 같이 하나의 라인에 작성할 것이다. 아래와 같이 코드를 작성한 후에 routes 디렉터리에 member.js, food.js, keep.js 파일을 생성해야 한다. 그리고 index.js와 users.js는 사용하지 않으므로 삭제해야 한다.

```
// member.js, food.js, keep.js 파일을 routes 디렉터리에 생성해야 함.
app.use('/member', require('./routes/member'));
app.use('/food', require('./routes/food'));
app.use('/keep', require('./routes/keep'));
```

member 라우트는 사용자 정보를 다루는 라우트이고, food 라우트는 맛집 정보를 다룬다. 그리고 keep 라우트는 즐겨찾기에 대한 처리를 한다. 관련된 파일의 전체 코드를 미리 보고 싶다면 [부록](363페이지)을 살펴보기 바란다.

4.4 데이터베이스 연동하기

데이터베이스를 연동하는 방법은 두 가지가 있다. 첫 번째는 매번 데이터베이스의 커넥션을 얻어서 사용하는 방법이고, 두 번째는 커넥션 풀을 생성해서 커넥션을 미리 생성한 후에 하나씩 꺼내서 사용하는 방법이다. 데이터베이스 커넥션을 생성하는 비용은 매우 크므로 가능하면 커넥션 풀을 사용하는 것이 좋다.

우리는 데이터베이스 커넥션 풀을 생성하고 데이터베이스를 사용할 수 있게 해 주는 모듈을 직접 만들 것이다. 그러므로 web 디렉터리에 db.js 파일을 생성하고 다음처럼 코드를 작성해야 한다. 가장 먼저 mysql 모듈을 로딩하는 코드를 작성하고, connect와 get 함수를 작성하자. connect() 함수에서는 createPool() 함수를 호출해서 커넥션 풀을 생성해야 한다. 이때 데이터베이스 연결 정보와 커넥션 풀의 최대 개수를 지정해야 하며, 우리는 커넥션 풀 최대 개수를 100으로 지정할 것이다. 이 숫자는 서비스의 사용량에 따라 변경할 필요가 있다. 참고로, connect와 get 함수 앞에 작성된 exports는 외부에서 이 함수들을 사용할 수 있게 해 주는 자바스크립트 키워드다.

/db.js

```
var mysql = require('mysql');

var pool;

exports.connect = function() {
    pool = mysql.createPool({
        connectionLimit: 100,
        host     : 'localhost',
        user     : 'root',
        password : 'bestfood',
        database : 'bestfood'
    });
}

exports.get = function() {
    return pool;
}
```

이 파일에는 두 개의 함수가 있다. connect는 데이터베이스 커넥션 풀을 생성하는 함수이고, get은 생성한 커넥션 풀을 반환하는 함수다. get 함수를 통해 풀을 반환받은 후에 데이터베이스에 질의를 실행할 수 있다.

connect 함수는 커넥션 풀을 생성하는 함수이므로 한 번만 호출하면 된다. 그러므로 app.js에서 db.js 모듈을 로딩한 후에 connect 함수를 다음처럼 호출하면 된다.

/app.js

```
var express = require('express');
var path = require('path');
var favicon = require('serve-favicon');
var logger = require('morgan');
```

```
var cookieParser = require('cookie-parser');
var bodyParser = require('body-parser');
var db = require('./db');

var app = express();

// view engine setup
app.set('views', path.join(__dirname, 'views'));
app.set('view engine', 'ejs');

db.connect(function(err) {
    if (err) {
        console.log('Unable to connect to MySQL.');
        process.exit(1);
    }
});

// 이하 생략
```

connect 함수를 호출했으니 이제 라우트 파일에서 get 함수를 호출한 후에 query 함수를 호출해서 질의를 실행하면 된다. 다음은 member.js와 같은 라우트 파일을 작성할 때 필요한 기본적인 코드를 보여준다. 아래는 작성하는 방법만을 보여주는 코드이므로 생략된 부분의 코드를 완성해야 한다. 이에 대해서는 각각의 기능을 구현하면서 살펴보자.

라우트 파일(/routes 아래에 있는 파일)

```
var db = require('../db');
// 생략
db.get().query(sql, phone, function (err, rows) {
    // 생략
});
// 생략
```

05

안드로이드 프로젝트 생성하기

안드로이드 개발 환경을 구축했다면 이제 프로젝트를 생성하고 코드를 하나씩 작성해 보도록 하겠다.

1 안드로이드 스튜디오를 실행한다.

2 안드로이드 스튜디오의 메뉴에서 File ➡ New ➡ New Project를 선택한다.

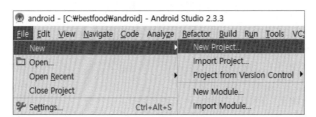

그림 5-1 **안드로이드 스튜디오 프로젝트 생성**

3 프로젝트 이름과 도메인을 입력한다. 그리고 프로젝트 디렉터리를 지정한다. 만약 회사 도메인이 없다면 학교 도메인이나 임의의 도메인을 지정해도 된다.

· **Application name** BestFood

· **Company Domain** mobitant.com

· **Proejct location** c:₩bestfood₩android

그림 5-2처럼 입력하면 프로젝트의 패키지 이름은 회사 도메인을 거꾸로 한 문자열 com.mobitant와 앱 이름을 소문자로 변경한 bestfood를 합친 com.mobitant.bestfood가 된다.

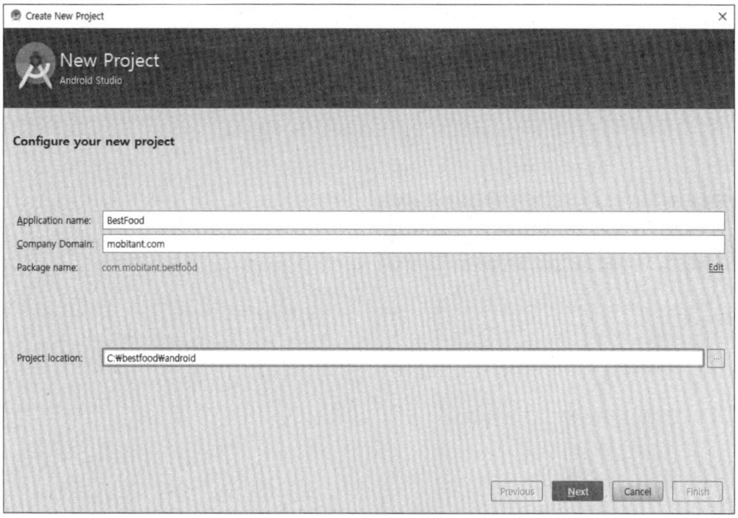

그림 5-2 안드로이드 스튜디오 프로젝트 정보 입력

④ 안드로이드 앱을 설치할 안드로이드 기기의 최소 SDK 버전을 지정해야 한다. 우리는 API 버전을 선택하면 되며, 최신 버전으로 선택할 경우 서비스를 다운받을 수 있는 사용자가 적어질 수 있으므로 가장 많은 사용자를 확보하면서 SDK 버전이 너무 높지 않은 버전을 선택해야 한다. 그래서 API 19인 Android 4.4가 가장 적합하다. 하지만 우리는 6.0에 추가된 권한 기능을 살펴보기 위해 API 23으로 진행할 것이다.

그림 5-3 안드로이드 스튜디오 프로젝트 SDK 설정

⑤ 기본으로 생성되는 템플릿 화면을 선택한다. 우리는 왼쪽에서 메뉴가 보여지도록 구성할 것이므로 'Navigation Drawer Activity'를 선택한 후에 'Next' 버튼을 클릭해야 한다. 그리고 이어서 나오는 화면에서는 'Finish' 버튼을 클릭하자.

그림 5-4 안드로이드 스튜디오 프로젝트 템플릿 선택

⑥ 이제 설치가 진행되는 과정을 지켜보면 된다. 대략 2~5분 정도 걸린다.

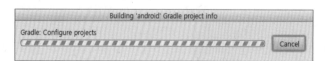

그림 5-5 안드로이드 스튜디오 프로젝트 생성 진행

⑦ 이제 개발 환경을 모두 구축했으므로 코드를 작성하기만 하면 된다. 생성한 프로젝트의 디렉터리 구조를 보고 싶다면 안드로이드 스튜디오 화면 왼쪽에 있는 Project 탭을 클릭해야 한다.

그림 5-6 안드로이드 스튜디오 프로젝트 생성 완료

소스 코드 변경 1

템플릿을 통해 생성된 소스 코드는 사용 중지된 메소드를 사용하고 있으므로 MainActivity.java에서 drawer.setDrawerListener(toggle); 코드를 찾아서 drawer.addDrawerListener(toggle); 로 변경해야 한다.

소스 코드 변경 2

자동으로 생성된 /res/layout/content_main.xml 파일을 다음 코드처럼 변경할 것이다. xml에 포함된 ConstraintLayout은 레이아웃 디자이너를 사용하여 위지윅에서 쉽게 레이아웃을 구성할 수 있게 해주지만, 도입된 지 얼마되지 않았고 학습해야 할 부분도 많기 때문에 우리는 기존에 사용하던 RelativeLayout로 변경해서 사용할 것이다. 일단, 최종 코드를 먼저 보도록 하자.

```xml
<?xml version="1.0" encoding="utf-8"?>
<RelativeLayout xmlns:android="http://schemas.android.com/apk/res/android"
    xmlns:app="http://schemas.android.com/apk/res-auto"
    xmlns:tools="http://schemas.android.com/tools"
    android:id="@+id/content_main"
    android:layout_width="match_parent"
    android:layout_height="match_parent"
    app:layout_behavior="@string/appbar_scrolling_view_behavior"
    tools:context="com.mobitant.bestfood.MainActivity"
    tools:showIn="@layout/app_bar_main">
</RelativeLayout>
```

android:id="@+id/content_main"을 RelativeLayout의 android:layout_width 위에 추가해야 하며, 이 아이디는 왼쪽 메뉴를 선택했을 때 프래그먼트를 보여줄 영역을 지정하는 용도로 사용된다. 그리고 자동으로 생성되어 있던 TextView를 제거해야 한다. 참고로, 소스를 이렇게 변경하기 위해서는 content_main.xml 파일을 클릭했을 때 보이는, 오른쪽 레이아웃 화면 영역 하단에 있는 'Design'과 'Text' 탭 중에서 'Text' 탭을 클릭해야 한다.

소스 코드 변경 3(FAB 제거)

베스트푸드 앱에서는 오른쪽 하단에 보이는 버튼인 FAB(Floating Action Button)를 사용하지 않으므로 관련 코드를 제거해야 한다.

❶ /res/layout/app_bar_main.xml에서 아래 코드 제거

```xml
<android.support.design.widget.FloatingActionButton
    android:id="@+id/fab"
    android:layout_width="wrap_content"
    android:layout_height="wrap_content"
    android:layout_gravity="bottom|end"
    android:layout_margin="@dimen/fab_margin"
    android:src="@android:drawable/ic_dialog_email" />
```

❷ /res/values/dimens.xml에서 fab_margin 제거

```
<dimen name="fab_margin">16dp</dimen>
```

❸ /java/com.mobitant.bestfood/MainActivity.java에서 아래 코드 제거

```
FloatingActionButton fab = (FloatingActionButton) findViewById(R.id.fab);
fab.setOnClickListener(new View.OnClickListener() {
    @Override
    public void onClick(View view) {
        Snackbar.make(view, "Replace with your own action",
                                            Snackbar.LENGTH_LONG)
                .setAction("Action", null).show();
    }
});
```

참고로, Snackbar는 화면 하단부에 메시지를 보여줄 수 있는 기능이다.

❽ 기본적으로 생성된 템플릿 화면을 확인해 보겠다. 안드로이드 스튜디오 상단의 툴바에서 녹색 '플레이' 버튼을 클릭하자.

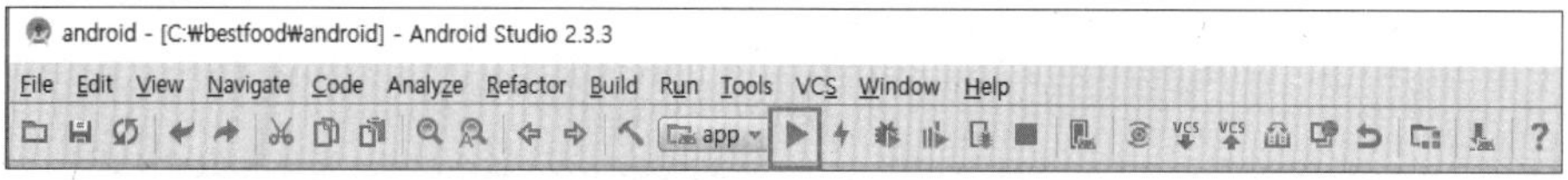

그림 5-7 안드로이드 스튜디오 프로젝트 실행

그리고 이어서 나오는 화면에서 'OK' 버튼을 클릭하여 안드로이드 기기에 프로젝트를 설치해 보자. 안드로이드 기기가 연결되어 있다면 해당 기기가 보일 것이고 그렇지 않다면 에뮬레이터를 실행해야 한다. 에뮬레이터를 실행하는 방법은 [부록] (321페이지)에서 살펴보기 바란다.

그림 5-8 안드로이드 스튜디오 안드로이드 기기 선택

9 잠시 기다리면 안드로이드 기기나 에뮬레이터에 안드로이드 앱이 설치돼서 실행된 모습이 보일 것이다. 상단의 '메뉴' 버튼을 클릭하면 내비게이션 드로어가 보일 것이다.

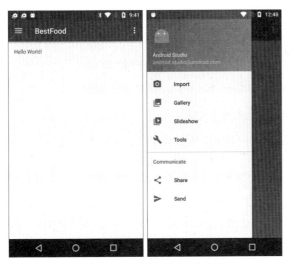

그림 5-9 **안드로이드 스튜디오 프로젝트 실행 화면**

5.1 프로젝트 패키지 구성하기

안드로이드 개발을 진행하다 보면 관련 파일이 많아지므로 이를 정리할 방법이 필요하다. 당연히 패키지로 파일들을 구분하면 되지만, 파일을 구분하는 방식은 고민을 해야 한다.

패키지를 화면 단위나 비슷한 모듈 단위로 구성하거나 기능 단위로 구성할 수 있는데, 전자의 방식을 선택할 경우 서로 다른 패키지에서 공통적으로 사용하는 파일을 포함할 패키지가 애매해지는 경우가 생긴다. 그래서 필자는 후자의 방법을 선호하며, 이 방식으로 패키지를 구성하면 다음과 같다.

그림 5-10 **프로젝트 패키지 구조**

다음은 패키지별로 포함할 수 있는 클래스 종류를 보여준다.

- **adapter** 리사이클러뷰(리스트 형태의 뷰)를 사용하기 위해서 작성해야 하는 어댑터 클래스
- **custom** 프로젝트를 개발하기 위해 원래 있던 기능을 수정 및 보완한 클래스
- **item** 데이터베이스 테이블을 표현하거나 특정 데이터를 표현하기 위한 클래스
- **lib** 프로젝트 개발 시 자주 사용하는 기능들을 정리한 클래스
- **remote** 서버와 통신하기 위해 필요한 기능을 담고 있는 클래스

이제 패키지를 만들어 보자. 가장 먼저 왼쪽 프로젝트 리스트 화면의 패키지 이름에서 마우스 오른쪽 버튼을 클릭해서 New ➡ Package를 선택한다. 그리고 이름을 입력해서 패키지를 생성한다. 이 과정을 반복해서 모든 패키지를 생성하자.

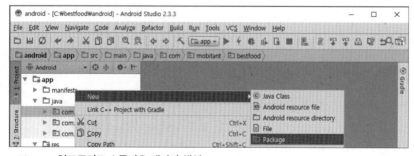

그림 5-11 **안드로이드 스튜디오 패키지 생성**

이제 기본적인 안드로이드 패키지를 구성했으니 조금씩 코드를 추가하여 우리가 원하는 서비스를 만들어 보도록 하자.

5.2 전체 프로젝트 패키지

다음은 서비스를 완성했을 때 전체 패키지와 파일을 보여준다. 실제 프로젝트를 이렇게 구성해야 하니 다음 그림을 반드시 참고하기 바란다.

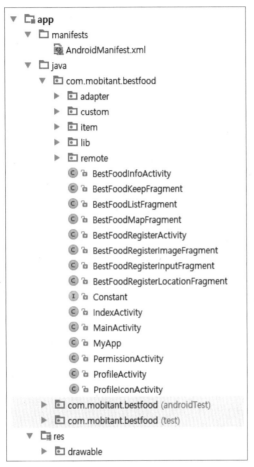

그림 5-12 **프로젝트 전체 구조**

5.3 관련 라이브러리 설정하기

베스트푸트 앱을 개발하기 위해서는 기본적으로 사용해야 하는 라이브러리가 있다. 이를 먼저 설정해야 한다. 왼쪽 프로젝트 메뉴에서 Gradle Scripts를 클릭해서 나오는 build.gradle (Module: app)을 선택한다.

그림 5-13 라이브러리 설정 파일(build.gradle)

build.gradle 파일에서 dependencies 영역을 다음처럼 작성한다.

코드 5-1 **build.gradle**

```
dependencies {
    compile fileTree(dir: 'libs', include: ['*.jar'])
    androidTestCompile('com.android.support.test.espresso:espresso-core:2.2.2', {
        exclude group: 'com.android.support', module: 'support-annotations'
    })
    testCompile 'junit:junit:4.12'

    compile 'com.android.support:appcompat-v7:25.3.1'
    compile 'com.android.support:design:25.3.1'
    compile 'com.android.support:support-v4:25.3.1'
    compile 'com.android.support:recyclerview-v7:25.3.1'
    compile 'com.android.support:cardview-v7:25.3.1'

    compile 'com.squareup.retrofit2:retrofit:2.1.0'
    compile 'com.squareup.retrofit2:converter-gson:2.1.0'
    compile 'com.squareup.okhttp3:logging-interceptor:3.3.1'
    compile 'com.squareup.okhttp3:okhttp:3.3.1'
    compile 'org.parceler:parceler:1.0.0'
    compile 'com.google.code.gson:gson:2.7'
    compile 'de.hdodenhof:circleimageview:2.1.0'
    compile 'com.squareup.picasso:picasso:2.5.2'

    compile 'com.google.android.gms:play-services-base:10.2.6'
    compile 'com.google.android.gms:play-services-maps:10.2.6'
}
```

참고로, 라이브러리 뒤의 번호는 라이브러리 버전을 의미하며, 버전은 바뀔 수 있으므로 가능하면 개발 초기에는 최신 버전으로 설정하기 바란다. 코드를 작성하다 보면 버전명이 노란색으로 표시되기도 하는데, 이는 해당 버전이 최신 버전이 아님을 의미한다. 이 경우에는 해당 버전에 마우스를 가져다 놓으면 최신 버전을 확인할 수 있으므로 확인하고 버전을 변경하면 된다. 버전을 변경했을 경우에는 반드시 상단 우측에 보이는 'Sync Now'를 클릭해서 변경된 버전을 프로젝트에 반영해야 한다. 라이브러리에 대한 설명은 [부록](342페이지)을 살펴보기 바란다.

5.4 베스트푸드 앱 아이콘 변경하기

베스트푸드 앱을 설치했을 때 보이는 아이콘을 변경해 보자. 기본 아이콘은 안드로이드 얼굴 모양이지만, 우리는 앱의 특성에 맞게 음식 관련 아이콘으로 변경할 것이다.

그림 5-14 **베스트푸드 앱 아이콘**

아이콘을 /res 디렉터리에 mipmap 디렉터리에 넣으면 된다. 그런데 mipmap 디렉터리는 해상도에 따라 여러 개의 디렉터리로 구성되어 있으므로, 각각의 디렉터리에 있는 ic_launcher.png 크기에 맞게 아이콘을 변경해서 넣어야 다양한 안드로이드 기기에서 제대로 보인다.

```
mipmap-hdpi
mipmap-mdpi
mipmap-xhdpi
mipmap-xxhdpi
mipmap-xxxhdpi
```

그림 5-15 **mipmap 디렉터리**

해상도별 런처 아이콘 크기를 정리하면 다음과 같다.

해상도	크기
mdpi	48px * 48px
hdpi	72px * 72px
xhdpi	96px * 96px
xxhdpi	144px * 144px
xxxhdpi	192px * 192px

이미지 파일이 있다면 각각의 해상도에 맞는 크기로 변경하면 된다. 이러한 작업을 조금이나마 편하게 하고 싶다면 [부록](333페이지)에 있는 '런처 아이콘 쉽게 만들기'를 참고하기 바란다.

06

권한 화면 구성하기

안드로이드는 사용자와 개발자를 위해 많은 부분이 지속적으로 개발되고 있다. 특히, 안드로이드가 6.0이 되면서 개발자가 느끼는 가장 큰 변화는 아마도 권한 부여 방식일 것이다. 이전에는 권한을 AndroidManifest.xml에 선언만 하면 되었지만, 안드로이드 6.0부터는 앱을 실행해서 사용자로부터 권한을 승인받아야 하는 방식으로 변경되었다. 이로 인해 변경해야 하는 코드가 매우 많아졌으며, 처리 방식도 이전보다 많이 복잡해졌다. 이 장에서는 권한 화면을 구성하면서 새롭게 도입된 권한 처리 방식을 살펴볼 것이다.

그림 6-1 **권한 화면**

안드로이드 6.0의 권한 처리 방식을 간단히 정리하면 다음 그림과 같다. 안드로이드 6.0 이전 버전처럼 AndroidManifest.xml에 권한 선언을 먼저 해야 하며, 그 뒤에 앱에서 권한 검사를 하고 권한이 부여되어 있지 않다면 사용자에게 권한 승인을 요청해야 한다.

그림 6-2 안드로이드 6.0부터 도입된 권한 처리 순서

구글에서는 권한이 필요할 때마다 사용자에게 승인받는 것을 권장하고 있지만, 사용자가 앱을 실행하는 도중에 권한 승인을 여러 번 요청하는 것은 사용자 입장에서 그리 좋은 방법은 아니다. 물론, 승인할 권한이 많지 않은 경우에는 필요할 때마다 권한 승인을 요청하는 것이 가장 좋지만, 승인해야 할 권한이 많다면 앱을 최초로 실행할 때 모든 권한을 승인 요청하는 것이 좋을 수 있다. 그러므로 앱의 성격과 권한 개수에 따라서 어떤 방식으로 할지를 결정해야 한다. 우리가 개발할 베스트푸드 앱에서는 앱을 최초로 실행할 때 모든 권한을 사용자에게 승인 요청할 것이며, 만약 사용자가 승인하지 않는다면 앱을 실행하지 못하게 할 것이다.

N O T E   액티비티와 레이아웃 생성하기

액티비티와 레이아웃 파일을 생성하는 방법은 이 책 [부록](318페이지)에 있는 '안드로이드 스튜디오에서 액티비티 클래스와 레이아웃 추가 방법'을 살펴보기 바란다.

6.1 안드로이드 권한 액티비티 작성하기

이제 권한 액티비티인 PermissionActivity를 작성해 보자. 권한 액티비티는 권한을 확인하고 권한이 제대로 승인되었다면 시작 액티비티인 IndexActivity를 실행할 것이고, 그렇지 않다면 사용자에게 권한 승인을 요청하거나 권한 설정 화면에서 직접 설정할 수 있게 안내할 것이다.

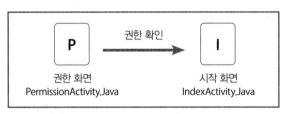

그림 6-3 권한 화면과 시작 화면의 관계

이제 PermissionActivity의 레이아웃 코드와 자바 코드를 살펴보겠다.

PermissionActivity 레이아웃 코드 작성하기

권한 액티비티의 레이아웃은 시작 액티비티 IndexActivity와 매우 유사하다. 앱을 나타내는 기본적인 소개 이미지와 텍스트로 구성되어 있다.

코드 6-1 **/res/layout/activity_permission.xml**

```xml
<?xml version="1.0" encoding="utf-8"?>
    <RelativeLayout xmlns:android="http://schemas.android.com/apk/res/android"
    android:id="@+id/rootView"
    android:layout_width="match_parent"
    android:layout_height="match_parent"
    android:background="@drawable/bg_index">
    <TextView
        android:id="@+id/app_name"
        android:layout_width="match_parent"
        android:layout_height="wrap_content"
        android:layout_marginEnd="@dimen/spacing_large2"
        android:layout_marginTop="80dp"
        android:gravity="end"
        android:text="@string/index_message"
        android:textColor="@color/text_color_white"
        android:textSize="@dimen/text_size_medium2"
        android:textStyle="bold" />

    <TextView
        android:layout_width="match_parent"
```

```
                android:layout_height="wrap_content"
                android:layout_centerInParent="true"
                android:gravity="center"
                android:text="@string/permission_checking"
                android:textColor="@color/text_color_white"
                android:textSize="@dimen/text_size_medium2"
                android:textStyle="bold" />
    </RelativeLayout>
```

PermissionActivity 자바 코드 작성하기

베스트푸드 앱에서는 세 개의 권한(카메라, 전화 상태, 위치 정보)이 필요하다. 그래서 이 권한을
사용자가 모두 승인할 경우에만 앱을 실행할 수 있게 할 것이다. 먼저, 다음 소스를 찬찬히 살
펴보자.

코드 6-2 **/java/com.mobitant.bestfood/PermissionActivity.java**

```java
package com.mobitant.bestfood;

import android.Manifest;
import android.content.DialogInterface;
import android.content.Intent;
import android.content.pm.PackageManager;
import android.net.Uri;
import android.os.Build;
import android.os.Bundle;
import android.provider.Settings;
import android.support.v4.app.ActivityCompat;
import android.support.v4.content.ContextCompat;
import android.support.v7.app.AlertDialog;
import android.support.v7.app.AppCompatActivity;

import com.mobitant.bestfood.lib.MyToast;

import java.util.ArrayList;
import java.util.List;

/**
 * 앱을 실행할 때 필요한 권한을 처리하기 위한 액티비티
 */
public class PermissionActivity extends AppCompatActivity {
    private static final int PERMISSION_MULTI_CODE = 100;

    /**
     * 화면을 구성하고 SDK 버전과 권한에 따른 처리를 한다.
     * @param savedInstanceState 액티비티가 새로 생성되었을 경우, 이전 상태 값을 가지는 객체
```

```java
    */
    @Override
    protected void onCreate(Bundle savedInstanceState) {
        super.onCreate(savedInstanceState);
        setContentView(R.layout.activity_permission);

        if (Build.VERSION.SDK_INT < 23) {
            goIndexActivity();
        } else {
            if (checkAndRequestPermissions()) {
                goIndexActivity();
            }
        }
    }


    /**
     * 권한을 확인하고 권한이 부여되어 있지 않다면 권한을 요청한다.
     * @return 필요한 권한이 모두 부여되었다면 true, 그렇지 않다면 false
     */
    private  boolean  checkAndRequestPermissions() {
        String [] permissions = new String[]{
                Manifest.permission.CAMERA,
                Manifest.permission.READ_PHONE_STATE,
                Manifest.permission.ACCESS_FINE_LOCATION
        };

        List<String> listPermissionsNeeded = new ArrayList<>();

        for (String permission:permissions) {
            if (ContextCompat.checkSelfPermission(this,permission )
                    != PackageManager.PERMISSION_GRANTED){
                listPermissionsNeeded.add(permission);
            }
        }

        if (!listPermissionsNeeded.isEmpty()) {
            ActivityCompat.requestPermissions(this,
                    listPermissionsNeeded.toArray(new String[listPermissionsNeeded.
                                                                    size()]),
                    PERMISSION_MULTI_CODE);
            return false;
        }

        return true;
    }

    /**
     * 권한 요청 결과를 받는 메소드
     * @param requestCode 요청 코드
     * @param permissions 권한 종류
```

```java
 * @param grantResults 권한 결과
 */
@Override
public void onRequestPermissionsResult(int requestCode, String[] permissions,
                                       int[] grantResults) {
    if (grantResults.length == 0) return;

    switch (requestCode) {
        case PERMISSION_MULTI_CODE:
            checkPermissionResult(permissions, grantResults);

            break;
    }
}

/**
 * 권한 처리 결과를 보고 인덱스 액티비티를 실행할지,
 * 권한 설정 요청 다이얼로그를 보여줄지를 결정한다.
 * 모든 권한이 승인되었을 경우에는 goIndexActivity() 메소드를 호출한다.
 * @param permissions 권한 종류
 * @param grantResults 권한 부여 결과
 */
private void checkPermissionResult(String[] permissions, int[] grantResults) {
    boolean isAllGranted = true;

    for (int i = 0; i < permissions.length; i++) {
        if (grantResults[i] != PackageManager.PERMISSION_GRANTED) {
            isAllGranted = false;
        }
    }

    //권한이 부여되었다면
    if (isAllGranted) {
        goIndexActivity();

    //권한이 부여되어 있지 않다면
    } else {
        showPermissionDialog();
    }
}

/**
 * 인덱스 액티비티를 실행하고 현재 액티비티를 종료한다.
 */
private void goIndexActivity() {
    Intent intent = new Intent(this, IndexActivity.class);
    startActivity(intent);

    finish();
```

```
    }

    /**
     * 권한 설정 화면으로 이동할지를 선택하는 다이얼로그를 보여준다.
     */
    private void showPermissionDialog() {
        AlertDialog.Builder dialog = new AlertDialog.Builder(this);
        dialog.setTitle(R.string.permission_setting_title);
        dialog.setMessage(R.string.permission_setting_message);
        dialog.setPositiveButton(R.string.setting, new DialogInterface.
                                                        OnClickListener() {
            public void onClick(DialogInterface dialog, int which) {
                dialog.cancel();
                MyToast.s(PermissionActivity.this, R.string.permission_setting_
                                                        restart);
                PermissionActivity.this.finish();

                goAppSettingActivity();
            }
        });
        dialog.setNegativeButton(R.string.cancel,new DialogInterface.OnClickListener() {
            public void onClick(DialogInterface dialog, int which) {
                dialog.cancel();
                PermissionActivity.this.finish();
            }
        });
        dialog.show();
    }

    /**
     * 권한을 설정할 수 있는 설정 액티비티를 실행한다.
     */
    private void goAppSettingActivity() {
        Intent intent = new Intent();
        intent.setAction(Settings.ACTION_APPLICATION_DETAILS_SETTINGS);
        Uri uri = Uri.fromParts("package", getPackageName(), null);
        intent.setData(uri);
        startActivity(intent);
    }
}
```

이제 주요 코드를 하나씩 살펴보도록 하자.

```
if (Build.VERSION.SDK_INT < 23) {
} else {
}
```

안드로이드 6.0부터 권한 처리 방식이 변경되었으므로 사용자의 안드로이드 버전을 파악해서 권한 승인 요청을 할지를 결정해야 한다. 위 코드가 사용자의 안드로이드 버전을 파악하는 코드이며, 다음처럼 안드로이드 버전 코드를 사용해서 비교할 수도 있다.

```
if (Build.VERSION.SDK_INT < Build.VERSION_CODES.M) {
} else {
}
```

```
for (String permission:permissions) {
    if (ContextCompat.checkSelfPermission(this,permission )
            != PackageManager.PERMISSION_GRANTED){
        listPermissionsNeeded.add(permission);
    }
}
```

checkSelfPermission( ) 메소드로 필요한 권한을 검사하고 권한 승인이 되어 있지 않다면 ArrayList인 listPermissionsNeeded에 추가한다.

```
if (!listPermissionsNeeded.isEmpty()) {
    ActivityCompat.requestPermissions(this,
            listPermissionsNeeded.toArray(new String[listPermissionsNeeded.size()]),
            PERMISSION_MULTI_CODE);
    return false;
}
```

listPermissionsNeeded에 추가된 권한이 한 개라도 있다면 requestPermissions( ) 메소드로 해당 권한을 사용자가 승인할 수 있도록 요청한다.

이외에는 특별히 어려운 코드가 없다. 그러므로 코드 주석과 다음 그림의 코드 호출 흐름을 살펴보면 이해할 수 있을 것이다.

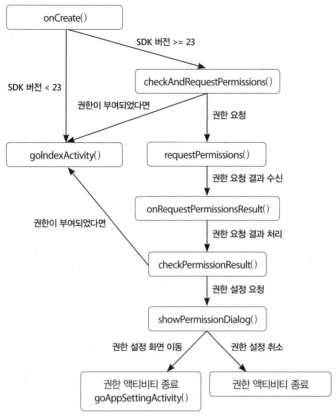

그림 6-4 권한 액티비티의 코드 흐름

AndroidManifest.xml에 권한 및 PermissionActivity 추가하기

모든 작업이 끝났으면 이제 권한을 AndroidManifest.xml에 추가해야 권한을 사용할 수 있게 된다. 또한, 개발한 액티비티, 서비스, 브로드캐스트 리시버도 이 파일에 선언해야 한다. 그렇지 않을 경우 안드로이드에서는 이 요소들을 인식하지 못한다. 왼쪽의 프로젝트 화면에서 manifests를 더블클릭하면 파일을 열 수 있다.

그림 6-5 안드로이드 스튜디오의 AndroidManifest.xml

베스트푸드 앱에서는 카메라, 전화 상태, 위치 정보만이 필요하므로 다음처럼 권한(uses-permission)을 추가해야 한다. 또한, 기본으로 생성된 AndroidManifest.xml 파일에는 MainActivity가 시작 액티비티로 설정되어 있었을 것이다. 이를 변경해서 PermissionActivity를 시작 액티비티로 설정해야 한다. 다음처럼 설정하면 된다.

코드 6-3 AndroidManifest.xml

```xml
<?xml version="1.0" encoding="utf-8"?>
<manifest xmlns:android="http://schemas.android.com/apk/res/android"
    package="com.mobitant.bestfood">

    <uses-permission android:name="android.permission.CAMERA" />
    <uses-permission android:name="android.permission.READ_PHONE_STATE" />
    <uses-permission android:name="android.permission.ACCESS_FINE_LOCATION" />

    <application
        android:allowBackup="true"
        android:icon="@mipmap/ic_launcher"
        android:label="@string/app_name"
        android:supportsRtl="true"
        android:theme="@style/AppTheme">

        <activity
            android:name=".PermissionActivity"
            android:label="@string/app_name"
            android:theme="@style/AppTheme.NoActionBar">
            <intent-filter>
                <action android:name="android.intent.action.MAIN" />
                <category android:name="android.intent.category.LAUNCHER" />
            </intent-filter>
        </activity>

        <activity android:name=".MainActivity" />
    </application>
</manifest>
```

인텐트 필터(intent-filter)에 설정된 항목은 다음과 같은 의미를 가진다.

- <action android:name="android.intent.action.MAIN" />

  이 액티비티를 앱의 최초 액티비티로 설정한다.

- <category android:name="android.intent.category.LAUNCHER" />

  이 액티비티의 아이콘이 안드로이드의 앱 시작 관리자에 배치한다. <activity> 요소가 아이콘을 icon으로 지정하지 않은 경우, 시스템은 <application> 요소로부터 가져온 아이콘을 사용한다.

대부분의 앱은 시작 화면을 가지고 있으며, 시작 화면은 앱의 대표 화면으로서 앱을 사용하는
데 있어서 필요한 데이터나 기타 여러 준비 작업을 하는 화면이다. 일반적으로는 앱에 저장된
정보를 기반으로 서버에서 사용자에 대한 정보를 가지고 오거나 각종 데이터를 가지고 오는
시간을 확보하기 위한 용도로 사용한다.

그림 7-1 시작 화면

우리가 만드는 베스트푸드 앱은 별도의 회원 가입 화면은 만들지 않고 단순히 폰의 전화번호
를 기반으로 동작하게 할 것이다. 앱에 저장된 전화번호는 서버에서 사용자 정보를 확인하는
용도로 사용한다. 따라서 앱이 시작되면 폰의 전화번호를 서버에 전송해서 이 전화번호로 등

록된 프로필 정보가 있는지를 확인하여 없다면 프로필 화면으로 이동하고, 있다면 메인 화면으로 이동하게 한다. 그리고 프로필 정보가 서버에 없다면 가장 먼저 전화번호를 서버에 저장하는 작업을 진행할 것이다. 이를 그림으로 표현하면 다음과 같다.

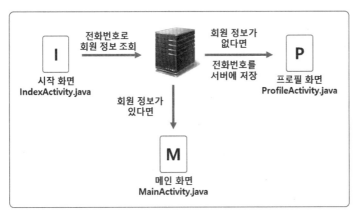

그림 7-2 시작 화면 구성

시작 화면은 다음처럼 '정상 화면'과 '네트워크가 연결되지 않은 경우의 화면'으로 구성해야 한다. 네트워크가 연결되어 있지 않은 경우에는 사용자가 버튼을 클릭했을 때 네트워크를 다시 확인하거나 앱을 종료시키는 등의 동작을 해야 한다. 우리는 앱을 종료하게 할 것이다.

그림 7-3 정상적인 시작 화면   그림 7-4 네트워크가 연결되지 않았
을 때의 시작 화면

7.1 안드로이드 시작 액티비티 작성하기

시작 액티비티는 권한 액티비티에서 호출하며, 시작 액티비티에서는 서버에서 사용자 정보를 전화번호로 조회한 후 존재한다면 MainActivity로 이동하고, 그렇지 않다면 ProfileActivity로 이동하는 역할을 한다.

IndexActivity 레이아웃 코드 작성하기

시작 액티비티의 레이아웃에는 앱을 설명하는 텍스트뷰, 그리고 인터넷에 연결되어 있지 않을 경우 보여주는 메시지 텍스트뷰와 버튼으로 구성되어 있다. 텍스트뷰와 버튼은 정상적인 경우에는 보여지지 말아야 하므로 visibility 속성에 gone을 주어 화면에 보이지 않게 설정해야 한다.

코드 7-1 **/res/layout/activity_index.xml**

```xml
<?xml version="1.0" encoding="utf-8"?>
<RelativeLayout xmlns:android="http://schemas.android.com/apk/res/android"
    android:layout_width="match_parent"
    android:layout_height="match_parent"
    android:background="@drawable/bg_index">

    <TextView
        android:id="@+id/app_name"
        android:layout_width="match_parent"
        android:layout_height="wrap_content"
        android:layout_marginEnd="@dimen/spacing_large2"
        android:layout_marginTop="80dp"
        android:gravity="end"
        android:text="@string/index_message"
        android:textColor="@color/text_color_white"
        android:textSize="@dimen/text_size_medium2"
        android:textStyle="bold" />

    <TextView
        android:layout_width="match_parent"
        android:layout_height="wrap_content"
        android:layout_alignParentBottom="true"
        android:layout_marginBottom="@dimen/spacing_large"
        android:gravity="center"
        android:text="@string/delicious"
        android:textColor="@color/text_color_white"
        android:textSize="@dimen/text_size_medium2"
        android:textStyle="bold" />
```

```xml
    <TextView
        android:id="@+id/message"
        android:layout_width="match_parent"
        android:layout_height="wrap_content"
        android:layout_above="@+id/close"
        android:layout_margin="8dp"
        android:gravity="center"
        android:text="@string/network_not_working"
        android:textColor="@color/text_color_white"
        android:textSize="@dimen/text_size_medium"
        android:visibility="gone" />

    <Button
        android:id="@+id/close"
        android:layout_width="wrap_content"
        android:layout_height="wrap_content"
        android:layout_alignParentBottom="true"
        android:layout_centerHorizontal="true"
        android:layout_margin="8dp"
        android:background="@drawable/button_round_red"
        android:text="@string/submit"
        android:textSize="@dimen/text_size_medium"
        android:visibility="gone" />
</RelativeLayout>
```

아이디가 message와 close인 텍스트뷰와 버튼은 네트워크가 연결되지 않은 상태에서 앱을 실행할 경우 보여주는 위젯이다. 그래서 네트워크에 연결되지 않았을 경우에는 메시지와 버튼이 보일 것이고, 버튼을 클릭할 경우 앱이 종료될 것이다. 이렇게 동작할 수 있게 하는 자바 코드는 나중에 추가할 것이다.

시작 화면 레이아웃에서는 텍스트 크기와 텍스트 색상, 그리고 문자열을 외부 리소스에 정의해서 사용하고 있다. 텍스트 크기는 /res/values/dimens.xml에 정의해야 하며, 텍스트 색상은 /res/values/colors.xml에 정의해야 한다. 그리고 문자열은 /res/values/strings.xml에 정의해야 한다. 정의된 코드에 대해서는 [부록](271페이지)을 살펴보기 바란다.

IndexActivity 자바 코드 작성하기

IndexActivity는 전화번호로 서버에서 사용자 정보를 조회해서 존재한다면 메인 화면(MainActivity)을 실행하고, 그렇지 않다면 프로필 화면(ProfileActivity)을 실행한다. 그리고 프로필 화면을 실행하기 전에 사용자의 전화번호를 서버에 전송할 것이다. 참고로, 서버와의 데이터 통신은 외부 라이브러리인 레트로핏(Retrofit)을 활용할 것이다.

다음은 IndexActivity 자바 코드의 흐름을 정리한 것이다.

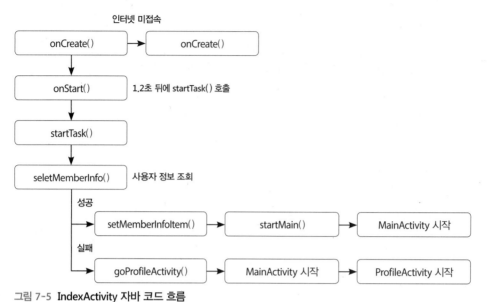

그림 7-5 IndexActivity 자바 코드 흐름

이제 IndexActivity 코드를 살펴보도록 하자.

코드 7-2 /java/com.mobitant.bestfood/IndexActivity.java

```java
package com.mobitant.bestfood;

import android.content.Context;
import android.content.Intent;
import android.os.Bundle;
import android.os.Handler;
import android.support.v7.app.AppCompatActivity;
import android.view.View;
import android.widget.Button;
import android.widget.TextView;

import com.mobitant.bestfood.item.MemberInfoItem;
import com.mobitant.bestfood.lib.EtcLib;
import com.mobitant.bestfood.lib.GeoLib;
import com.mobitant.bestfood.lib.MyLog;
import com.mobitant.bestfood.lib.RemoteLib;
import com.mobitant.bestfood.lib.StringLib;
import com.mobitant.bestfood.remote.RemoteService;
import com.mobitant.bestfood.remote.ServiceGenerator;

import okhttp3.ResponseBody;
import retrofit2.Call;
```

```java
import retrofit2.Callback;
import retrofit2.Response;

/**
 * 시작 액티비티이며, 이 액티비티에서 사용자 정보를 조회해서
 * 메인 액티비티를 실행할지, 프로필 액티비티를 실행할지를 결정한다.
 */
public class IndexActivity extends AppCompatActivity {
    private final String TAG = this.getClass().getSimpleName();

    Context context;

    /**
     * 레이아웃을 설정하고 인터넷에 연결되어 있는지를 확인한다.
     * 만약 인터넷에 연결되어 있지 않다면 showNoService() 메소드를 호출한다.
     * @param savedInstanceState 액티비티가 새로 생성되었을 경우에 이전 상태 값을 가지는 객체
     */
    @Override
    protected void onCreate(Bundle savedInstanceState) {
        super.onCreate(savedInstanceState);
        setContentView(R.layout.activity_index);

        context = this;

        if (!RemoteLib.getInstance().isConnected(context)) {
            showNoService();
            return;
        }
    }

    /**
     * 일정 시간(1.2초) 이후에 startTask() 메소드를 호출해서
     * 서버에서 사용자 정보를 조회한다.
     */
    @Override
    protected void onStart() {
        super.onStart();

        Handler mHandler = new Handler();
        mHandler.postDelayed(new Runnable() {
            @Override
            public void run() {
                startTask();
            }
        }, 1200);
    }

    /**
     * 현재 인터넷에 접속할 수 없기 때문에 서비스를 사용할 수 없다는 메시지와
     * 화면 종료 버튼을 보여준다.
```

```
*/
private void showNoService() {
    TextView messageText = (TextView) findViewById(R.id.message);
    messageText.setVisibility(View.VISIBLE);

    Button closeButton = (Button) findViewById(R.id.close);
    closeButton.setOnClickListener(new View.OnClickListener() {
        @Override
        public void onClick(View v) {
            finish();
        }
    });
    closeButton.setVisibility(View.VISIBLE);
}


/**
 * 현재 폰의 전화번호와 동일한 사용자 정보를 조회할 수 있도록
 * selectMemberInfo() 메소드를 호출한다.
 * 그리고 setLastKnownLocation() 메소드를 호출해서 현재 위치 정보를 설정한다.
 */
public void startTask() {
    String phone = EtcLib.getInstance().getPhoneNumber(this);

    selectMemberInfo(phone);
    GeoLib.getInstance().setLastKnownLocation(this);
}


/**
 * 레트로핏을 활용해서 서버로부터 사용자 정보를 조회한다.
 * 사용자 정보를 조회했다면 setMemberInfoItem() 메소드를 호출하고,
 * 그렇지 않다면 goProfileActivity() 메소드를 호출한다.
 *
 * @param phone 폰의 전화번호
 */
public void selectMemberInfo(String phone) {
    RemoteService remoteService = ServiceGenerator.createService(RemoteService.
                                                                 class);

    Call<MemberInfoItem> call = remoteService.selectMemberInfo(phone);
    call.enqueue(new Callback<MemberInfoItem>() {
        @Override
        public void onResponse(Call<MemberInfoItem> call, Response<MemberInfoItem>
                                                           response) {
            MemberInfoItem item = response.body();

            if (response.isSuccessful() && !StringLib.getInstance().isBlank(item.
                                                                           name)) {
                MyLog.d(TAG, "success " + response.body().toString());
                setMemberInfoItem(item);
            } else {
```

```
                MyLog.d(TAG, "not success");
                goProfileActivity(item);
            }
        }

        @Override
        public void onFailure(Call<MemberInfoItem> call, Throwable t) {
            MyLog.d(TAG, "no internet connectivity");
            MyLog.d(TAG, t.toString());
        }
    });
}

/**
 * 전달받은 MemberInfoItem을 Application 객체에 저장한다.
 * 그리고 startMain() 메소드를 호출한다.
 *
 * @param item 사용자 정보
 */
private void setMemberInfoItem(MemberInfoItem item) {
    ((MyApp) getApplicationContext()).setMemberInfoItem(item);

    startMain();
}

/**
 * MainActivity를 실행하고 현재 액티비티를 종료한다.
 */
public void startMain() {
    Intent intent = new Intent(IndexActivity.this, MainActivity.class);
    startActivity(intent);

    finish();
}

/**
 * 사용자 정보를 조회하지 못했다면 insertMemberPhone() 메소드를 통해
 * 전화번호를 서버에 저장하고, MainActivity를 실행한 후에 ProfileActivity를 실행한다.
 * 그리고 현재 액티비티를 종료한다.
 *
 * @param item 사용자 정보
 */
private void goProfileActivity(MemberInfoItem item) {
    if (item == null || item.seq <= 0) {
        insertMemberPhone();
    }

    Intent intent = new Intent(IndexActivity.this, MainActivity.class);
    startActivity(intent);
```

```java
        Intent intent2 = new Intent(this, ProfileActivity.class);
        startActivity(intent2);

        finish();
    }

    /**
     * 폰의 전화번호를 서버에 저장한다.
     */
    private void insertMemberPhone() {
        String phone = EtcLib.getInstance().getPhoneNumber(context);
        RemoteService remoteService =
                ServiceGenerator.createService(RemoteService.class);

        Call<String> call = remoteService.insertMemberPhone(phone);
        call.enqueue(new Callback<String>() {
            @Override
            public void onResponse(Call<String> call, Response<String> response) {
                if (response.isSuccessful()) {
                    MyLog.d(TAG, "success insert id " + response.body().toString());
                } else {
                    int statusCode = response.code();

                    ResponseBody errorBody = response.errorBody();

                    MyLog.d(TAG, "fail " + statusCode + errorBody.toString());
                }
            }

            @Override
            public void onFailure(Call<String> call, Throwable t) {
                MyLog.d(TAG, "no internet connectivity");
            }
        });
    }
}
```

전체적으로 어려운 코드는 없으므로 메소드 호출 순서와 메소드에 추가된 설명을 살펴보면 대부분 이해할 수 있을 것이다. 그러므로 일반적이지 않은 몇 가지 코드만 살펴보도록 하자.

▶ setMemberInfoItem() 메소드

```java
((MyApp) getApplicationContext()).setMemberInfoItem(item);
```

이 코드는 Application 클래스를 상속해서 만든 MyApp 클래스에 사용자 정보를 저장하는 코드다. 이렇게 저장한 코드는 애플리케이션의 다른 코드에서도 사용할 수 있다. MyApp 클래스는 직접 작성해야 하므로 이 책의 [부록](281페이지)에 있는 MyApp 클래스의 소스 코드를 참고해서 작성하기 바란다.

▶ insertMemberPhone() 메소드

이 메소드에서는 레트로핏을 활용하여 서버에 전화번호를 저장하고 있다. 이렇게 전달된 전화번호는 노드 서버가 수신하여 데이터베이스에 저장한다. 이때 저장이 성공하거나 실패하게 되는데, 이를 안드로이드에서 알 수 있는 방법은 response.isSuccessful()이 true인지를 파악하는 것이다. 노드 서버가 HTTP 상태 코드를 200에서 300 사이의 값으로 반환했을 때 true가 되며, 그렇지 않은 경우에는 false가 된다. 레트로핏에 대한 자세한 설명은 [부록](351페이지)을 살펴보기 바란다.

ProfileActivity는 아직 작성하지 않았으므로 관련 코드는 주석 처리해야 에러가 발생하지 않는다.

AndroidManifest.xml에 IndexActivity 추가하기

모든 작업이 끝났으면 새로 작성한 IndexActivity를 AndroidManifest.xml에 추가해야 한다. 또한, MyApp 클래스를 사용하기 위해서는 android:name=".MyApp"을 반드시 추가해야 한다.

코드 7-3 **AndroidManifest.xml**

```
...
<application
    ...
    android:name=".MyApp"
    ... >
    ...
    <activity android:name=".IndexActivity " />
    ...
```

7.2 노드와 통신하기 위한 자바 코드 작성하기

노드 서버와 통신하기 위해서는 레트로핏과 관련된 클래스를 작성해야 한다. com.mobitant. bestfood 패키지 아래에 remote 디렉터리를 생성하고, 여기에 ServiceGenerator.java와 RemoteService.java 클래스를 생성해야 한다.

ServiceGenerator.java와 관련된 코드는 이 책의 [부록](283페이지)을 살펴본 후 작성하기 바라며, RemoteService.java에는 기본적인 멤버 변수와 시작 액티비티에서 사용하는 메소드를 선언해야 한다.

코드 7-4 /java/com.mobitant.bestfood/remote/RemoteSerivce.java

```java
package com.mobitant.bestfood.remote;

import com.mobitant.bestfood.item.MemberInfoItem;

import retrofit2.Call;
import retrofit2.http.Field;
import retrofit2.http.FormUrlEncoded;
import retrofit2.http.GET;
import retrofit2.http.POST;
import retrofit2.http.Path;

/**
 * 서버에 호출할 메소드를 선언하는 인터페이스
 */
public interface RemoteService {
    String BASE_URL = "http://192.168.1.188:3000";
    String MEMBER_ICON_URL = BASE_URL + "/member/";
    String IMAGE_URL = BASE_URL + "/img/";

    //사용자 정보
    @GET("/member/{phone}")
    Call<MemberInfoItem> selectMemberInfo(@Path("phone") String phone);

    @FormUrlEncoded
    @POST("/member/phone")
    Call<String> insertMemberPhone(@Field("phone") String phone);
}
```

BASE_URL은 노드 서버가 실행되고 있는 서버 주소다. 노드 서버는 같은 네트워크 안에 존재해야 폰에서 접근할 수 있으므로 노드 서버의 아이피를 확인해서 지정해야 한다.

RemoteService 클래스의 전체 코드는 이 책의 [부록](284페이지)을 살펴보기 바란다.

NOTE　**BASE_URL의 IP 주소 변경하기**

RemoteService에 작성한 BASE_URL은 노드 서버가 실행되고 있는 컴퓨터의 IP다. 그러므로 노드 서버를 실행한 컴퓨터의 IP를 찾아서 지정해야 한다. 윈도우 환경이라면 커맨드창(cmd)에서 ipconfig를 실행해서 알 수 있다. 다른 개발 환경이라면 인터넷에서 검색해서 IP를 지정하기 바란다. 참고로, IP는 외부에서 보이는 IP가 아닌 내부 IP이므로 대부분의 경우 192로 시작하는 IP일 것이다. 또한, 안드로이드 기기와 노드 서버가 같은 네트워크에 있어야 한다. 만약 그렇지 않은 경우에는 노드 서버에 공인 IP를 지정해야 한다.

7.3 노드 시작 화면 코드 작성하기

안드로이드 시작 화면에서는 회원 정보를 가지고 오고, 없다면 회원 전화번호를 서버에 저장하고 프로필 화면을 보여주게 되어 있다. 그래서 회원 정보와 관련된 처리를 할 수 있는 라우트 파일을 작성해야 한다. 먼저, /routes/member.js 파일을 생성하고 app.js에 다음 코드를 추가한다. 이때 다음 코드는 404 에러를 처리하는 코드 위에 작성해야 하며, 기본으로 생성된 index.js와 users.js는 사용하지 않을 것이므로 관련된 파일과 코드는 삭제해야 한다.

코드 7-5 **app.js**

```
app.use('/member', require('./routes/member'));
```

이제 시작 화면을 위한 member.js 파일을 작성해야 하며, 가장 먼저 관련된 모듈을 로딩하는 코드를 다음처럼 작성해야 한다.

코드 7-6 **/routes/member.js**

```
var express = require('express');
var db = require('../db')
var router = express.Router();
```

회원 정보를 반환하는 라우트 함수

기본 모듈을 로딩하는 코드를 작성했다면 이제 회원 정보를 반환하는 라우트 함수를 작성해야 한다. 회원 정보를 요청하는 경로는 안드로이드에서는 /member/{phone}이고, 노드에서는 /member/:phone이다. 여기서 {phone}과 :phone은 경로에 포함된 매개변수라고 해서 라우트 매개변수라고 불린다. 안드로이드와 노드의 차이로 인해 표현 방식만 다를 뿐 의미는 같다. 아래 작성된 member.js 파일에서는 /:phone으로만 경로를 지정하고 있는데, 그 이유는 app.js에서 /member를 이미 지정했기 때문이다.

코드 7-7 **/routes/member.js**

```
var express = require('express');
var db = require('../db')
var router = express.Router();

//member/:phone
router.get('/:phone', function(req, res, next) {
```

```
    var phone = req.params.phone;

    var sql = "select * " +
            "from bestfood_member " +
            "where phone = ? limit 1;";
    console.log("sql : " + sql);

    db.get().query(sql, phone, function (err, rows) {
        console.log("rows : " + JSON.stringify(rows));
        console.log("row.length : " + rows.length);
        if (rows.length > 0) {
          res.json(rows[0]);
        } else {
          res.sendStatus(400);
        }
    });
});

module.exports = router;
```

:phone은 라우트 매개변수이며, 필요하다면 여러 번 사용할 수 있다. 예를 들어, /:phone
/:name처럼 쓸 수 있다. 그리고 이렇게 라우트 매개변수로 넘어온 데이터는 반드시 req.params
객체에서 값을 가지고 와야 한다. 그러므로 :phone에 넘어온 값은 req.params.phone을 통해
값을 가지고 올 수 있다.

console.log()는 로그를 남기기 위한 함수이며, "module.exports = router;"는 현재 작성한 함수
를 외부에서 사용할 수 있도록 해 주는 코드다.

질의를 실행할 때는 query() 함수를 호출해야 하며, 일반적으로 다음과 같은 형식을 가진다.
질의할 sql, sql문에 포함된 질의 매개변수 '?'를 치환할 변수, 콜백함수로 구성된다. 만약 질의
매개변수(?)가 여러 개라면 배열 형식([phone, name])으로 작성해야 한다.

```
db.get().query(sql, phone, function (err, rows) {

});
```

회원 전화번호를 저장하는 라우트 함수

회원 전화번호를 저장하기 위한 안드로이드 경로는 /member/{phone}이다. 그러므로 노드에서
는 /member/:phone으로 받아야 하며, 앞의 /member는 빼고 member.js에 작성해야 한다. 그

이유에 대해서는 이전에 설명했다. 다음 코드를 member.js 파일의 module.exports = router; 코드 위에 작성하면 된다.

코드 7-8 **/routes/member.js**

```javascript
router.post('/phone', function(req, res) {
  var phone = req.body.phone;

  var sql_count = "select count(*) as cnt " +
          "from bestfood_member " +
          "where phone = ?;";
  console.log("sql_count : " + sql_count);

  var sql_insert = "insert into bestfood_member (phone) values(?);";

  db.get().query(sql_count, phone, function (err, rows) {
    console.log(rows);
    console.log(rows[0].cnt);

    if (rows[0].cnt > 0) {
      return res.sendStatus(400);
    }

    db.get().query(sql_insert, phone, function (err, result) {
      if (err) return res.sendStatus(400);
      res.status(200).send('' + result.insertId);
    });
  });
});
```

이 코드에서는 두 개의 질의문을 작성하고 있다. 첫 번째 sql_count 질의문은 동일한 전화번호로 저장된 회원 수를 반환하며, 두 번째 질의문은 전화번호를 bestfood_member 테이블에 저장한다. 즉, 이미 회원 전화번호가 저장되어 있다면 전화번호를 데이터베이스에 저장하지 않고, 저장되어 있지 않다면 전화번호를 저장하기 위함이다. 그래서 query() 함수 안에 다른 query() 함수를 작성하고 있다. 노드는 기본적으로 콜백에 콜백을 포함하는 구조이다 보니 이런 구조가 많아질수록 코드가 어려워진다. 그래서 이러한 문제를 해결하기 위한 async 모듈이 있다. 이에 대한 자세한 내용은 [부록](388페이지)을 살펴보기 바란다.

7.4 안드로이드 시작 화면 실행하기

이제 모든 작업이 끝났으니 안드로이드 앱을 실행해서 정상적으로 동작하는지 확인해 보자. 안드로이드에서 베스트푸드 앱을 실행하면 시작 화면이 실행된 후 메인 화면이 실행된다. 이 때 시작 화면인 IndexActivity에서는 전화번호로 서버에 등록된 사용자 정보가 있는지를 확인하고, 있다면 사용자 정보를 얻은 후에 메인 화면 MainActivity를 실행하고, 사용자 정보가 없다면 프로필 화면 ProfileActivity를 실행한다. 다만, ProfileActivity는 아직 만들지 않았으므로 해당 코드를 주석 처리해야 한다. 그래서 지금까지 개발한 코드를 실행하면 인덱스 화면이 보이고 바로 메인 화면이 보일 것이다. 물론, 메인 화면도 아직 제대로 작성된 것이 아니므로 기본 화면이 보일 것이다.

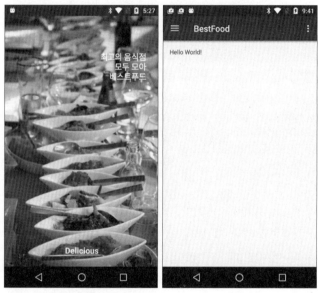

그림 7-6 **시작 화면 실행**

기능 개선하기

1. 서버 응답 및 인터넷 미접속에 따른 처리하기

IndexActivity 클래스에 작성된 insertMemberPhone() 메소드는 사용자 전화번호를 서버에 저장하는 역할을 하는데, 제대로 수행하지 못했을 경우 로그만을 남기고 있다. 또한, 인터넷 접속이 안 되는 경우에도 로그만 남기고 있다. 이를 어떻게 수정하는 것이 좋을지 고민해 보고 직접 코드를 변경해 보자.

메인 화면 구성하기

메인 화면은 베스트푸드 앱의 중심 화면이며, 이 화면에서 다른 화면들을 보여준다. 따라서 메인 화면은 액티비티로 작성해야 하며, 왼쪽에는 메뉴가 있어야 한다. 왼쪽의 메뉴를 내비게이션 드로어(Navigation Drawer)라고 하며, 메뉴를 클릭하면 해당 프래그먼트가 액티비티 내에 표시된다.

그림 8-1 메인 화면

8.1 안드로이드 메인 액티비티 작성하기

MainActivity.java와 activity_main.xml은 프로젝트를 생성하면서 자동으로 생성된 파일이다. 그래서 이 파일의 일부 코드를 수정해서 우리가 원하는 방식으로 동작하게 할 것이다. 레이아웃 XML은 그대로 사용하고, MainActivity는 우리가 추가한 메뉴를 클릭했을 때 해당 프래그먼트로 이동할 수 있게 변경할 것이다.

MainActivity 레이아웃 코드 작성하기

레이아웃은 기본으로 생성한 코드 그대로다. 먼저, 코드를 살펴보자.

코드 8-1 **/res/layout/activity_main.xml**

```xml
<?xml version="1.0" encoding="utf-8"?>
<android.support.v4.widget.DrawerLayout
    xmlns:android="http://schemas.android.com/apk/res/android"
    xmlns:app="http://schemas.android.com/apk/res-auto"
    xmlns:tools="http://schemas.android.com/tools"
    android:id="@+id/drawer_layout"
    android:layout_width="match_parent"
    android:layout_height="match_parent"
    android:fitsSystemWindows="true"
    tools:openDrawer="start">

    <include
        layout="@layout/app_bar_main"
        android:layout_width="match_parent"
        android:layout_height="match_parent" />

    <android.support.design.widget.NavigationView
        android:id="@+id/nav_view"
        android:layout_width="wrap_content"
        android:layout_height="match_parent"
        android:layout_gravity="start"
        android:fitsSystemWindows="true"
        app:headerLayout="@layout/nav_header_main"
        app:menu="@menu/activity_main_drawer" />

</android.support.v4.widget.DrawerLayout>
```

activity_main.xml에는 include와 NavigationView가 선언되어 있다. NavigationView는 왼쪽 메뉴를 보여주기 위한 뷰이고, include는 상단 툴바와 내용을 보여주기 위한 뷰인 app_bar_main.xml을 activity_main.xml에 포함시키고 있다.

먼저, NavigationView를 보도록 하자.

```
app:headerLayout="@layout/nav_header_main"
app:menu="@menu/activity_main_drawer"
```

app:headerLayout 속성은 내비게이션 뷰의 상단 영역을 의미하며, app:menu는 내비게이션 뷰의 메뉴 영역을 의미한다. 상단 영역에는 사용자 이미지나 이름, 그리고 이미지 등을 놓을 수 있으며, 메뉴 영역에는 앱에서 이동할 수 있는 메뉴를 나열할 수 있다.

NavigationView를 구성하는 요소에 대해서는 조금 뒤에 자세히 살펴보도록 하겠다.

```
<include
    layout="@layout/app_bar_main"
```

<include layout="" /> 태그는 다른 레이아웃을 현재 레이아웃에 포함시키기 위해 사용하는 태그이며, 여기서는 app_bar_main.xml을 포함하고 있다.

app_bar_main 레이아웃 코드 작성하기

app_bar_main.xml은 메인 액티비티의 기본 구성 레이아웃이다. 이 레이아웃에서는 상단 툴바 영역과 콘텐트를 표시하는 영역으로 구성된다. 다음 코드는 안드로이드 스튜디오에서 프로젝트의 기본 액티비티로 Navigation Drawer Activity를 선택했을 때 자동으로 생성된 코드에서 툴바 영역만 별도 파일로 정리한 것이다.

코드 8-2 **/res/layout/app_bar_main.xml**

```xml
<?xml version="1.0" encoding="utf-8"?>
<android.support.design.widget.CoordinatorLayout
    xmlns:android="http://schemas.android.com/apk/res/android"
    xmlns:app="http://schemas.android.com/apk/res-auto"
    xmlns:tools="http://schemas.android.com/tools"
    android:layout_width="match_parent"
    android:layout_height="match_parent"
    android:fitsSystemWindows="true"
    tools:context="com.mobitant.bestfood.MainActivity">

    <include layout="@layout/toolbar" /> <!-- 기존 툴바 코드를 toolbar.xml로 분리 -->

    <include layout="@layout/content_main" />
```

```
</android.support.design.widget.CoordinatorLayout>
```

CoordinatorLayout은 툴바와 콘텐트를 보여주기 위한 레이아웃이며, 이를 통해 콘텐트를 스크롤할 때 툴바를 숨기는 등 여러 처리를 할 수 있다. 그리고 CoordinatorLayout에는 툴바를 표시하는 toolbar.xml과 content_main.xml을 include로 선언하고 있다.

toolbar 레이아웃 코드 작성하기

다음 코드는 app_bar_main.xml에 작성되어 있던 툴바 코드를 분리해서 저장한 toolbar.xml이며, 여기에 선언한 AppBarLayout은 툴바와 다른 뷰를 함께 보여주는 용도로 사용할 수 있는 레이아웃이다.

코드 8-3 **/res/layout/toolbar.xml**

```xml
<?xml version="1.0" encoding="utf-8"?>
<android.support.design.widget.AppBarLayout
    xmlns:android="http://schemas.android.com/apk/res/android"
    xmlns:app="http://schemas.android.com/apk/res-auto"
    android:id="@+id/toolbar_layout"
    android:layout_width="match_parent"
    android:layout_height="wrap_content"
    android:theme="@style/AppTheme.AppBarOverlay">

    <android.support.v7.widget.Toolbar
        android:id="@+id/toolbar"
        android:layout_width="match_parent"
        android:layout_height="?attr/actionBarSize"
        android:background="?attr/colorPrimary"
        app:popupTheme="@style/AppTheme.PopupOverlay" />

</android.support.design.widget.AppBarLayout>
```

content_main 레이아웃 코드 작성하기

content_main.xml에는 RelativeLayout만 선언하면 된다. 그 이유는 앞으로 만들 프래그먼트를 이 영역에 보여줄 것이기 때문이다. 프래그먼트는 액티비티 내에 포함될 수 있는 작은 액티비티라고 할 수 있으며, 재사용이 가능하다. 이에 대해서는 실제 코드를 살펴보면 쉽게 이해할 것이다.

```xml
<?xml version="1.0" encoding="utf-8"?>
<RelativeLayout xmlns:android="http://schemas.android.com/apk/res/android"
    xmlns:app="http://schemas.android.com/apk/res-auto"
    xmlns:tools="http://schemas.android.com/tools"
    android:id="@+id/content_main"
    android:layout_width="match_parent"
    android:layout_height="match_parent"
    app:layout_behavior="@string/appbar_scrolling_view_behavior"
    tools:context="com.mobitant.bestfood.MainActivity"
    tools:showIn="@layout/app_bar_main">
</RelativeLayout>
```

내비게이션 뷰의 메뉴 작성하기

내비게이션 뷰는 상단 헤더 영역과 하단 메뉴 영역으로 구성되어 있다. 상단 헤더 영역은
<android.support.design.widget.NavigationView>의 app:headerLayout 속성에 원하는 레이아
웃을 지정하면 되며, 메뉴 영역은 app:menu 속성에 원하는 메뉴 XML을 지정하면 된다.

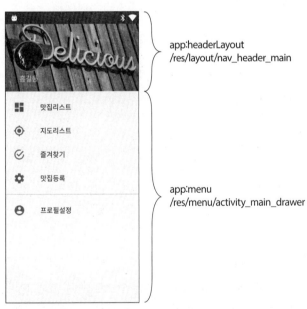

app:headerLayout
/res/layout/nav_header_main

app:menu
/res/menu/activity_main_drawer

그림 8-2 **메인 화면 구성**

내비게이션 뷰에서 사용할 배경 이미지와 아이콘 이미지는 이 책의 앞부분을 참고해서 다운로
드하면 된다. 이미지를 다운로드하였다면 해당 이미지 파일을 복사한 후 프로젝트의 drawable

디렉터리에 붙여넣기를 하여 추가한다. 이미지가 추가되었다면 activity_main_drawer.xml을 수정해서 배경과 아이콘 이미지로 설정하면 된다.

상단 이미지와 메뉴 아이콘을 정리하면 다음과 같다.

이미지	파일 이름	이미지 크기
	bg_bestfood_drawer.png	495 x 319
	ic_list.png	36 x 36
	ic_map.png	36 x 36
	ic_keep_off.png	36 x 36
	ic_register.png	36 x 36
	ic_profile.png	36 x 36

상단 이미지와 원형 프로필 이미지, 그리고 프로필 이름을 설정하기 위해서는 nav_header_main.xml을 다음처럼 변경해야 한다.

코드 8-5 /res/layout/nav_header_main.xml

```xml
<?xml version="1.0" encoding="utf-8"?>
<LinearLayout xmlns:android="http://schemas.android.com/apk/res/android"
    android:layout_width="match_parent"
    android:layout_height="@dimen/nav_header_height"
    android:background="@drawable/bg_bestfood_drawer"
    android:gravity="bottom"
    android:orientation="vertical"
    android:paddingBottom="@dimen/activity_vertical_margin"
    android:paddingLeft="@dimen/activity_horizontal_margin"
    android:paddingRight="@dimen/activity_horizontal_margin"
    android:paddingTop="@dimen/activity_vertical_margin"
    android:theme="@style/ThemeOverlay.AppCompat.Dark">

    <RelativeLayout
        android:id="@+id/layout"
        android:layout_width="wrap_content"
        android:layout_height="wrap_content"
        android:layout_gravity="bottom">

        <de.hdodenhof.circleimageview.CircleImageView
```

```
        xmlns:app="http://schemas.android.com/apk/res-auto"
        android:id="@+id/profile_icon"
        android:layout_width="64dp"
        android:layout_height="64dp"
        android:layout_gravity="top"
        android:elevation="4dp"
        android:src="@drawable/ic_person"
        app:civ_border_color="#AAAAAA"
        app:civ_border_width="2dp" />

    <TextView
        android:id="@+id/name"
        android:layout_width="wrap_content"
        android:layout_height="wrap_content"
        android:paddingTop="@dimen/spacing_small"
        android:layout_below="@+id/profile_icon"
        android:layout_centerHorizontal="true"
        android:text="홍길동"
        android:textStyle="bold"
        android:textSize="@dimen/text_size_small2" />

    </RelativeLayout>
</LinearLayout>
```

프로필 이미지를 원형으로 표시하기 위해 외부 라이브러리인 de.hdodenhof.circleimageview. CircleImageView를 사용하고 있다. 이 라이브러리를 사용하기 위해서는 반드시 app 디렉터리에 포함되어 있는 build.gradle의 dependencies 부분에 아래 코드를 추가해야 한다. 물론, 이 라이브러리는 이미 '관련 라이브러리 설정하기'(50페이지)에서 추가하였다. 이 라이브러리에 대한 설명은 [부록](354페이지)에서 살펴보기 바란다.

```
compile 'de.hdodenhof:circleimageview:2.1.0'
```

이 코드에서 RelativeLayout을 사용한 이유는 프로필 이름이 프로필 이미지 하단 중앙에 위치 시키기 위해서다. 이를 위해 TextView 속성에 android:layout_centerHorizontal="true"를 추가 하였다.

이제 내비게이션 드로어의 메뉴를 수정해 보자. 메뉴는 두 개의 그룹으로 나누어 보기 좋게 구분하고, 각각의 메뉴는 아이콘과 함께 표시해야 한다. 메뉴 이름을 XML에 바로 작성할 때 는 관리나 수정이 쉽지 않으므로 메뉴 이름은 별도 파일에 작성하자.

코드 8-6 **/res/menu/activity_main_drawer.xml**

```xml
<?xml version="1.0" encoding="utf-8"?>
<menu xmlns:android="http://schemas.android.com/apk/res/android">

    <group
        android:id="@+id/g1"
        android:checkableBehavior="all">
        <item
            android:id="@+id/nav_list"
            android:icon="@drawable/ic_list"
            android:title="@string/nav_list" />
        <item
            android:id="@+id/nav_map"
            android:icon="@drawable/ic_map"
            android:title="@string/nav_map" />
        <item
            android:id="@+id/nav_keep"
            android:icon="@drawable/ic_keep_off"
            android:title="@string/nav_keep" />
        <item
            android:id="@+id/nav_register"
            android:icon="@drawable/ic_register"
            android:title="@string/nav_register" />
    </group>

    <group
        android:id="@+id/g2"
        android:checkableBehavior="all" >
        <item
            android:id="@+id/nav_profile"
            android:icon="@drawable/ic_profile"
            android:title="@string/nav_profile"/>
    </group>

</menu>
```

다음은 메뉴 아이디와 메뉴 이름, 그리고 메뉴 이름으로 사용된 메뉴 문자열 참조 아이디를
정리한 것이다.

메뉴 아이템 아이디	메뉴 이름	메뉴 문자열 참조
@+id/nav_list	맛집리스트	@string/nav_list
@+id/nav_map	지도리스트	@string/nav_map
@+id/nav_keep	즐겨찾기	@string/nav_keep
@+id/nav_register	맛집 등록	@string/nav_register
@+id/nav_profile	프로필설정	@string/nav_profile

메뉴 이름은 strings.xml에 작성하고, 작성한 name을 activity_main_drawer.xml에 @string/
nav_profile과 같은 형태로 추가하면 된다. /res/values/strings.xml에 대한 전체 코드는 이 책의
[부록](273페이지)을 살펴보기 바란다

MainActivity 자바 코드 작성하기

MainActivity.java는 우리가 프로젝트를 생성하면서 선택한 템플릿 코드를 수정한 것이다. 전
체 코드를 먼저 보도록 하자.

코드 8-7 **/java/com.mobitant.bestfood/MainActivity.java**

```java
package com.mobitant.bestfood;

import android.os.Bundle;
import android.support.design.widget.NavigationView;
import android.support.v4.view.GravityCompat;
import android.support.v4.widget.DrawerLayout;
import android.support.v7.app.ActionBarDrawerToggle;
import android.support.v7.app.AppCompatActivity;
import android.support.v7.widget.Toolbar;
import android.view.MenuItem;
import android.view.View;
import android.widget.TextView;

import com.mobitant.bestfood.item.MemberInfoItem;
import com.mobitant.bestfood.lib.GoLib;
import com.mobitant.bestfood.lib.StringLib;
import com.mobitant.bestfood.remote.RemoteService;
import com.squareup.picasso.Picasso;

import de.hdodenhof.circleimageview.CircleImageView;

/**
 * 맛집 정보 앱의 핵심 액티비티이며, 왼쪽에 내비게이션 뷰를 가지며
 * 다양한 프래그먼트를 보여주는 컨테이너 역할을 한다.
 */
public class MainActivity extends AppCompatActivity
        implements NavigationView.OnNavigationItemSelectedListener {
    private final String TAG = getClass().getSimpleName();

    MemberInfoItem memberInfoItem;
    DrawerLayout drawer;
    View headerLayout;

    CircleImageView profileIconImage;
```

```java
/**
 * 액티비티와 내비게이션 뷰를 설정하고 BestFoodListFragment를 화면에 보여준다.
 * @param savedInstanceState 액티비티가 새로 생성되었을 경우에 이전 상태 값을 가지는 객체
 */
@Override
protected void onCreate(Bundle savedInstanceState) {
    super.onCreate(savedInstanceState);
    setContentView(R.layout.activity_main);

    memberInfoItem = ((MyApp)getApplication()).getMemberInfoItem();

    Toolbar toolbar = (Toolbar) findViewById(R.id.toolbar);
    setSupportActionBar(toolbar);

    drawer = (DrawerLayout) findViewById(R.id.drawer_layout);

    ActionBarDrawerToggle toggle = new ActionBarDrawerToggle(
            this, drawer, toolbar, R.string.navigation_drawer_open,
                                    R.string.navigation_drawer_close);
    drawer.addDrawerListener(toggle);
    toggle.syncState();

    NavigationView navigationView = (NavigationView) findViewById(R.id.nav_view);
    navigationView.setNavigationItemSelectedListener(this);

    headerLayout = navigationView.getHeaderView(0);

    GoLib.getInstance()
            .goFragment(getSupportFragmentManager(), R.id.content_main,
                    BestFoodListFragment.newInstance());
}

/**
 * 프로필 정보는 별도 액티비티에서 변경될 수 있으므로
 * 변경을 바로 감지하기 위해 화면이 새로 보여질 때마다 setProfileView()를 호출한다.
 */
@Override
protected void onResume() {
    super.onResume();

    setProfileView();
}

/**
 * 프로필 이미지와 프로필 이름을 설정한다.
 */
private void setProfileView() {
    profileIconImage = (CircleImageView) headerLayout.findViewById(R.id.profile_
                                                                       icon);

    profileIconImage.setOnClickListener(new View.OnClickListener() {
```

```java
            @Override
            public void onClick(View v) {
                drawer.closeDrawer(GravityCompat.START);
                GoLib.getInstance().goProfileActivity(MainActivity.this);
            }
        });

        if (StringLib.getInstance().isBlank(memberInfoItem.memberIconFilename)) {
            Picasso.with(this).load(R.drawable.ic_person).into(profileIconImage);
        } else {
            Picasso.with(this)
                    .load(RemoteService.MEMBER_ICON_URL + memberInfoItem.
                                                             memberIconFilename)
                    .into(profileIconImage);
        }

        TextView nameText = (TextView) headerLayout.findViewById(R.id.name);

        if (memberInfoItem.name == null || memberInfoItem.name.equals("")) {
            nameText.setText(R.string.name_need);
        } else {
            nameText.setText(memberInfoItem.name);
        }
    }

    /**
     * 폰에서 뒤로가기 버튼을 클릭했을 때 호출하는 메소드이며
     * 내비게이션 메뉴가 보인 상태라면 내비게이션 메뉴를 닫는다.
     */
    @Override
    public void onBackPressed() {
        if (drawer.isDrawerOpen(GravityCompat.START)) {
            drawer.closeDrawer(GravityCompat.START);
        } else {
            super.onBackPressed();
        }
    }

    /**
     * 내비게이션 메뉴를 클릭했을 때 호출되는 메소드
     * @param item 메뉴 아이템 객체
     * @return 메뉴 클릭 이벤트의 처리 여부
     */
    @SuppressWarnings("StatementWithEmptyBody")
    @Override
    public boolean onNavigationItemSelected(MenuItem item) {
        int id = item.getItemId();

        if (id == R.id.nav_list) {
            GoLib.getInstance().goFragment(getSupportFragmentManager(),
```

```
                         R.id.content_main, BestFoodListFragment.newInstance());

        } else if (id == R.id.nav_map) {
            GoLib.getInstance().goFragment(getSupportFragmentManager(),
                    R.id.content_main, BestFoodMapFragment.newInstance());

        } else if (id == R.id.nav_keep) {
            GoLib.getInstance().goFragment(getSupportFragmentManager(),
                    R.id.content_main, BestFoodKeepFragment.newInstance());

        } else if (id == R.id.nav_register) {
            GoLib.getInstance().goBestFoodRegisterActivity(this);

        } else if (id == R.id.nav_profile) {
            GoLib.getInstance().goProfileActivity(this);
        }

        drawer.closeDrawer(GravityCompat.START);
        return true;
    }
}
```

이제 주요 코드에 대해서 살펴보도록 하자.

```
memberInfoItem = ((MyApp) getApplication()).getMemberInfoItem();
```

onCreate( ) 메소드에 작성되어 있는 코드이며, MyApp에 저장되어 있는 사용자 정보를 얻는
코드다. 기본적으로 앱을 처음 시작한 경우에는 전화번호(기기번호)만 있을 것이며, 이미 프로
필을 설정한 사용자라면 이름 등을 포함한 정보가 있을 것이다.

```
setSupportActionBar(toolbar);
```

onCreate( ) 메소드에 작성되어 있는 setSupportActionBar( ) 메소드는 액티비티 레이아웃의
R.id.toolbar를 액션바로 설정하는 메소드다. 이렇게 설정한 액션바는 getSupportActionBar( )
로 호출해서 접근할 수 있다. 하지만 MainActivity는 다른 프래그먼트를 보여주는 역할을 하
므로 실제로는 프래그먼트에서 액션바의 제목을 설정해야 한다.

```
ActionBarDrawerToggle toggle = new ActionBarDrawerToggle(
        this, drawer, toolbar, R.string.navigation_drawer_open,
                    R.string.navigation_drawer_close);
```

```
drawer.addDrawerListener(toggle);
toggle.syncState();
```

onCreate( ) 메소드의 일부 코드다. 안드로이드 스튜디오 템플릿에 의해 기본으로 생성된 코드
이며, ActionBarDrawerToggle은 액션바의 상단 왼쪽 버튼을 클릭해서 열리는 내비게이션 드로
어를 액션바와 동기화시켜 주는 역할을 한다.

```
NavigationView navigationView = (NavigationView) findViewById(R.id.nav_view);
navigationView.setNavigationItemSelectedListener(this);
```

onCreate( ) 메소드에 작성되어 있으며, NavigationView는 내비게이션 드로어에 의해 보이는 화
면을 말한다. 여기에는 내비게이션 헤더와 메뉴가 포함되어 있다. 그리고 setNavigationItemSel
ectedListener( ) 메소드를 호출해서 사용자가 메뉴를 클릭했을 때 onNavigationItemSelected( )
메소드를 통해 클릭한 메뉴의 기능을 실행할 수 있게 해 준다. onNavigationItemSelected( ) 메
소드는 NavigationView.OnNavigationItemSelectedListener 인터페이스에 선언되어 있다.

```
GoLib.getInstance()
        .goFragment(getSupportFragmentManager(), R.id.content_main,
                BestFoodListFragment.newInstance());
```

onCreate( ) 메소드에 선언된 위 코드는 MainActivity가 실행되자마자 R.id.content_main 영역
에 맛집리스트 프래그먼트인 BestFoodListFragment를 보여준다. BestFoodListFragment도 아
직 작성하지 않았으므로 주석으로 처리하고 나중에 다시 해제해야 한다.

```
profileIconImage = (CircleImageView) headerLayout.findViewById(R.id.profile_icon);
profileIconImage.setOnClickListener(new View.OnClickListener() {
    @Override
    public void onClick(View v) {
        drawer.closeDrawer(GravityCompat.START);
        GoLib.getInstance().goProfileActivity(MainActivity.this);
    }
});
```

setProfileView( ) 메소드에 작성된 코드다. 이미지를 원형으로 표시해 주는 외부 라이브러리인
CircleImageView를 사용하고 있으며, 이 뷰로 선언한 profile_icon을 클릭했을 때 내비게이션
뷰를 닫고 ProfileActivity를 실행하는 GoLib 클래스의 goProfileActivity( ) 메소드를 호출하고

있다. GoLib에 대한 전체 코드는 [부록](298페이지)에 있다. ProfileActivity는 아직 작성하지 않았으므로 해당 코드는 주석으로 처리해야 한다.

```java
public boolean onNavigationItemSelected(MenuItem item) {
  // 코드 생략
}
```

onNavigationItemSelected( ) 메소드에서는 내비게이션 뷰의 메뉴를 클릭했을 때의 동작을 정의하는 메소드다. 인자로 넘어온 MenuItem에서 getId( ) 메소드를 호출해서 어떤 메뉴가 클릭되었는지를 확인한 후에 해당 메뉴에 맞는 프래그먼트나 액티비티를 사용자에게 보여주면 된다. 메뉴 아이디가 nav_register나 nav_profile이라면 액티비티를 실행하고, 그렇지 않을 경우에는 R.id.content_main 영역에 프래그먼트를 보여준다. 그리고 drawer.closeDrawer( ) 메소드를 호출해서 내비게이션 뷰를 닫는다. 이 메소드에 작성한 GoLib를 사용하여 프래그먼트나 액티비티로 이동하는 코드는 주석으로 처리해야 한다. 아직 해당 프래그먼트나 액티비티를 작성하지 않았기 때문이며, 나중에 해당 프래그먼트나 액티비티를 개발한 후에 주석을 해제해야 한다.

이제 모든 작업이 끝났으니 앱을 실행해서 정상적으로 구성되었는지 확인하기 바란다.

09

프로필 화면 구성하기

이제 사용자 정보를 입력하는 프로필 화면을 만들 것이다. 프로필 화면에서는 이름, 성별, 생일을 입력할 수 있게 하고, 전화번호는 자동으로 인식해서 보이게 할 것이다. 만약 전화번호가 없는 폰이라면 기기번호가 보이게 할 것이다.

그림 9-1 **프로필 화면**

9.1 안드로이드 프로필 액티비티 작성하기

이제 본격적으로 프로필 화면을 만들어 보겠다. 프로필 화면을 위한 레이아웃 XML을 먼저 작성하고 안드로이드 코드를 작성하면 된다. 하나씩 살펴보자.

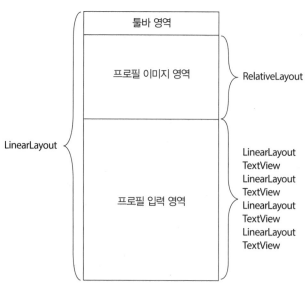

그림 9-2 **프로필 화면 구성**

다음은 activity_profile.xml 파일 전체 코드다.

코드 9-1 **/res/layout/activity_profile.xml**

```xml
<?xml version="1.0" encoding="utf-8"?>
<LinearLayout xmlns:android="http://schemas.android.com/apk/res/android"
    android:id="@+id/layout"
    android:layout_width="match_parent"
    android:layout_height="match_parent"
    android:background="@color/bg_default"
    android:focusable="true"
    android:focusableInTouchMode="true"
    android:orientation="vertical">

    <include layout="@layout/toolbar" />

    <RelativeLayout
        android:layout_width="128dp"
        android:layout_height="128dp"
        android:layout_gravity="center"
        android:layout_margin="@dimen/spacing_large"
```

```
        android:orientation="vertical">

        <de.hdodenhof.circleimageview.CircleImageView
            xmlns:app="http://schemas.android.com/apk/res-auto"
            android:id="@+id/profile_icon"
            android:layout_width="128dp"
            android:layout_height="128dp"
            android:layout_gravity="top"
            android:src="@drawable/ic_person"
            app:civ_border_color="#AAAAAA"
            app:civ_border_width="2dp" />

        <ImageView
            android:id="@+id/profile_icon_change"
            android:layout_width="36dp"
            android:layout_height="36dp"
            android:layout_alignParentBottom="true"
            android:layout_alignParentEnd="true"
            android:layout_marginBottom="4dp"
            android:layout_marginEnd="4dp"
            android:background="@drawable/button_circle"
            android:elevation="4dp"
            android:padding="8dp"
            android:scaleType="fitCenter"
            android:src="@drawable/ic_camera" />

    </RelativeLayout>

    <LinearLayout
        android:layout_width="match_parent"
        android:layout_height="wrap_content"
        android:background="@android:color/white"
        android:padding="@dimen/spacing_medium">

        <TextView
            android:layout_width="40dp"
            android:layout_height="wrap_content"
            android:layout_marginEnd="@dimen/spacing_medium"
            android:gravity="start"
            android:text="@string/profile_name"
            android:textSize="@dimen/text_size_medium"
            android:textStyle="bold" />

        <EditText
            android:id="@+id/profile_name"
            android:layout_width="match_parent"
            android:layout_height="wrap_content"
            android:background="@android:color/white"
            android:gravity="start"
            android:maxLines="1"
```

```
            android:maxLength="7"
            android:textSize="@dimen/text_size_medium" />
</LinearLayout>

<TextView
    android:layout_width="match_parent"
    android:layout_height="1dp"
    android:layout_marginStart="60dp"
    android:background="#55AAAAAA" />

<LinearLayout
    android:layout_width="match_parent"
    android:layout_height="wrap_content"
    android:background="@android:color/white"
    android:padding="@dimen/spacing_medium">

    <TextView
        android:layout_width="40dp"
        android:layout_height="wrap_content"
        android:layout_marginEnd="@dimen/spacing_medium"
        android:gravity="start"
        android:text="@string/profile_sextype"
        android:textSize="@dimen/text_size_medium"
        android:textStyle="bold" />

    <EditText
        android:id="@+id/profile_sextype"
        android:layout_width="match_parent"
        android:layout_height="wrap_content"
        android:background="@android:color/white"
        android:focusable="false"
        android:gravity="start"
        android:textSize="@dimen/text_size_medium" />
</LinearLayout>

<TextView
    android:layout_width="match_parent"
    android:layout_height="1dp"
    android:layout_marginStart="60dp"
    android:background="#55AAAAAA" />

<LinearLayout
    android:layout_width="match_parent"
    android:layout_height="wrap_content"
    android:background="@android:color/white"
    android:padding="@dimen/spacing_medium">

    <TextView
        android:layout_width="40dp"
        android:layout_height="wrap_content"
```

```
                android:layout_marginEnd="@dimen/spacing_medium"
                android:gravity="start"
                android:text="@string/profile_birth"
                android:textSize="@dimen/text_size_medium"
                android:textStyle="bold" />

        <EditText
                android:id="@+id/profile_birth"
                android:layout_width="match_parent"
                android:layout_height="wrap_content"
                android:background="@android:color/white"
                android:focusable="false"
                android:gravity="start"
                android:textSize="@dimen/text_size_medium" />

    </LinearLayout>

    <TextView
            android:layout_width="match_parent"
            android:layout_height="1dp"
            android:layout_marginStart="60dp"
            android:background="#55AAAAAA" />

    <LinearLayout
            android:layout_width="match_parent"
            android:layout_height="wrap_content"
            android:background="@android:color/white"
            android:padding="@dimen/spacing_medium">

        <TextView
                android:layout_width="40dp"
                android:layout_height="wrap_content"
                android:layout_marginEnd="@dimen/spacing_medium"
                android:gravity="start"
                android:text="@string/profile_phone"
                android:textSize="@dimen/text_size_medium"
                android:textStyle="bold" />

        <EditText
                android:id="@+id/profile_phone"
                android:layout_width="0dp"
                android:layout_height="wrap_content"
                android:layout_weight="1"
                android:background="@android:color/white"
                android:enabled="false"
                android:gravity="start"
                android:textSize="@dimen/text_size_medium" />

        <TextView
                android:id="@+id/phone_state"
```

```
            android:layout_width="wrap_content"
            android:layout_height="wrap_content"
            android:layout_marginEnd="@dimen/spacing_medium"
            android:gravity="start"
            android:text="phone"
            android:textSize="@dimen/text_size_medium"
            android:textStyle="bold" />
    </LinearLayout>

    <TextView
        android:layout_width="match_parent"
        android:layout_height="1dp"
        android:layout_marginStart="60dp"
        android:background="#55AAAAAA" />

</LinearLayout>
```

이제 레이아웃에 있는 주요 코드에 대해서 하나씩 살펴보도록 하겠다. 전체적으로 TextView와 EditText를 사용해서 내용을 입력할 수 있게 구성하고 있으므로 어려운 코드는 없을 것이다.

```
android:focusable="true"
android:focusableInTouchMode="true"
```

LinearLayout에 선언한 이 코드는 포커스가 EditText에 가서 커서가 깜박이는 것을 방지하기 위한 코드다. 이렇게 선언하면 LinearLayout이 포커스를 가지게 된다.

```
<include layout="@layout/toolbar" />
```

이 코드는 toolbar.xml 레이아웃을 현재 레이아웃에서 사용하기 위한 코드다. 반복적으로 사용할 수 있는 코드는 별도 레이아웃으로 선언해서 중복 작성하지 않도록 하면 된다.

```
<de.hdodenhof.circleimageview.CircleImageView
    xmlns:app="http://schemas.android.com/apk/res-auto"
    android:id="@+id/profile_icon"
    android:layout_width="128dp"
    android:layout_height="128dp"
    android:layout_gravity="top"
    android:src="@drawable/ic_person"
    app:civ_border_color="#AAAAAA"
    app:civ_border_width="2dp" />
```

프로필 이미지를 보여주는 CircleImageView다. CircleImageView는 외부 라이브러리이므로 반드시 build.gradle에 설정해야 한다. 우리는 프로젝트를 생성할 때 이미 추가하였으므로, 만약 하지 않았다면 책의 앞부분을 다시 살펴보기 바란다. 속성 중에서 civ로 시작하는 속성은 CircleImageView의 추가 속성이다. civ_border_color는 원형 이미지의 테두리 색상이고, civ_border_width는 테두리의 두께다.

```
<ImageView
    android:id="@+id/profile_icon_change"
    android:layout_width="36dp"
    android:layout_height="36dp"
    android:layout_alignParentBottom="true"
    android:layout_alignParentEnd="true"
    android:layout_marginBottom="4dp"
    android:layout_marginEnd="4dp"
    android:background="@drawable/button_circle"
    android:elevation="4dp"
    android:padding="8dp"
    android:scaleType="fitCenter"
    android:src="@drawable/ic_camera" />
```

이 코드는 프로필 이미지 오른쪽 아래에 보일 카메라 아이콘을 위한 ImageView다. background에는 이전에 설정한 button_circle을 지정하여 클릭했을 때 카메라 아이콘 배경색이 변할 수 있게 하고 있으며, src에는 카메라 아이콘인 ic_camera를 지정하였다.

```
<TextView
    android:layout_width="match_parent"
    android:layout_height="1dp"
    android:layout_marginStart="60dp"
    android:background="#55AAAAAA" />
```

이 코드는 EditText 아래에 회색 줄을 보여주기 위한 코드다. 그래서 layout_marginStart 속성으로 왼쪽에는 공간을 띄었으며, 배경색에 #55AAAAAA를 지정해서 회색 계열의 색상을 지정하였다. 참고로, 색상 값의 55는 지정된 색상(AAAAAA)의 투명도를 결정하는 값으로서 00(투명)부터 FF(불투명)까지 지정할 수 있다.

ProfileActivity 자바 코드 작성하기

프로필 정보를 수정하는 액티비티다. 그래서 이미 저장한 정보가 있다면 보여주고, 그렇지 않으면 사용자가 수정할 수 있도록 화면을 구성해야 한다. 또한, 프로필 이미지나 프로필 이미지

옆의 '카메라' 버튼을 클릭하면 프로필 사진을 등록할 수 있는 액티비티를 보여줄 수 있어야 한다. 일단, 전체 코드를 살펴보자.

코드 9-2 **/java/com.mobitant.bestfood/ProfileActivity.java**

```java
package com.mobitant.bestfood;

import android.app.AlertDialog;
import android.app.DatePickerDialog;
import android.content.Context;
import android.content.DialogInterface;
import android.content.Intent;
import android.os.Bundle;
import android.support.v7.app.ActionBar;
import android.support.v7.app.AppCompatActivity;
import android.support.v7.widget.Toolbar;
import android.util.Log;
import android.view.Menu;
import android.view.MenuItem;
import android.view.View;
import android.widget.DatePicker;
import android.widget.EditText;
import android.widget.ImageView;
import android.widget.TextView;

import com.mobitant.bestfood.item.MemberInfoItem;
import com.mobitant.bestfood.lib.EtcLib;
import com.mobitant.bestfood.lib.MyLog;
import com.mobitant.bestfood.lib.MyToast;
import com.mobitant.bestfood.lib.StringLib;
import com.mobitant.bestfood.remote.RemoteService;
import com.mobitant.bestfood.remote.ServiceGenerator;
import com.squareup.picasso.Picasso;

import java.util.Calendar;
import java.util.GregorianCalendar;

import retrofit2.Call;
import retrofit2.Callback;
import retrofit2.Response;

/**
 * 프로필을 설정할 수 있는 액티비티
 */
public class ProfileActivity extends AppCompatActivity implements View.
OnClickListener {
    private final String TAG = this.getClass().getSimpleName();
    Context context;
```

```java
    ImageView profileIconImage;
    ImageView profileIconChangeImage;
    EditText nameEdit;
    EditText sextypeEdit;
    EditText birthEdit;
    EditText phoneEdit;

    MemberInfoItem currentItem;

    /**
     * 액티비티를 생성하고 화면을 구성한다.
     * @param savedInstanceState 액티비티가 새로 생성되었을 경우, 이전 상태 값을 가지는 객체
     */
    @Override
    protected void onCreate(Bundle savedInstanceState) {
        super.onCreate(savedInstanceState);
        setContentView(R.layout.activity_profile);

        context = this;

        currentItem = ((MyApp) getApplication()).getMemberInfoItem();

        setToolbar();
        setView();
    }


    /**
     * 화면이 보일 때 호출되며, 사용자 정보를 기반으로 프로필 아이콘을 설정한다.
     */
    @Override
    protected void onResume() {
        super.onResume();

        MyLog.d(TAG, RemoteService.MEMBER_ICON_URL + currentItem.memberIconFilename);

        if (StringLib.getInstance().isBlank(currentItem.memberIconFilename)) {
            Picasso.with(this).load(R.drawable.ic_person).into(profileIconImage);
        } else {
            Picasso.with(this)
                    .load(RemoteService.MEMBER_ICON_URL + currentItem.
                                                          memberIconFilename)
                    .into(profileIconImage);
        }
    }

    /**
     * 액티비티 툴바를 설정한다.
     */
    private void setToolbar() {
        final Toolbar toolbar = (Toolbar) findViewById(R.id.toolbar);
```

```java
        setSupportActionBar(toolbar);
        final ActionBar actionBar = getSupportActionBar();

        if (actionBar != null) {
            actionBar.setDisplayHomeAsUpEnabled(true);
            actionBar.setTitle(R.string.profile_setting);
        }
    }


    /**
     * 액티비티 화면을 설정한다.
     */
    private void setView() {
        profileIconImage = (ImageView) findViewById(R.id.profile_icon);
        profileIconImage.setOnClickListener(this);

        profileIconChangeImage = (ImageView) findViewById(R.id.profile_icon_change);
        profileIconChangeImage.setOnClickListener(this);

        nameEdit = (EditText) findViewById(R.id.profile_name);
        nameEdit.setText(currentItem.name);

        sextypeEdit = (EditText) findViewById(R.id.profile_sextype);
        sextypeEdit.setText(currentItem.sextype);
        sextypeEdit.setOnClickListener(new View.OnClickListener() {
            @Override
            public void onClick(View v) {
                setSexTypeDialog();
            }
        });

        birthEdit = (EditText) findViewById(R.id.profile_birth);
        birthEdit.setText(currentItem.birthday);
        birthEdit.setOnClickListener(new View.OnClickListener() {
            @Override
            public void onClick(View v) {
                setBirthdayDialog();
            }
        });

        String phoneNumber = EtcLib.getInstance().getPhoneNumber(context);

        phoneEdit = (EditText) findViewById(R.id.profile_phone);
        phoneEdit.setText(phoneNumber);

        TextView phoneStateEdit = (TextView) findViewById(R.id.phone_state);
        if (phoneNumber.startsWith("0")) {
            phoneStateEdit.setText("(" + getResources().getString(R.string.device_
                                                number) + ")");
        } else {
```

```java
            phoneStateEdit.setText("(" + getResources().getString(R.string.phone_
                                                 number) + ")");
        }
    }


    /**
     * 성별을 선택할 수 있는 다이얼로그를 보여준다.
     */
    private void setSexTypeDialog() {
        final String[] sexTypes = new String[2];
        sexTypes[0] = getResources().getString(R.string.sex_man);
        sexTypes[1] = getResources().getString(R.string.sex_woman);

        new AlertDialog.Builder(this)
                .setItems(sexTypes, new DialogInterface.OnClickListener() {
                    @Override
                    public void onClick(DialogInterface dialog, int which) {
                        if (which >= 0) {
                            sextypeEdit.setText(sexTypes[which]);
                        }
                        dialog.dismiss();
                    }
                }).show();
    }


    /**
     * 생일을 선택할 수 있는 다이얼로그를 보여준다.
     */
    private void setBirthdayDialog() {
        GregorianCalendar calendar = new GregorianCalendar();
        int year = calendar.get(Calendar.YEAR);
        int month = calendar.get(Calendar.MONTH);
        int day = calendar.get(Calendar.DAY_OF_MONTH);

        new DatePickerDialog(this, new DatePickerDialog.OnDateSetListener() {
            @Override
            public void onDateSet(DatePicker view, int year, int monthOfYear, int
                                                 dayOfMonth) {
                String myMonth;
                if (monthOfYear + 1 < 10) {
                    myMonth = "0" + (monthOfYear + 1);
                } else {
                    myMonth = "" + (monthOfYear + 1);
                }

                String myDay;
                if (dayOfMonth < 10) {
                    myDay = "0" + dayOfMonth;
                } else {
                    myDay = "" + dayOfMonth;
```

```
                }
                String date = year + " " + myMonth + " " + myDay;
                birthEdit.setText(date);
            }
        }, year, month, day).show();
    }


    /**
     * 오른쪽 상단 메뉴를 구성한다.
     * 닫기 메뉴만이 설정되어 있는 menu_close.xml을 지정한다.
     * @param menu 메뉴 객체
     * @return 메뉴를 보여준다면 true, 보여주지 않는다면 false
     */
    @Override
    public boolean onCreateOptionsMenu(Menu menu) {
        getMenuInflater().inflate(R.menu.menu_submit, menu);
        return true;
    }


    /**
     * 왼쪽 화살표 메뉴(android.R.id.home)를 클릭했을 때와
     * 오른쪽 상단 닫기 메뉴를 클릭했을 때의 동작을 지정한다.
     * 여기서는 모든 버튼이 액티비티를 종료한다.
     * @param item 메뉴 아이템 객체
     * @return 메뉴를 처리했다면 true, 그렇지 않다면 false
     */
    @Override
    public boolean onOptionsItemSelected(MenuItem item) {
        switch (item.getItemId()) {
            case android.R.id.home:
                close();
                break;

            case R.id.action_submit:
                save();
                break;
        }

        return true;
    }

    /**
     * 사용자가 입력한 정보를 MemberInfoItem 객체에 저장해서 반환한다.
     * @return 사용자 정보 객체
     */
    private MemberInfoItem getMemberInfoItem() {
        MemberInfoItem item = new MemberInfoItem();
        item.phone = EtcLib.getInstance().getPhoneNumber(context);
        item.name = nameEdit.getText().toString();
```

```
        item.sextype = sextypeEdit.getText().toString();
        item.birthday = birthEdit.getText().toString().replace(" ", "");

        return item;
    }


    /**
     * 기존 사용자 정보와 새로 입력한 사용자 정보를 비교해서 변경되었는지를 파악한다.
     * @param newItem 사용자 정보 객체
     * @return 변경되었다면 true, 변경되지 않았다면 false
     */
    private boolean isChanged(MemberInfoItem newItem) {
        if (newItem.name.trim().equals(currentItem.name)
                && newItem.sextype.trim().equals(currentItem.sextype)
                && newItem.birthday.trim().equals(currentItem.birthday)) {
            Log.d(TAG, "return " + false);
            return false;
        } else {
            return true;
        }
    }


    /**
     * 사용자가 이름을 입력했는지를 확인한다.
     * @param newItem 사용자가 새로 입력한 정보 객체
     * @return 입력하지 않았다면 true, 입력했다면 false
     */
    private boolean isNoName(MemberInfoItem newItem) {
        if (StringLib.getInstance().isBlank(newItem.name)) {
            return true;
        } else {
            return false;
        }
    }


    /**
     * 화면이 닫히기 전에 변경 유무를 확인해서
     * 변경사항이 있다면 저장하고 없다면 화면을 닫는다.
     */
    private void close() {
        MemberInfoItem newItem = getMemberInfoItem();

        if (!isChanged(newItem) && !isNoName(newItem)) {
            finish();
        } else if (isNoName(newItem)) {
            MyToast.s(context, R.string.name_need);
            finish();
        } else {
            new AlertDialog.Builder(this).setTitle(R.string.change_save)
                    .setPositiveButton(android.R.string.yes, new DialogInterface.
```

```
                                                          OnClickListener() {
                    @Override
                    public void onClick(DialogInterface dialog, int which) {
                        save();
                    }
                })
                .setNegativeButton(android.R.string.no, new DialogInterface.
                                                          OnClickListener() {
                    @Override
                    public void onClick(DialogInterface dialog, int which) {
                        finish();
                    }
                })
                .show();
    }
}

/**
 * 사용자가 입력한 정보를 저장한다.
 */
private void save() {
    final MemberInfoItem newItem = getMemberInfoItem();

    if (!isChanged(newItem)) {
        MyToast.s(this, R.string.no_change);
        finish();
        return;
    }

    MyLog.d(TAG, "insertItem " + newItem.toString());

    RemoteService remoteService =
            ServiceGenerator.createService(RemoteService.class);

    Call<String> call = remoteService.insertMemberInfo(newItem);
    call.enqueue(new Callback<String>() {
        @Override
        public void onResponse(Call<String> call, Response<String> response) {
            if (response.isSuccessful()) {
                String seq = response.body();
                try {
                    currentItem.seq = Integer.parseInt(seq);
                    if (currentItem.seq == 0) {
                        MyToast.s(context, R.string.member_insert_fail_message);
                        return;
                    }
                } catch (Exception e) {
                    MyToast.s(context, R.string.member_insert_fail_message);
                    return;
                }
```

```
                        currentItem.name = newItem.name;
                        currentItem.sextype = newItem.sextype;
                        currentItem.birthday = newItem.birthday;
                        finish();
                    }
                }

                @Override
                public void onFailure(Call<String> call, Throwable t) {
                }
            });
        }

        /**
         * 뒤로가기 버튼을 클릭했을 때 close() 메소드를 호출한다.
         */
        @Override
        public void onBackPressed() {
            close();
        }

        /**
         * 프로필 아이콘이나 프로필 아이콘 변경 뷰를 클릭했을 때 프로필 아이콘을 변경할 수 있도록
         * startProfileIconChange() 메소드를 호출한다.
         * @param v 클릭한 뷰 객체
         */
        @Override
        public void onClick(View v) {
            if (v.getId() == R.id.profile_icon || v.getId() == R.id.profile_icon_change) {
                startProfileIconChange();
            }
        }

        /**
         * ProfileIconActivity를 실행해서 프로필 아이콘을 변경할 수 있게 한다.
         */
        private void startProfileIconChange() {
            Intent intent = new Intent(this, ProfileIconActivity.class);
            startActivity(intent);
        }
    }
```

주요 코드를 하나씩 살펴보도록 하자.

```
currentItem = ((MyApp) getApplication()).getMemberInfoItem();
```

onCreate() 메소드에 작성된 이 코드는 MyApp에 저장되어 있는 사용자 정보를 얻는 코드다.

앱을 처음 시작한 경우라면 사용자 정보에 전화번호(기기번호)만 있을 것이며, 사용자가 프로필을 설정했다면 이름 등의 추가적인 정보도 얻어올 수 있다.

```
if (StringLib.getInstance().isBlank(currentItem.memberIconFilename)) {
    Picasso.with(this).load(R.drawable.ic_person).into(profileIconImage);
} else {
    Picasso.with(this)
            .load(RemoteService.MEMBER_ICON_URL + currentItem.memberIconFilename)
            .into(profileIconImage);
}
```

currentItem.memberIconFilename에는 사용자 프로필 이미지에 대한 파일 이름이 들어 있다. 그러므로 이 변수에 값이 있다면 서버에서 이미지를 불러오고, 없다면 기본 이미지(R.drawable. ic_person)를 보여준다. 이미지를 불러올 때는 외부 라이브러리인 피카소(Picasso)를 이용할 것이며, 이 라이브러리에 대해서는 [부록](346페이지)을 살펴보기 바란다.

다음은 save( ) 메소드의 일부 코드다.

```
RemoteService remoteService =
        ServiceGenerator.createService(RemoteService.class);

Call<String> call = remoteService.insertMemberInfo(newItem);
call.enqueue(new Callback<String>() {
    @Override
    public void onResponse(Call<String> call, Response<String> response) {
        if (response.isSuccessful()) {
            String seq = response.body();
            try {
                currentItem.seq = Integer.parseInt(seq);
                if (currentItem.seq == 0) {
                    MyToast.s(context, R.string.member_insert_fail_message);
                    return;
                }
            } catch (Exception e) {
                MyToast.s(context, R.string.member_insert_fail_message);
                return;
            }
            currentItem.name = newItem.name;
            currentItem.sextype = newItem.sextype;
            currentItem.birthday = newItem.birthday;
            finish();
        }
    }
```

```
    @Override
    public void onFailure(Call<String> call, Throwable t) {
    }
});
```

Retrofit 2.x 라이브러리를 사용하여 노드 서버를 호출하는 코드다. Retrofit에 대한 기본적인 사용 방법에 대해서는 [부록](351페이지)을 살펴보기 바란다. 이 코드에서는 insertMemberInfo() 메소드를 호출하고, 그 결과가 성공이라면 currentItem에 서버에 전송한 newItem의 정보를 저장하고 있다. onResponse() 메소드는 서버 호출이 정상적으로 이루어졌을 때 호출되는 메소드이며, onFailure() 메소드는 인터넷이 연결되지 않는 등 서버 접속이 이루어지지 않았을 때 호출되는 메소드다. 현재 이 코드에서는 onFailure()에 대한 처리를 하고 있지 않지만, 제대로 한다면 사용자에게 경고 메시지를 보여주고 다시 실행해야 한다는 안내를 해야 할 것이다. 그리고 onResponse()는 서버에 데이터 저장이 성공했을 때만 호출되는 메소드가 아니라 서버에 제대로 전송했을 때 호출되는 메소드이므로 그 결과가 성공인지는 response.isSuccessful()을 호출해서 판단해야 한다. 이 메소드는 호출한 결과의 상태 코드가 성공 상태인 200인지를 판단한다. 그러므로 서버에서는 요청을 제대로 처리한 경우에는 200 상태 코드를 보내야 하며, 그렇지 않은 경우에는 다른 상태 코드를 보내야 한다. 또한, 서버에서는 사용자 정보를 데이터베이스에 제대로 저장했다면 저장한 insertId를 반환한다. 그러므로 이 값을 response.body()로 받아서 숫자 형태로 변환한 후에 currentItem에 저장해야 한다.

다음은 ProfileActivity에서 호출하는 insertMemberInfo() 메소드에 대한 인터페이스를 선언한 것이다. 그러므로 다음의 insertMemberInfo() 메소드를 RemoteService.java의 selectMemberInfo() 메소드 아래에 추가해야 한다.

코드 9-3 **/java/com.mobitant.bestfood/remote/RemoteService.java**

```
@POST("/member/info")
Call<String> insertMemberInfo(@Body MemberInfoItem memberInfoItem);
```

Retrofit을 사용해서 자바 객체를 보낼 때는 위 코드처럼 @Body 어노테이션을 사용해서 지정하면 된다.

AndroidManifest.xml에 ProfileActivity 추가하기

액티비티를 작성했다면 반드시 AndroidManifest.xml에 추가해야 한다.

```
...
<activity android:name=".ProfileActivity" />
...
```

9.2 노드 프로필 입력 내용 저장 코드 작성하기

안드로이드에서 사용자 정보를 입력받았다면 이를 노드에서 저장할 수 있어야 한다. 먼저, 안드로이드에서 호출하는 코드를 작성해야 한다. 단순 메소드 선언부이며, 실제 구현체는 ProfileActivity에 이미 작성하였다.

코드 9-5 **/java/com.mobitant.bestfood/remote/RemoteService.java**

```
@POST("/member/info")
Call<String> insertMemberInfo(@Body MemberInfoItem memberInfoItem);
```

"/member/info" 라우트를 처리할 수 있도록 member.js에 다음과 같은 코드를 추가해야 한다. 안드로이드에서는 레트로핏(Retrofit)을 사용해서 MemberInfoItem 객체를 POST 방식으로 전송했으며, 이 객체의 값은 노드에서 req.body를 통해 받을 수 있다. 또한, 이 코드에서는 전화번호로 등록된 사용자 정보가 있다면 업데이트(update)하고, 그렇지 않다면 인서트(insert)하고 있다. 그리고 업데이트했다면 업데이트한 테이블 열의 seq를 select문으로 조회해서 반환하며, 인서트했다면 rows.insertId로 추가된 로우(row)의 seq를 반환한다.

코드 9-6 **/routes/member.js**

```
//member/info
router.post('/info', function(req, res) {
  var phone = req.body.phone;
  var name = req.body.name;
  var sextype = req.body.sextype;
  var birthday = req.body.birthday;

  console.log({name, sextype, birthday, phone});

  var sql_count = "select count(*) as cnt " +
          "from bestfood_member " +
          "where phone = ?;";

  var sql_insert = "insert into bestfood_member (phone, name, sextype, birthday)
                                        values(?, ?, ?, ?);";
  var sql_update = "update bestfood_member set name = ?, sextype = ?, birthday = ?
```

```
                                                        where phone = ?; ";
    var sql_select = "select seq from bestfood_member where phone = ?; ";

    db.get().query(sql_count, phone, function (err, rows) {
      if (rows[0].cnt > 0) {
        console.log("sql_update : " + sql_update);

        db.get().query(sql_update, [name, sextype, birthday, phone], function (err,
                                                                       esult) {
          if (err) return res.sendStatus(400);
          console.log(result);

          db.get().query(sql_select, phone, function (err, rows) {
            if (err) return res.sendStatus(400);

            res.status(200).send('' + rows[0].seq);
          });
        });
      } else {
        console.log("sql_insert : " + sql_insert);

        db.get().query(sql_insert, [phone, name, sextype, birthday], function (err,
                                                                       result) {
          if (err) return res.sendStatus(400);

          res.status(200).send('' + result.insertId);
        });
      }
    });
  });
```

이 코드는 실제로 어려운 코드는 없지만, 코드의 양이 좀 많아서 이해하기 복잡할 수 있다. 그래서 흐름을 이해할 수 있게 다음과 같이 부가적인 코드를 모두 제거하고 짧게 다시 작성하였다.

```
db.get().query(sql_count, phone, function (err, rows) {
  if (rows[0].cnt > 0) {
    db.get().query(sql_update, [name, sextype, birthday, phone], function (err,
                                                                   result) {
      db.get().query(sql_select, phone, function (err, rows) {
      });
    });
  } else {
    db.get().query(sql_insert, [phone, name, sextype, birthday], function (err,
                                                                   result) {

    });
  }
```

```
    });
});
```

sql_count를 실행한 결과가 0보다 크다면 sql_update를 실행하고, 다시 sql_select를 실행해서 업데이트한 일련번호를 반환한다. 0보다 작거나 같다면 sql_insert를 실행한다.

9.3 안드로이드 프로필 화면을 메뉴에 연동하기

이제 MainActivity의 onNavigationItemSelected() 메소드를 수정해야 한다. 메인 액티비티를 작성하면서 onNavigationItemSelected() 메소드에서 프래그먼트를 보여주는 코드를 주석으로 처리했다면 해당 부분의 주석을 제거해야 한다.

사용자가 '프로필설정' 메뉴를 클릭했을 때 해당 화면으로 이동해야 하므로 사용자가 클릭한 메뉴가 nav_profile인지를 판단하고 GoLib를 사용해서 프로필 화면으로 이동하면 된다. GoLib에 대해서는 이 책의 [부록](298페이지)을 살펴보기 바란다. 다음 코드는 onNavigationItemSelected() 메소드의 일부 코드를 보여준다.

코드 9-7 **/java/com.mobitant.bestfood/MainActivity**

```
} else if (id == R.id.nav_profile) {
    GoLib.getInstance().goProfileActivity(this);
}
```

그리고 왼쪽 메뉴의 상단 프로필 이미지를 클릭했을 때도 프로필 화면으로 이동해야 하므로 다음 코드처럼 ProfileActivity를 실행하는 코드를 작성해야 한다. 만약 이 부분을 주석으로 처리했다면 주석을 제거하면 된다.

코드 9-8 **/java/com.mobitant.bestfood/MainActivity**

```
@Override
protected void onCreate(Bundle savedInstanceState) {
    // 일부 코드 생략
    profileImageView.setOnClickListener(new View.OnClickListener() {
        @Override
        public void onClick(View v) {
            drawer.closeDrawer(GravityCompat.START);
            GoLib.getInstance().goProfileActivity(MainActivity.this);
        }
    });
}
```

기능 개선하기

1. 안드로이드에서 서버 응답 코드에 적절히 반응하기

노드 코드에서는 에러가 발생하면 응답 코드로 400을 반환하고 있다. 하지만 안드로이드에서는 응답 코드를 확인해서 사용자에게 적절한 메시지를 보여주는 등의 코드가 작성되어 있지 않다. 그러므로 안드로이드 코드를 수정해서 400 응답 코드에 적절히 반응할 수 있도록 해 보자.

2. 노드 코드 개선하기

노드 코드에서는 query() 함수를 네 번 호출하고 있다. 또한, 함수 내에서 다른 함수를 반복적으로 호출하고 있으므로 코드가 어렵게 느껴진다. 이 책의 [부록](388페이지)에 설명되어 있는 async 모듈을 현재 코드에 적용해 보자.

10

프로필 아이콘 이미지 등록 화면 구성하기

이제 프로필 아이콘 이미지를 등록할 수 있는 화면을 개발할 것이다. 이 화면에서는 '앨범선택' 버튼을 클릭해서 앨범에 저장된 이미지를 선택하거나 '카메라' 버튼을 클릭하여 카메라로 직접 이미지를 촬영할 수 있다. 이를 위해 액티비티 화면에는 프로필 이미지를 중앙에 배치하고, 하단에는 '앨범선택' 버튼과 '카메라' 버튼을 배치할 것이다.

그림 10-1 **프로필 아이콘 이미지 등록 화면**

10.1 안드로이드 프로필 아이콘 이미지 등록 액티비티 작성하기

이제 프로필 이미지를 등록하는 액티비티를 작성할 것이다. 이 액티비티는 프로필 화면에서 '카메라' 버튼을 클릭하거나 왼쪽의 내비게이션 뷰에서 프로필 이미지를 클릭했을 때 보이는 화면이며, 이 화면에서 앨범을 선택해서 이미지를 등록하거나 카메라로 바로 찍어서 등록할 수 있다.

ProfileIconActivity 레이아웃 코드 작성하기

기본 레이아웃은 RelativeLayout을 사용하였고, 이 레이아웃 안에 툴바, 서클이미지뷰(CircleImageView), 버튼들을 포함하고 있는 LinearLayout을 배치하였다. 특별히 어려운 부분이 없으므로 추가 설명은 하지 않겠다.

코드 10-1 **/res/layout/activity_profile_icon.xml**

```xml
<?xml version="1.0" encoding="utf-8"?>
<RelativeLayout xmlns:android="http://schemas.android.com/apk/res/android"
    android:layout_width="match_parent"
    android:layout_height="match_parent"
    android:background="@color/bg_default"
    android:focusable="true"
    android:focusableInTouchMode="true"
    android:orientation="vertical">

    <include layout="@layout/toolbar" />

    <de.hdodenhof.circleimageview.CircleImageView
        xmlns:app="http://schemas.android.com/apk/res-auto"
        android:id="@+id/profile_icon"
        android:layout_width="240dp"
        android:layout_height="240dp"
        android:layout_centerInParent="true"
        android:src="@drawable/ic_person"
        app:civ_border_width="2dp"
        app:civ_border_color="#FFFFFF" />

    <LinearLayout
        android:layout_width="match_parent"
        android:layout_height="wrap_content"
        android:layout_alignParentBottom="true"
        android:layout_marginBottom="20dp"
        android:padding="4dp"
```

```
        android:orientation="horizontal">

        <Button
            android:id="@+id/album"
            android:layout_width="wrap_content"
            android:layout_height="wrap_content"
            android:background="@drawable/button_round"
            android:layout_weight="1"
            android:text="@string/albumn" />

        <TextView
            android:layout_width="4dp"
            android:layout_height="wrap_content" />
        <Button
            android:id="@+id/camera"
            android:layout_width="wrap_content"
            android:layout_height="wrap_content"
            android:background="@drawable/button_round"
            android:layout_weight="1"
            android:text="@string/camera" />

    </LinearLayout>

</RelativeLayout>
```

ProfileIconActivity 자바 코드 작성하기

프로필 아이콘 이미지를 등록하는 ProfileIconActivity의 기본 동작은 이미 설정되어 있는 프로필 이미지가 있다면 설정하여 보여주는 것이다. 그리고 사용자는 '카메라' 버튼을 클릭해서 사진을 찍거나 '앨범' 버튼을 클릭해서 사진을 선택할 수 있다. 이때 찍거나 선택한 사진은 프로필 아이콘에 맞게 줄이는 작업을 해야 한다. 전체 코드는 다음과 같다.

코드 10-2 **/java/com.mobitant.bestfood/ProfileIconActivity.java**

```java
package com.mobitant.bestfood;

import android.content.Context;
import android.content.Intent;
import android.graphics.Bitmap;
import android.net.Uri;
import android.os.Bundle;
import android.provider.MediaStore;
import android.support.v7.app.ActionBar;
import android.support.v7.app.AppCompatActivity;
import android.support.v7.widget.Toolbar;
```

```java
import android.view.Menu;
import android.view.MenuItem;
import android.view.View;
import android.widget.Button;
import android.widget.ImageView;

import com.mobitant.bestfood.item.MemberInfoItem;
import com.mobitant.bestfood.lib.FileLib;
import com.mobitant.bestfood.lib.MyLog;
import com.mobitant.bestfood.lib.RemoteLib;
import com.mobitant.bestfood.lib.StringLib;
import com.mobitant.bestfood.remote.RemoteService;
import com.squareup.picasso.Picasso;

import java.io.File;

/**
 * 프로필 아이콘을 등록하는 액티비티
 */
public class ProfileIconActivity extends AppCompatActivity implements View.
                                                            OnClickListener {
    private final String TAG = getClass().getSimpleName();

    private static final int PICK_FROM_CAMERA = 0;
    private static final int PICK_FROM_ALBUM = 1;
    private static final int CROP_FROM_CAMERA = 2;
    private static final int CROP_FROM_ALBUM = 3;

    Context context;

    ImageView profileIconImage;

    MemberInfoItem memberInfoItem;

    File profileIconFile;
    String profileIconFilename;

    /**
     * 액티비티를 생성하고 화면을 구성한다.
     * @param savedInstanceState 액티비티가 새로 생성되었을 경우, 이전 상태 값을 가지는 객체
     */
    @Override
    protected void onCreate(Bundle savedInstanceState) {
        super.onCreate(savedInstanceState);
        setContentView(R.layout.activity_profile_icon);

        context = this;

        memberInfoItem = ((MyApp) getApplication()).getMemberInfoItem();
```

```java
        setToolbar();
        setView();
        setProfileIcon();
    }

    /**
     * 액티비티 툴바를 설정한다.
     */
    private void setToolbar() {
        final Toolbar toolbar = (Toolbar) findViewById(R.id.toolbar);
        setSupportActionBar(toolbar);
        final ActionBar actionBar = getSupportActionBar();

        if (actionBar != null) {
            actionBar.setDisplayHomeAsUpEnabled(true);
            actionBar.setTitle(R.string.profile_setting);
        }
    }

    /**
     * 액티비티 화면을 설정한다.
     */
    public void setView() {
        profileIconImage = (ImageView) findViewById(R.id.profile_icon);

        Button albumButton = (Button) findViewById(R.id.album);
        albumButton.setOnClickListener(this);

        Button cameraButton = (Button) findViewById(R.id.camera);
        cameraButton.setOnClickListener(this);
    }

    /**
     * 프로필 아이콘을 설정한다.
     */
    private void setProfileIcon() {
        MyLog.d(TAG, "onResume " +
                RemoteService.MEMBER_ICON_URL + memberInfoItem.memberIconFilename);

        if (StringLib.getInstance().isBlank(memberInfoItem.memberIconFilename)) {
            Picasso.with(this).load(R.drawable.ic_person).into(profileIconImage);
        } else {
            Picasso.with(this)
                    .load(RemoteService.MEMBER_ICON_URL + memberInfoItem.
                                                        memberIconFilename)
                    .into(profileIconImage);
        }
    }

    /**
```

```
 * 사용자가 선택한 프로필 아이콘을 저장할 파일 이름을 설정한다.
 */
private void setProfileIconFile() {
    profileIconFilename = memberInfoItem.seq + "_" + String.valueOf(System.
                                                        currentTimeMillis());

    profileIconFile = FileLib.getInstance().getProfileIconFile(context,
                                                        profileIconFilename);
}

/**
 * 프로필 아이콘을 설정하기 위해 선택할 수 있는 앨범이나 카메라 버튼의 클릭 이벤트를 처리한다.
 * @param v 클릭한 뷰 객체
 */
@Override
public void onClick(View v) {
    setProfileIconFile();

    if (v.getId() == R.id.album) {
        getImageFromAlbum();

    } else if (v.getId() == R.id.camera) {
        getImageFromCamera();
    }
}

/**
 * 오른쪽 상단 메뉴를 구성한다.
 * 닫기 메뉴만이 설정되어 있는 menu_close.xml을 지정한다.
 * @param menu 메뉴 객체
 * @return 메뉴를 보여준다면 true, 보여주지 않는다면 false
 */
@Override
public boolean onCreateOptionsMenu(Menu menu) {
    getMenuInflater().inflate(R.menu.menu_close, menu);
    return true;
}

/**
 * 왼쪽 화살표 메뉴(android.R.id.home)를 클릭했을 때와
 * 오른쪽 상단 닫기 메뉴를 클릭했을 때의 동작을 지정한다.
 * 여기서는 모든 버튼이 액티비티를 종료한다.
 * @param item 메뉴 아이템 객체
 * @return 메뉴를 처리했다면 true, 그렇지 않다면 false
 */
@Override
public boolean onOptionsItemSelected(MenuItem item) {
    switch (item.getItemId()) {
        case android.R.id.home:
            finish();
```

```java
                break;

            case R.id.action_close:
                finish();
                break;
        }

        return true;
    }

    /**
     * 카메라 앱을 실행해서 이미지를 촬영한다.
     */
    private void getImageFromCamera() {
        Intent intent = new Intent(MediaStore.ACTION_IMAGE_CAPTURE);
        intent.putExtra(MediaStore.EXTRA_OUTPUT, Uri.fromFile(profileIconFile));
        startActivityForResult(intent, PICK_FROM_CAMERA);
    }

    /**
     * 카메라 앨범앱을 실행해서 이미지를 선택한다.
     */
    private void getImageFromAlbum() {
        Intent intent = new Intent(Intent.ACTION_PICK);
        intent.setType(MediaStore.Images.Media.CONTENT_TYPE);
        startActivityForResult(intent, PICK_FROM_ALBUM);
    }

    /**
     * 이미지를 자르기 위한 Intent를 생성해서 반환한다.
     * @param inputUri 이미지를 자르기 전 Uri
     * @param outputUri 이미지를 자른 결과 파일 Uri
     * @return 이미지를 자르기 위한 인텐트
     */
    private Intent getCropIntent(Uri inputUri, Uri outputUri) {
        Intent intent = new Intent("com.android.camera.action.CROP");
        intent.setDataAndType(inputUri, "image/*");
        intent.putExtra("aspectX", 1);
        intent.putExtra("aspectY", 1);
        intent.putExtra("outputX", 200);
        intent.putExtra("outputY", 200);
        intent.putExtra("scale", true);
        intent.putExtra(MediaStore.EXTRA_OUTPUT, outputUri);
        intent.putExtra("outputFormat", Bitmap.CompressFormat.PNG.toString());

        return intent;
    }

    /**
     * 카메라에서 촬영한 이미지를 프로필 아이콘에 사용할 크기로 자른다.
```

```java
     */
    private void cropImageFromCamera() {
        Uri uri = Uri.fromFile(profileIconFile);
        Intent intent = getCropIntent(uri, uri);
        startActivityForResult(intent, CROP_FROM_CAMERA);
    }

    /**
     * 카메라 앨범에서 선택한 이미지를 프로필 아이콘에 사용할 크기로 자른다.
     */
    private void cropImageFromAlbum(Uri inputUri) {
        Uri outputUri = Uri.fromFile(profileIconFile);

        MyLog.d(TAG, "startPickFromAlbum uri " + inputUri.toString());
        Intent intent = getCropIntent(inputUri, outputUri);
        startActivityForResult(intent, CROP_FROM_ALBUM);
    }

    /**
     * startActivityForResult() 메소드로 호출한 액티비티의 결과를 처리한다.
     * @param requestCode 액티비티를 실행하면서 전달한 요청 코드
     * @param resultCode 실행한 액티비티가 설정한 결과 코드
     * @param intent 결과 데이터
     */
    @Override
    protected void onActivityResult(int requestCode, int resultCode, Intent intent) {
        MyLog.d(TAG, "onActivityResult " + intent);

        if (resultCode != RESULT_OK) return;

        if (requestCode == PICK_FROM_CAMERA) {
            cropImageFromCamera();

        } else if (requestCode == CROP_FROM_CAMERA) {
            Picasso.with(this).load(profileIconFile).into(profileIconImage);
            uploadProfileIcon();

        } else if (requestCode == PICK_FROM_ALBUM && intent != null) {
            Uri dataUri = intent.getData();
            if (dataUri != null) {
                cropImageFromAlbum(dataUri);
            }
        } else if (requestCode == CROP_FROM_ALBUM && intent != null) {
            Picasso.with(this).load(profileIconFile).into(profileIconImage);
            uploadProfileIcon();
        }
    }

    /**
     * 프로필 아이콘을 서버에 업로드한다.
```

```
      */
    private void uploadProfileIcon() {
        RemoteLib.getInstance().uploadMemberIcon(memberInfoItem.seq, profileIconFile);

        memberInfoItem.memberIconFilename = profileIconFilename + ".png";
    }
}
```

이제 주요 코드를 살펴보도록 하자.

```
profileIconFilename = memberInfoItem.seq + "_" + String.valueOf(System.currentTimeMi
                                                                 llis());
```

setProfileIconFile( ) 메소드에 작성된 코드이며, 프로필 아이콘을 저장할 파일 이름을 생성한다. 이때 파일 이름은 memberInfoItem.seq와 현재 시각을 밀리세컨드로 반환하는 System. currentTimeMillis( )를 사용해서 만드는데, 그 이유는 파일을 서버에 그대로 올려도 중복되지 않게 만들기 위해서다.

```
private void getImageFromCamera() {
    Intent intent = new Intent(MediaStore.ACTION_IMAGE_CAPTURE);
    intent.putExtra(MediaStore.EXTRA_OUTPUT, Uri.fromFile(profileIconFile));
    startActivityForResult(intent, PICK_FROM_CAMERA);
}
```

이 코드는 인텐트에 MediaStore.ACTION_IMAGE_CAPTURE 액션을 지정해서 카메라를 실행한 후, 촬영한 사진을 MediaStore.EXTRA_OUTPUT으로 지정한 파일 위치에 저장한다. 그결과는 onActivityResult에서 받을 것이며, 이때 startActivityForResult( )에서 지정한 PICK_FROM_CAMERA 값을 통해 어떤 결과인지를 구분할 것이다. PICK_FROM_CAMERA가 필요한 이유는 onActivityResult( )는 여러 결과를 받을 수 있으므로 어디서 요청한 결과인지를 구분할 방법이 필요하기 때문이다.

```
private void getImageFromAlbum() {
    Intent intent = new Intent(Intent.ACTION_PICK);
    intent.setType(MediaStore.Images.Media.CONTENT_TYPE);
    startActivityForResult(intent, PICK_FROM_ALBUM);
}
```

인텐트 액션에 ACTION_PICK를 지정하고 타입에 MediaStore.Images.Media.CONTENT_
TYPE을 지정해서 앨범 앱을 시작하고, 여기서 사진을 선택할 수 있게 한다. 그리고 그 결과는
onActivityResult에서 받을 것이며, 이때 startActivityForResult()에서 지정한 PICK_FROM_
ALBUM 값을 통해 어떤 결과인지를 구분할 것이다.

```java
private Intent getCropIntent(Uri inputUri, Uri outputUri) {
    Intent intent = new Intent("com.android.camera.action.CROP");
    intent.setDataAndType(inputUri, "image/*");
    intent.putExtra("aspectX", 1);
    intent.putExtra("aspectY", 1);
    intent.putExtra("outputX", 200);
    intent.putExtra("outputY", 200);
    intent.putExtra("scale", true);
    intent.putExtra(MediaStore.EXTRA_OUTPUT, outputUri);
    intent.putExtra("outputFormat", Bitmap.CompressFormat.PNG.toString());

    return intent;
}
```

getCropIntent() 메소드는 이미지를 자르는 인텐트를 생성해서 반환하는 역할을 한다. 사용자
가 갤러리에서 이미지를 선택하거나 카메라로 이미지를 촬영할 때 해당 이미지를 프로필 이
미지로 만들 수 있게 해 주는 인텐트다. aspectX와 aspectY는 X와 Y축의 비율을 의미하며,
outputX와 outputY는 이미지 크기를 의미한다. MediaStore.EXTRA_OUTPUT은 자른 이미지
를 저장할 대상을 지정하는 것이며, outputFormat은 파일 형식을 지정하는 옵션이다.

```java
private void cropImageFromCamera() {
    Uri uri = Uri.fromFile(profileIconFile);
    Intent intent = getCropIntent(uri, uri);
    startActivityForResult(intent, CROP_FROM_CAMERA);
}
```

getImageFromCamera()를 통해 촬영하고 저장한 파일을 가로 200과 세로 200 크기로 자른다.
소스처럼 지정하면 별도 화면에서 지정된 크기의 사각형으로 원하는 영역을 선택할 수 있으
며, 선택된 영역의 이미지는 outputFormat 속성에 지정된 파일 포맷으로 저장된다. 그리고 이
결과는 onActivityResult에서 CROP_FROM_CAMERA 값을 통해 구분해서 받을 수 있다.

```java
private void cropImageFromAlbum(Uri inputUri) {
    Uri outputUri = Uri.fromFile(profileIconFile);
```

```
    MyLog.d(TAG, "startPickFromAlbum uri " + inputUri.toString());
    Intent intent = getCropIntent(inputUri, outputUri);
    startActivityForResult(intent, CROP_FROM_ALBUM);
}
```

getImageFromAlbum()을 통해 선택한 이미지가 메소드의 인자 uri로 넘어온다. 이를 통해 이미지의 특정 영역을 선택해서 자르고 outputUri가 가리키는 파일에 저장한다. 이렇게 저장한 이미지는 onActivityResult에서 받아올 수 있다.

```
protected void onActivityResult(int requestCode, int resultCode, Intent intent) {
}
```

onActivityResult()는 startActivityForResult() 메소드를 실행한 결과를 받을 수 있는 메소드다. startActivityForResult() 메소드를 서로 다른 곳에서 호출했다면, 호출하면서 지정한 특정 숫자 값을 통해 onActivityResult()에서 어디서 호출한 것인지를 판별할 수 있다.

AndroidManifest.xml에 ProfileIconActivity 추가하기

모든 작업이 끝났다면 ProfileIconActivity를 AndroidManifest.xml에 다음처럼 추가해야 한다.

코드 10-3 **AndroidManifest.xml**

```
...
<activity android:name=".ProfileIconActivity" />
...
```

10.2 노드 프로필 아이콘 이미지 저장 코드 작성하기

사용자가 설정한 프로필 이미지를 서버에 올리기 위해서 사용할 수 있는 노드 모듈은 multer와 formidable이 대표적이다. 이 책에서는 formidable을 사용하였으며, multer와 formidable에 대한 자세한 설명은 [부록](396페이지)에 정리하였다. formidable은 넘어온 정보를 파싱하고 단계적으로 발생하는 이벤트에서 우리가 원하는 처리를 할 수 있는 구조로 되어 있다. 일단, 안드로이드 코드를 먼저 살펴보자.

코드 10-4 **/java/com.mobitant.bestfood/remote/RemoteService.java**

```
@Multipart
@POST("/member/icon_upload")
Call<ResponseBody> uploadMemberIcon(@Part("member_seq") RequestBody memberSeq,
                                    @Part MultipartBody.Part file);
```

파일을 업로드해야 하기 때문에 @Multipart를 반드시 명시해야 한다. 그리고 서버로 전달하는 변숫값은 @Part("member_seq") RequestBody처럼 선언해야 하며, 파일은 @Part MultipartBody.Part로 선언해야 한다.

다음은 formidable을 require한 노드 코드와 파일 업로드를 처리하는 노드 코드다.

코드 10-5 **/routes/member.js**

```
// 생략
var formidable = require('formidable');
// 생략

//member/icon_upload
router.post('/icon_upload', function (req, res) {
  var form = new formidable.IncomingForm();

  form.on('fileBegin', function (name, file){
    file.path = './public/member/' + file.name;
  });

  form.parse(req, function(err, fields, files) {
    var sql_update = "update bestfood_member set member_icon_filename = ? where seq =
                                                                              ?;";

    db.get().query(sql_update, [files.file.name, fields.member_seq], function (err,
                                                                              rows) {
      res.sendStatus(200);
    });
  });
});
```

이제 각각의 코드의 의미를 살펴보겠다.

```
form.on('fileBegin', function (name, file){
  file.path = './public/member/' + file.name;
});
```

formidable에서 기본 업로드 디렉터리를 지정해서 파일을 업로드할 수도 있지만, 이렇게 하면 파일 이름이 임의의 이름으로 업로드된다. 그래서 안드로이드에서 넘겨준 파일 이름으로 저장될 수 있도록 file.path에 업로드 경로와 파일 이름을 지정해 주고 있다. 그리고 filename 변수에 실제 파일 이름을 저장하고 있는데, 그 이유는 bestfood_member 테이블에 실제 파일 이름을 저장하기 위해서다. fileBegin 이벤트는 파일 업로드가 시작되기 전에 호출되는 이벤트다.

```
form.parse(req, function(err, fields, files) {
  var sql_update = "update bestfood_member set member_icon_filename = ? where seq = ?;";

  db.get().query(sql_update, [files.file.name, fields.member_seq], function (err,
                                                                       rows) {
    res.sendStatus(200);
  });
});
```

form.parse() 함수는 요청 정보인 req를 파싱한다. 파싱을 하면서 필드 정보를 처리하거나 파일 업로드가 시작하는 시점에 원하는 처리를 할 수 있도록 form.on() 함수를 제공해 주고 있다. form.on() 함수를 통해 progress, field, fileBegin, file, error, aborted, end 등의 다양한 이벤트를 감지해서 처리할 수 있다. 이에 대해서는 이 책의 [부록](397페이지)을 살펴보기 바란다.

추가적으로, 인자로 넘어온 fields, files에 대한 자세한 정보는 util 모듈의 inspect() 함수를 통해 살펴볼 수 있다. util 모듈을 사용하기 위해서는 npm install util --save로 해당 모듈을 설치한 후에 다음과 같이 코드를 작성해야 한다.

```
var util = require('util');
// 코드 생략
console.log(util.inspect({fields: fields, files: files}));
```

안드로이드 맛집 등록 화면 구성하기

이제 맛집을 등록할 수 있는 액티비티를 개발할 것이다. 이 액티비티는 '맛집 위치 등록', '맛집 정보 등록', '맛집 이미지 등록' 프래그먼트로 구성된다. 또한, 구글 지도를 실행하기 위해서는 구글에서 제공하는 API 키를 설정해야 한다. 이에 대해서는 이 책의 [부록](338페이지)을 살펴보기 바란다.

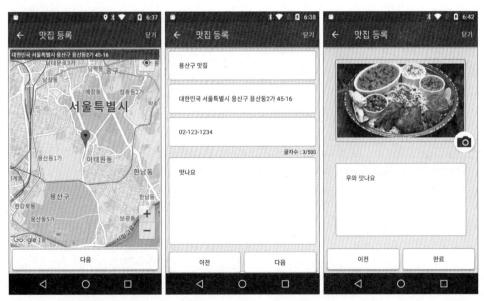

그림 11-1 **맛집 등록 화면**

맛집 등록 액티비티인 BestFoodRegisterActivity에는 '맛집 위치 등록(BestFoodRegisterFragment)'과 '맛집 정보 등록(BestFoodRegisterLocationFragment)', '맛집 이미지 등록(BestFoodRegisterImageFragment)'이 포함되어 있다. 그래서 한 개의 액티비티와 세 개의 프래그먼트를 모두 작성해야

하며, 사용자가 '다음' 버튼을 클릭했을 때 다음과 같은 프래그먼트를 화면에 보여줘야 한다.

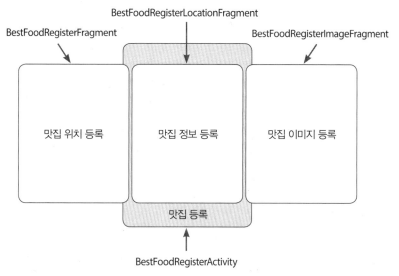

그림 11-2 **맛집 등록 화면 구성**

가장 먼저 BestFoodRegisterActivity 액티비티를 작성하는 방법을 살펴보고, 각각의 프래그먼트를 살펴보도록 하자.

11.1 안드로이드 맛집 등록 액티비티 작성하기

맛집 등록 액티비티는 맛집을 등록하기 위해 필요한 세 개의 프래그먼트를 보여주기 위한 액티비티다. 그래서 시작하면서 '맛집 위치 등록' 프래그먼트인 BestFoodRegisterLocationFragment를 실행하기만 하면 된다. 그리고 이 프래그먼트에서 사용자가 위치를 선택한 후, '다음' 버튼을 클릭하면 '맛집 정보 등록' 프래그먼트를 화면에 보여주면 된다.

BestFoodRegisterActivity 레이아웃 코드 작성하기

액티비티에서는 첫 번째 프래그먼트를 단순히 보여주는 역할만 하므로 레이아웃은 매우 단순하다. 프래그먼트를 보여줄 영역만 잡으면 되므로 상단에 보여줄 툴바와 프래그먼트를 보여줄 FrameLayout만 설정하고 있다. 기본적으로 프레임 레이아웃은 왼쪽 상단을 기준으로 뷰를 배치하므로 프래그먼트 영역을 툴바 아래에 위치시키기 위해서는 FrameLayout 속성에 paddingTop을 지정해야 한다.

코드 11-1 **/res/layout/activity_bestfood_register.xml**

```xml
<?xml version="1.0" encoding="utf-8"?>
<FrameLayout xmlns:android="http://schemas.android.com/apk/res/android"
    android:id="@+id/content"
    android:layout_width="match_parent"
    android:layout_height="match_parent"
    android:background="@color/bg_default">

    <include layout="@layout/toolbar" />

    <FrameLayout
        android:id="@+id/content_main"
        android:layout_width="match_parent"
        android:layout_height="match_parent"
        android:clipToPadding="false"
        android:background="@color/bg_default"
        android:paddingTop="?attr/actionBarSize" />

</FrameLayout>
```

BestFoodRegisterActivity 자바 코드 작성하기

액티비티에서는 툴바와 툴바 메뉴를 설정하고 BestFoodRegisterLocationFragment를 화면에 보여주고 있다. 일단, 소스 코드를 먼저 보도록 하자.

코드 11-2 **/java/com.mobitant.bestfood/BestFoodRegisterActivity.java**

```java
package com.mobitant.bestfood;

import android.content.Context;
import android.content.Intent;
import android.os.Bundle;
import android.support.v4.app.Fragment;
import android.support.v7.app.ActionBar;
import android.support.v7.app.AppCompatActivity;
import android.support.v7.widget.Toolbar;
import android.view.Menu;
import android.view.MenuItem;

import com.mobitant.bestfood.item.FoodInfoItem;
import com.mobitant.bestfood.item.GeoItem;
import com.mobitant.bestfood.lib.GoLib;
import com.mobitant.bestfood.lib.MyLog;

/**
 * 맛집 등록 액티비티다.
 * 액티비티의 기본적인 화면 구성을 하며 실제 사용자 화면은 프래그먼트로 구성한다.
```

```java
*/
public class BestFoodRegisterActivity extends AppCompatActivity {
    private final String TAG = this.getClass().getSimpleName();
    public static FoodInfoItem currentItem = null;

    Context context;

    /**
     * BestFoodRegisterLocationFragment를 실행하기 위한 기본적인 정보를 설정하고
     * 프래그먼트를 실행한다.
     */
    @Override
    protected void onCreate(Bundle savedInstanceState) {
        super.onCreate(savedInstanceState);
        setContentView(R.layout.activity_bestfood_register);

        context = this;

        int memberSeq = ((MyApp)getApplication()).getMemberSeq();

        //BestFoodRegisterLocationFragment로 넘길 기본적인 정보를 저장한다.
        FoodInfoItem infoItem = new FoodInfoItem();
        infoItem.memberSeq = memberSeq;
        infoItem.latitude = GeoItem.getKnownLocation().latitude;
        infoItem.longitude = GeoItem.getKnownLocation().longitude;

        MyLog.d(TAG, "infoItem " + infoItem.toString());

        setToolbar();

        //BestFoodRegisterLocationFragment를 화면에 보여준다.
        GoLib.getInstance().goFragment(getSupportFragmentManager(),
                R.id.content_main, BestFoodRegisterLocationFragment.
                                                    newInstance(infoItem));
    }

    /**
     * 툴바를 설정한다.
     */
    private void setToolbar() {
        Toolbar toolbar = (Toolbar) findViewById(R.id.toolbar);
        setSupportActionBar(toolbar);

        ActionBar actionBar = getSupportActionBar();

        if (actionBar != null) {
            actionBar.setDisplayHomeAsUpEnabled(true);
            actionBar.setTitle(R.string.bestfood_register);
        }
```

```java
    }

    /**
     * 오른쪽 상단 메뉴를 구성한다.
     * 닫기 메뉴만이 설정되어 있는 menu_close.xml을 지정한다.
     * @param menu 메뉴 객체
     * @return 메뉴를 보여준다면 true, 보여주지 않는다면 false
     */
    @Override
    public boolean onCreateOptionsMenu(Menu menu) {
        getMenuInflater().inflate(R.menu.menu_close, menu);
        return true;
    }

    /**
     * 왼쪽 화살표 메뉴(android.R.id.home)를 클릭했을 때와
     * 오른쪽 상단 닫기 메뉴를 클릭했을 때의 동작을 지정한다.
     * 여기서는 모든 버튼이 액티비티를 종료한다.
     * @param item 메뉴 아이템 객체
     * @return 메뉴를 처리했다면 true, 그렇지 않다면 false
     */
    @Override
    public boolean onOptionsItemSelected(MenuItem item) {
        switch (item.getItemId()) {
            case android.R.id.home:
                finish();
                break;

            case R.id.action_close:
                finish();
                break;
        }

        return true;
    }

    /**
     * 다른 액티비티를 실행한 결과를 처리하는 메소드
     * (실제로는 프래그먼트로 onActivityResult 호출을 전달하기 위한 목적으로 작성)
     * @param requestCode 액티비티를 실행하면서 전달한 요청 코드
     * @param resultCode 실행한 액티비티가 설정한 결과 코드
     * @param data 결과 데이터
     */
    @Override
    protected void onActivityResult(int requestCode, int resultCode, Intent data) {
        for (Fragment fragment : getSupportFragmentManager().getFragments()) {
            fragment.onActivityResult(requestCode, resultCode, data);
        }
    }
}
```

이제 주요 코드를 살펴보겠다.

```
GoLib.getInstance().goFragment(getSupportFragmentManager(),
            R.id.content_main, BestFoodRegisterLocationFragment.
                                        newInstance(infoItem));
```

이 코드는 GoLib의 메소드를 이용해서 BestFoodRegisterLocationFragment를 액티비티 레이아웃의 R.id.content_main 영역에 보여주는 코드다. 이 코드에서 사용한 goFragment() 메소드는 프래그먼트를 화면에 보여줄 때 조금 더 편하게 사용할 수 있도록 미리 만든 메소드다. 이에 대해서는 이 책의 [부록](298페이지)을 살펴보기 바란다.

```
actionBar.setDisplayHomeAsUpEnabled(true);
actionBar.setTitle(R.string.bestfood_register);
```

setDisplayHomeAsUpEnabled() 메소드는 툴바의 제목 왼쪽에 ← 표시를 해서 사용자가 이전 화면으로 갈 수 있도록 해 주는 메소드다. 물론, 이전 화면으로 이동할 수 있게 하는 코드를 onOptionsItemSelected() 메소드에 작성해야 한다. 이 버튼도 메뉴의 일부로 처리되며, 메뉴 아이디는 android.R.id.home이다. setTitle() 메소드는 툴바의 제목을 설정하며, 여기서는 strings.xml에 작성한 bestfood_register를 이름으로 하는 문자열을 나타낸다.

```
protected void onActivityResult(int requestCode, int resultCode, Intent data) {
    for (Fragment fragment : getSupportFragmentManager().getFragments()) {
        fragment.onActivityResult(requestCode, resultCode, data);
    }
}
```

onActivityResult() 메소드는 startActivityForResult() 메소드로 다른 액티비티를 실행했을 때 그 결과를 돌려받기 위해 호출되는 메소드다. 그런데 우리는 이 메소드를 맛집 이미지를 등록하기 위한 용도로 BestFoodRegisterImageFragment에서 사용하고 있다. 그래서 이 프래그먼트에서 onActivityResult()로 결과를 받아야 하는데, 액티비티 내에 존재하기 때문에 액티비티가 먼저 받게 된다. 그래서 해당 호출을 액티비티에서 받아서 프래그먼트로 전달하는 코드가 필요하다.

AndroidManifest.xml에 BestFoodRegisterActivity 추가하기

액티비티를 작성했다면 반드시 AndroidManifest.xml에 추가해야 한다.

코드 11-3 **AndroidManifest.xml**

```
...
<activity android:name=".BestFoodRegisterActivity" />
...
```

11.2 안드로이드 맛집 위치 등록 프래그먼트 작성하기

이제 맛집 위치를 선택할 수 있는 맛집 위치 등록 프래그먼트를 작성해 보자. 이 프래그먼트에는 구글 지도가 보이게 되고, 사용자는 구글 지도에서 원하는 위치를 선택한 후에 '다음' 버튼을 눌러 위치를 저장할 수 있다. 그리고 상단에는 사용자가 선택한 위치에 대한 주소가 표시된다. 지도에서 중앙에 있는 적색의 마커는 사용자가 터치한 위치에 표시되며, 아래 이미지에는 보이지 않지만 파란색 점은 사용자의 현재 위치를 표시한다.

그림 11-3 **맛집 위치 등록 프래그먼트 화면**

BestFoodRegisterLocationFragment 레이아웃 코드 작성하기

다음은 BestFoodRegisterLocationFragment.java에서 사용하는 레이아웃 XML이다. 상단 주소를 표시하기 위해 TextView를 배치했으며, 하단에는 다음 프래그먼트로 이동할 수 있도록 '다음' 버튼을 배치했다. 그리고 전체 화면에는 구글 지도를 표시할 수 있도록 SupportMapFragment를 배치했다.

코드 11-4 **/res/layout/fragment_bestfood_register_location.xml**

```xml
<?xml version="1.0" encoding="utf-8"?>
<RelativeLayout xmlns:android="http://schemas.android.com/apk/res/android"
    android:layout_width="match_parent"
    android:layout_height="match_parent"
    android:orientation="vertical"
    android:layout_margin="@dimen/spacing_small">

    <fragment
        android:id="@+id/map"
        android:name="com.google.android.gms.maps.SupportMapFragment"
        android:layout_width="match_parent"
        android:layout_height="match_parent"
        android:layout_above="@+id/next" />

    <TextView
        android:id="@+id/bestfood_address"
        android:layout_width="match_parent"
        android:layout_height="wrap_content"
        android:layout_alignParentTop="true"
        android:background="@drawable/bg_basic_black_transparent"
        android:text="address"
        android:textSize="@dimen/text_size_small"
        android:textColor="@color/text_color_white"

        android:textStyle="bold" />

    <Button
        android:id="@+id/next"
        android:layout_width="match_parent"
        android:layout_height="wrap_content"
        android:layout_alignParentBottom="true"
        android:layout_margin="@dimen/spacing_small"
        android:text="@string/next"
        android:textSize="@dimen/text_size_small2"
        android:textColor="@color/text_color_black"
        android:background="@drawable/button_round" />

</RelativeLayout>
```

XML에서 사용한 bg_basic_black_transparent, button_round 등과 텍스트 크기와 색상을 지정하는 리소스에 대해서는 이 책의 [부록](259페이지)을 살펴보기 바란다.

BestFoodRegisterLocationFragment 자바 코드 작성하기

BestFoodRegisterLocationFragment를 실행하면 사용자의 현재 위치를 파악한다. 실제로는 사용자의 GPS를 통해 최근 접속했던 최근 위치를 파악하는 것이며, 이렇게 파악된 위치에 파란색의 점이 표시된다. 그리고 적색의 지도 마커가 동일한 위치에 표시된다. 그러면 사용자는 지도를 클릭하거나 마커를 오랫동안 누른 후에 마커를 옮길 수 있으며, 마커가 이동하게 되면 해당 마커의 주소가 상단에 표시된다. 이를 통해 맛집 위치 좌표와 주소를 설정할 수 있으며, 설정했다면 '다음' 버튼을 클릭해서 맛집 정보를 등록하는 프래그먼트로 이동하면 된다.

코드 11-5 **/java/com.mobitant.bestfood/BestFoodRegisterLocationFragment.java**

```java
package com.mobitant.bestfood;

import android.content.Context;
import android.content.pm.PackageManager;
import android.location.Address;
import android.os.Bundle;
import android.support.v4.app.ActivityCompat;
import android.support.v4.app.Fragment;
import android.support.v4.app.FragmentManager;
import android.view.LayoutInflater;
import android.view.View;
import android.view.ViewGroup;
import android.widget.Button;
import android.widget.TextView;

import com.google.android.gms.maps.CameraUpdateFactory;
import com.google.android.gms.maps.GoogleMap;
import com.google.android.gms.maps.OnMapReadyCallback;
import com.google.android.gms.maps.SupportMapFragment;
import com.google.android.gms.maps.UiSettings;
import com.google.android.gms.maps.model.CameraPosition;
import com.google.android.gms.maps.model.LatLng;
import com.google.android.gms.maps.model.Marker;
import com.google.android.gms.maps.model.MarkerOptions;
import com.mobitant.bestfood.item.FoodInfoItem;
import com.mobitant.bestfood.lib.GeoLib;
import com.mobitant.bestfood.lib.GoLib;
import com.mobitant.bestfood.lib.MyLog;
import com.mobitant.bestfood.lib.StringLib;
```

```java
import org.parceler.Parcels;

/**
 * 맛집 위치를 선택하고 저장하는 액티비티
 */
public class BestFoodRegisterLocationFragment extends Fragment
        implements View.OnClickListener, OnMapReadyCallback,
                    GoogleMap.OnMapClickListener, GoogleMap.OnMarkerClickListener,
                    GoogleMap.OnMarkerDragListener {

    private static final int MAP_ZOOM_LEVEL_DEFAULT = 16;
    private static final int MAP_ZOOM_LEVEL_DETAIL = 18;
    public static final String INFO_ITEM = "INFO_ITEM";

    private final String TAG = this.getClass().getSimpleName();

    Context context;
    FoodInfoItem infoItem;
    GoogleMap map;

    TextView addressText;

    /**
     * FoodInfoItem 객체를 인자로 저장하는
     * BestFoodRegisterLocationFragment 인스턴스를 생성해서 반환한다.
     * @param infoItem 맛집 정보를 저장하는 객체
     * @return BestFoodRegisterLocationFragment 인스턴스
     */
    public static BestFoodRegisterLocationFragment newInstance(FoodInfoItem infoItem) {
        Bundle bundle = new Bundle();
        bundle.putParcelable(INFO_ITEM, Parcels.wrap(infoItem));

        BestFoodRegisterLocationFragment fragment = new BestFoodRegisterLocationFragment();
        fragment.setArguments(bundle);

        return fragment;
    }

    /**
     * 프래그먼트가 생성될 때 호출되며, 인자에 저장된 FoodInfoItem을
     * BestFoodRegisterActivity에 currentItem을 저장한다.
     * @param savedInstanceState 프래그먼트가 새로 생성되었을 경우, 이전 상태 값을 가지는 객체
     */
    @Override
    public void onCreate(Bundle savedInstanceState) {
        super.onCreate(savedInstanceState);

        if (getArguments() != null) {
            infoItem = Parcels.unwrap(getArguments().getParcelable(INFO_ITEM));
            if (infoItem.seq != 0) {
```

```
                    BestFoodRegisterActivity.currentItem = infoItem;
            }
            MyLog.d(TAG, "infoItem " + infoItem);
        }
    }


    /**
     * fragment_bestfood_register_location.xml 기반으로 뷰를 생성한다.
     * @param inflater XML을 객체로 변환하는 LayoutInflater 객체
     * @param container null이 아니라면 부모 뷰
     * @param savedInstanceState null이 아니라면 이전에 저장된 상태를 가진 객체
     * @return 생성한 뷰 객체
     */
    @Override
    public View onCreateView(LayoutInflater inflater, ViewGroup container, Bundle
                                                        savedInstanceState) {
        context = this.getActivity();
        View layout =
                inflater.inflate(R.layout.fragment_bestfood_register_location,
                                                        container, false);


        return layout;
    }


    /**
     * onCreateView() 메소드 뒤에 호출되며 구글 맵을 화면에 보여준다.
     * 그리고 화면 구성을 위한 작업을 한다.
     * @param view onCreateView() 메소드에 의해 반환된 뷰
     * @param savedInstanceState null이 아니라면 이전에 저장된 상태를 가진 객체
     */
    @Override
    public void onViewCreated(View view, Bundle savedInstanceState) {
        super.onViewCreated(view, savedInstanceState);

        FragmentManager fm = getChildFragmentManager();
        SupportMapFragment fragment = (SupportMapFragment) fm.findFragmentById(R.
                                                        id.map);

        if (fragment == null) {
            fragment = SupportMapFragment.newInstance();
            fm.beginTransaction().replace(R.id.content_main, fragment).commit();
        }
        fragment.getMapAsync(this);

        addressText = (TextView) view.findViewById(R.id.bestfood_address);

        Button nextButton = (Button) view.findViewById(R.id.next);
        nextButton.setOnClickListener(this);
    }


    /**
```

```java
 * 구글 맵에서 마커가 클릭되었을 때 호출된다.
 * @param marker 클릭한 마커에 대한 정보를 가진 객체
 * @return 마커 이벤트를 처리했다면 true, 그렇지 않다면 false
 */
@Override
public boolean onMarkerClick(Marker marker) {
    movePosition(marker.getPosition(), MAP_ZOOM_LEVEL_DETAIL);

    return false;
}


/**
 * 구글 맵이 준비되었을 때 호출되며 구글 맵을 설정하고 기본 마커를 추가하는 작업을 한다.
 * @param map 구글 맵 객체
 */
@Override
public void onMapReady(GoogleMap map) {
    this.map = map;

    String fineLocationPermission = android.Manifest.permission.ACCESS_FINE_
                                                                 LOCATION;

    if (ActivityCompat.checkSelfPermission(context, fineLocationPermission)
            != PackageManager.PERMISSION_GRANTED) return;

    map.setMyLocationEnabled(true);
    map.setOnMarkerClickListener(this);
    map.setOnMarkerDragListener(this);
    map.setOnMapClickListener(this);

    UiSettings setting = map.getUiSettings();
    setting.setMyLocationButtonEnabled(true);
    setting.setCompassEnabled(true);
    setting.setZoomControlsEnabled(true);

    LatLng firstLatLng = new LatLng(infoItem.latitude, infoItem.longitude);
    if (infoItem.latitude != 0) {
        addMarker(firstLatLng, MAP_ZOOM_LEVEL_DEFAULT);
    }

    setAddressText(firstLatLng);
}

/**
 * 구글 맵을 초기화하고
 * 인자로 넘어온 위도, 경도, 줌레벨을 기반으로 마커를 생성해서 구글 맵에 추가한다.
 * @param latLng 위도, 경도 객체
 * @param zoomLevel 줌레벨
 */
private void addMarker(LatLng latLng, float zoomLevel) {
```

```java
        MarkerOptions marker = new MarkerOptions();
        marker.position(latLng);
        marker.title("현재위치");
        marker.draggable(true);

        map.clear();
        map.addMarker(marker);

        movePosition(latLng, zoomLevel);
    }

    /**
     * 구글 맵의 카메라를 위도와 경도 그리고 줌레벨을 기반으로 이동한다.
     * @param latlng 위도, 경도 객체
     * @param zoomLevel 줌레벨
     */
    private void movePosition(LatLng latlng, float zoomLevel) {
        CameraPosition cp = new CameraPosition.Builder().target((latlng)).
                                                    zoom(zoomLevel).build();
        map.moveCamera(CameraUpdateFactory.newCameraPosition(cp));
    }

    @Override
    public void onMarkerDragStart(Marker marker) {

    }

    @Override
    public void onMarkerDrag(Marker marker) {

    }

    /**
     * 사용자가 마커의 이동을 끝냈을 때 호출되며, 최종 마커 위치를 저장한다.
     * @param marker 마커 객체
     */
    @Override
    public void onMarkerDragEnd(Marker marker) {
        setCurrentLatLng(marker.getPosition());

        MyLog.d(TAG, "onMarkerDragEnd infoItem " + infoItem);
    }

    /**
     * 지정된 latLng의 위도와 경도를 infoItem에 저장한다.
     * @param latLng 위도, 경도 객체
     */
    private void setCurrentLatLng(LatLng latLng) {
        infoItem.latitude = latLng.latitude;
        infoItem.longitude = latLng.longitude;
```

```java
        setAddressText(latLng);
    }

    /**
     * 클릭 이벤트를 처리하며, 맛집 정보를 담당하는 프래그먼트로 이동한다.
     * @param v 클릭한 뷰에 대한 정보
     */
    @Override
    public void onClick(View v) {
        GoLib.getInstance().goFragment(getFragmentManager(),
                R.id.content_main, BestFoodRegisterInputFragment.
                                              newInstance(infoItem));
    }

    /**
     * 사용자가 맵을 클릭했을 때 호출되며, 현재 위도와 경도를 저장하고 마커를 추가한다.
     * @param latLng 위도, 경도 객체
     */
    @Override
    public void onMapClick(LatLng latLng) {
        MyLog.d(TAG, "onMapClick " + latLng);
        setCurrentLatLng(latLng);

        addMarker(latLng, map.getCameraPosition().zoom);

    }

    /**
     * 위도와 경도를 기반으로 주소를 addressText 뷰에 출력한다.
     * @param latLng 위도, 경도 객체
     */
    private void setAddressText(LatLng latLng) {
        MyLog.d(TAG, "setAddressText " + latLng);
        Address address = GeoLib.getInstance().getAddressString(context, latLng);

        String addressStr = GeoLib.getInstance().getAddressString(address);

        if (!StringLib.getInstance().isBlank(addressStr)) {
            addressText.setText(addressStr);
        }
    }
}
```

BestFoodRegisterLocationFragment 클래스에서 구현하고 있는 인터페이스에는 여러 가지가 있다.

OnMapReadyCallback 인터페이스는 구글 지도를 보여줄 준비가 되었을 때 자동으로 호출될 메소드가 선언되어 있는 인터페이스이며, OnMapClickListener 인터페이스는 구글 지도를 사용자가 클릭했을 때 호출될 메소드가 선언된 인터페이스다. OnMarkerClickListener 인터페이스는 사용자가 마커를 클릭했을 때 호출될 메소드가 선언된 인터페이스이며, OnMarkerDragListener 인터페이스는 사용자가 마커를 드래그할 때 호출될 메소드가 선언된 인터페이스다. 이러한 인터페이스들을 구현할 때 반드시 작성해야 하는 메소드를 정리하면 다음과 같다.

인터페이스	메소드
OnMapReadyCallback	void onMapReady(GoogleMap map);
GoogleMap.OnMapClickListener	void onMapClick(LatLng latLng);
GoogleMap.OnMarkerClickListener	boolean onMarkerClick(Marker marker);

GoogleMap.OnMarkerDragListener	void onMarkerDragStart(Marker marker);
	void onMarkerDrag(Marker marker);
	void onMarkerDragEnd(Marker marker);

이제 주요 코드들을 하나씩 살펴보도록 하자.

```
public static BestFoodRegisterLocationFragment newInstance(FoodInfoItem infoItem) {
    Bundle bundle = new Bundle();
    bundle.putParcelable(INFO_ITEM, Parcels.wrap(infoItem));

    BestFoodRegisterLocationFragment fragment = new BestFoodRegisterLocationFragment();
    fragment.setArguments(bundle);

    return fragment;
}
```

Bundle 객체는 데이터를 저장해서 다른 액티비티 등에 데이터를 전달하는 용도로 사용하는 객체다. 그래서 우리는 이 객체에 infoItem 객체를 저장해야 하는데, 객체를 저장할 때는 반드시 android.os.Parcelable 인터페이스를 구현한 객체만 저장할 수 있게 되어 있다. 즉, 직렬화를 할 수 있도록 작성된 객체만 저장할 수 있으며, 이렇게 하기 위해서는 안드로이드에서 제공하는 android.os.Parcelable 인터페이스를 구현해야만 한다. 하지만 이 인터페이스를 작성하는 것은 여간 불편한 일이 아니기 때문에 이를 편하게 사용할 수 있도록 해 주는 외부 라이브러리인 org.parceler.Parcels을 사용하는 것이 좋다. 이를 사용하면 FoodInfoItem 클래스에 @org.

parceler.Parcel 어노테이션을 선언하는 것만으로도 Parcelable 인터페이스를 구현한 것처럼 처리할 수 있다. 물론, 해당 객체를 Parcels.wrap() 메소드와 Parcels.unwrap() 메소드를 통해 처리하는 과정이 필요하다. FoodInfoItem 클래스와 Parcels에 대한 추가 설명은 이 책의 [부록] (342페이지)을 살펴보기 바란다.

```
if (getArguments() != null) {
    infoItem = Parcels.unwrap(getArguments().getParcelable(INFO_ITEM));
    if (infoItem.seq != 0) {
        BestFoodRegisterActivity.currentItem = infoItem;
    }
    MyLog.d(TAG, "infoItem " + infoItem);
}
```

setArguments() 메소드로 저장한 객체는 getArguments() 메소드로 반환받을 수 있으며, putParcelable() 메소드로 저장했으므로 getParcelable() 메소드로 반환받을 수 있다. 그리고 해당 객체는 Parcels.wrap() 메소드로 래핑해서 전달했으므로 받을 때는 Parcels.unwrap() 메소드로 받아야 한다. 이렇게 하는 이유는 Parcelable 인터페이스를 구현할 때 작성해야 하는 코드를 Parcels 라이브러리를 통해 쉽게 처리할 수 있기 때문이다.

```
fragment.getMapAsync(this);
```

onViewCreated() 메소드에 선언된 이 코드는 구글 지도가 보여줄 준비가 되었을 때 onMapReady() 메소드를 호출하는 역할을 한다.

```
String fineLocationPermission = android.Manifest.permission.ACCESS_FINE_LOCATION;

if (ActivityCompat.checkSelfPermission(context, fineLocationPermission)
        != PackageManager.PERMISSION_GRANTED) return;
```

onMapReady() 메소드에 작성된 이 코드는 안드로이드 6.0에서 권한 체크 방법이 변경되었기 때문에 작성해야 하는 코드다. 위치 정보를 처리해야 하는 코드 전에 checkSelfPermission() 메소드를 호출해서 해당 권한이 부여되었는지를 확인하고, 그렇지 않다면 이후 코드를 실행하지 않게 해야 한다.

```
map.setMyLocationEnabled(true);
map.setOnMarkerClickListener(this);
```

```
map.setOnMarkerDragListener(this);
map.setOnMapClickListener(this);
```

onMapReady( ) 메소드에 작성되어 있는 코드다. setMyLocationEnabled( ) 메소드는 사용자의
현재 위치로 보여줄지를 결정하는 함수이며, 나머지 세 개의 함수는 버튼에 클릭 이벤트를 붙
이는 것처럼 지도와 관련된 여러 기능을 현재 클래스에서 구현하고 있음을 지정하는 코드다.
그래서 해당 이벤트가 발생하면 이벤트에 맞는 메소드가 자동으로 호출되어 우리가 작성한 코
드가 실행된다.

```
UiSettings setting = map.getUiSettings();
setting.setMyLocationButtonEnabled(true);
setting.setCompassEnabled(true);
setting.setZoomControlsEnabled(true);
```

setMyLocationButtonEnabled( ) 메소드는 오른쪽 상단에 내 위치로 이동할 수 있게 해 주는
버튼을 표시할지를 정하며, setCompassEnabled( ) 메소드는 사용자가 지도를 돌렸을 때 나침
반을 왼쪽 상단에 표시할지를 정한다. 그래서 사용자가 두 손으로 지도를 터치한 상태에서 회
전시키면 나침반이 보이는 것을 확인할 수 있다. 그리고 setZoomControlsEnabled( ) 메소드는
오른쪽 하단에 지도를 확대하고 축소할 수 있는 버튼을 표시할지를 정한다.

이 외의 코드는 코드에 있는 주석을 참고하며 살펴보기 바란다.

11.3 안드로이드 맛집 정보 등록 프래그먼트 작성하기

이제 맛집 정보를 입력할 수 있는 프래그먼트를 작성하는 방법을 살펴볼 것이다. 맛집 이름, 맛
집 주소, 전화번호, 맛집 설명을 입력할 수 있으며, 이전 화면으로 이동하거나 다음 화면으로
이동할 수 있도록 버튼을 추가한다. 그리고 맛집 주소에는 이전 프래그먼트인 '맛집 위치 등록'
프래그먼트에서 설정된 주소가 보여진다.

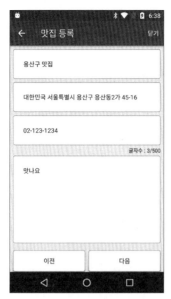

그림 11-4 **맛집 정보 등록 프래그먼트 화면**

BestFoodRegisterInputFragment 레이아웃 코드 작성하기

BestFoodRegisterInputFragment.java에서 사용할 레이아웃 XML에는 특별히 복잡한 위젯은 존재하지 않는다. 다만, 맛집 설명을 입력하는 EditText는 길이 제한을 주고 있다는 것이 다를 뿐이다. 또한, 자바 코드에서는 맛집 설명 EditText에 입력한 문자열의 길이를 계산해서 EditText 위에 표시해 주고 있다.

코드 11-6 **/res/layout/fragment_bestfood_register_input.xml**

```xml
<?xml version="1.0" encoding="utf-8"?>
<ScrollView xmlns:android="http://schemas.android.com/apk/res/android"
    android:layout_width="match_parent"
    android:layout_height="match_parent">

    <LinearLayout
        android:layout_width="match_parent"
        android:layout_height="wrap_content"
        android:layout_margin="@dimen/spacing_small"
        android:background="@color/bg_default"
        android:orientation="vertical">

        <EditText
            android:id="@+id/bestfood_name"
            android:layout_width="match_parent"
```

```
        android:layout_height="wrap_content"
        android:layout_margin="@dimen/spacing_small"
        android:background="@drawable/bg_round"
        android:gravity="start"
        android:hint="@string/input_bestfood_name"
        android:maxLength="20"
        android:maxLines="1"
        android:padding="@dimen/spacing_large"
        android:textSize="@dimen/text_size_small2" />

    <EditText
        android:id="@+id/bestfood_address"
        android:layout_width="match_parent"
        android:layout_height="wrap_content"
        android:layout_margin="@dimen/spacing_small"
        android:background="@drawable/bg_round"
        android:gravity="start"
        android:hint="@string/input_bestfood_address"
        android:maxLines="1"
        android:padding="@dimen/spacing_large"
        android:textSize="@dimen/text_size_small2" />

    <EditText
        android:id="@+id/bestfood_tel"
        android:layout_width="match_parent"
        android:layout_height="wrap_content"
        android:layout_margin="@dimen/spacing_small"
        android:background="@drawable/bg_round"
        android:gravity="start"
        android:hint="@string/input_bestfood_tel"
        android:inputType="phone"
        android:maxLength="13"
        android:maxLines="1"
        android:padding="@dimen/spacing_large"
        android:textSize="@dimen/text_size_small2" />

    <LinearLayout
        android:id="@+id/current_text_layout"
        android:layout_width="match_parent"
        android:layout_height="wrap_content"
        android:layout_marginEnd="@dimen/spacing_small"
        android:gravity="end">

        <TextView
            android:layout_width="wrap_content"
            android:layout_height="wrap_content"
            android:layout_marginEnd="@dimen/spacing_small"
            android:text="@string/input_text_length"
            android:textColor="@color/text_color_black"
```

```xml
                android:textSize="@dimen/text_size_small" />

            <TextView
                android:id="@+id/current_length"
                android:layout_width="wrap_content"
                android:layout_height="wrap_content"
                android:text="0"
                android:textColor="@color/text_color_black"
                android:textSize="@dimen/text_size_small" />

            <TextView
                android:id="@+id/text_max_length"
                android:layout_width="wrap_content"
                android:layout_height="wrap_content"
                android:text="@string/input_text_max_length"
                android:textColor="@color/text_color_black"
                android:textSize="@dimen/text_size_small" />

    </LinearLayout>

    <EditText
        android:id="@+id/bestfood_description"
        android:layout_width="match_parent"
        android:layout_height="wrap_content"
        android:layout_margin="@dimen/spacing_small"
        android:background="@drawable/bg_round"
        android:fadeScrollbars="false"
        android:gravity="start"
        android:hint="@string/input_bestfood_description"
        android:lines="9"
        android:maxLength="500"
        android:overScrollMode="always"
        android:padding="@dimen/spacing_large"
        android:scrollbarStyle="insideInset"
        android:scrollbars="vertical"
        android:textSize="@dimen/text_size_small2" />

    <LinearLayout
        android:id="@+id/bottom_layout"
        android:layout_width="match_parent"
        android:layout_height="wrap_content"
        android:layout_marginTop="@dimen/spacing_small2"
        android:orientation="horizontal">

        <Button
            android:id="@+id/prev"
            android:layout_width="match_parent"
            android:layout_height="wrap_content"
            android:layout_margin="@dimen/spacing_small"
            android:layout_weight="1"
```

```
            android:background="@drawable/button_round"
            android:text="@string/prev"
            android:textSize="@dimen/text_size_small2" />

        <Button
            android:id="@+id/next"
            android:layout_width="match_parent"
            android:layout_height="wrap_content"
            android:layout_margin="@dimen/spacing_small"
            android:layout_weight="1"
            android:background="@drawable/button_round"
            android:text="@string/next"
            android:textSize="@dimen/text_size_small2" />

    </LinearLayout>

</LinearLayout>
</ScrollView>
```

BestFoodRegisterInputFragment 자바 코드 작성하기

BestFoodRegisterLocationFragment에서 위치 정보를 입력하고 이를 기반으로 주소 정보를 조회한다. 그리고 FoodInfoItem 객체에 해당 정보들을 저장하고 BestFoodRegisterInputFragment에 전달한다. 그러므로 맛집 정보를 입력하는 화면에서는 이전 화면에서 넘어온 정보를 저장한 후에 화면에 보여줘야 한다. 그리고 사용자가 입력한 값이 유효한지도 검사해야 한다. 특히, 전화번호를 아무렇게 입력할 수 있으므로 최소한 올바른 형태인지는 확인해서 저장해야한다. 그리고 맛집 설명은 최대 500자만 입력할 수 있게 할 것이므로 이에 대한 설정도 함께해야 하고, 사용자가 얼마나 입력했는지를 시각적으로 알 수 있도록 표시도 해야 한다.

코드 11-7 **/java/com.mobitant.bestfood/BestFoodRegisterInputFragment.java**

```
package com.mobitant.bestfood;

import android.content.Context;
import android.location.Address;
import android.os.Bundle;
import android.support.v4.app.Fragment;
import android.text.Editable;
import android.text.TextWatcher;
import android.view.LayoutInflater;
import android.view.View;
import android.view.ViewGroup;
import android.widget.Button;
```

```java
import android.widget.EditText;
import android.widget.TextView;

import com.google.android.gms.maps.model.LatLng;
import com.mobitant.bestfood.item.FoodInfoItem;
import com.mobitant.bestfood.lib.EtcLib;
import com.mobitant.bestfood.lib.GeoLib;
import com.mobitant.bestfood.lib.GoLib;
import com.mobitant.bestfood.lib.MyLog;
import com.mobitant.bestfood.lib.MyToast;
import com.mobitant.bestfood.lib.StringLib;
import com.mobitant.bestfood.remote.RemoteService;
import com.mobitant.bestfood.remote.ServiceGenerator;

import org.parceler.Parcels;

import okhttp3.ResponseBody;
import retrofit2.Call;
import retrofit2.Callback;
import retrofit2.Response;

/**
 * 맛집 정보를 입력하는 액티비티
 */
public class BestFoodRegisterInputFragment extends Fragment implements View.
                                                    OnClickListener {
    public static final String INFO_ITEM = "INFO_ITEM";
    private final String TAG = this.getClass().getSimpleName();

    Context context;
    FoodInfoItem infoItem;
    Address address;

    EditText nameEdit;
    EditText telEdit;
    EditText descriptionEdit;
    TextView currentLength;

    /**
     * FoodInfoItem 객체를 인자로 저장하는
     * BestFoodRegisterInputFragment 인스턴스를 생성해서 반환한다.
     * @param infoItem 맛집 정보를 저장하는 객체
     * @return BestFoodRegisterInputFragment 인스턴스
     */
    public static BestFoodRegisterInputFragment newInstance(FoodInfoItem infoItem) {
        Bundle bundle = new Bundle();
        bundle.putParcelable(INFO_ITEM, Parcels.wrap(infoItem));

        BestFoodRegisterInputFragment fragment = new BestFoodRegisterInputFragment();
        fragment.setArguments(bundle);
```

```java
        return fragment;
    }

    /**
     * 프래그먼트가 생성될 때 호출되며, 인자에 저장된 FoodInfoItem를
     * BestFoodRegisterActivity에 currentItem를 저장한다.
     * @param savedInstanceState 프래그먼트가 새로 생성되었을 경우, 이전 상태 값을 가지는 객체
     */
    @Override
    public void onCreate(Bundle savedInstanceState) {
        super.onCreate(savedInstanceState);

        if (getArguments() != null) {
            infoItem = Parcels.unwrap(getArguments().getParcelable(INFO_ITEM));
            if (infoItem.seq != 0) {
                BestFoodRegisterActivity.currentItem = infoItem;
            }
            MyLog.d(TAG, "infoItem " + infoItem);
        }
    }

    /**
     * fragment_bestfood_register_input.xml 기반으로 뷰를 생성한다.
     * @param inflater XML을 객체로 변환하는 LayoutInflater 객체
     * @param container null이 아니라면 부모 뷰
     * @param savedInstanceState null이 아니라면 이전에 저장된 상태를 가진 객체
     * @return 생성한 뷰 객체
     */
    @Override
    public View onCreateView(LayoutInflater inflater, ViewGroup container, Bundle
                                                        savedInstanceState) {
        context = this.getActivity();
        address = GeoLib.getInstance().getAddressString(context,
                        new LatLng(infoItem.latitude, infoItem.longitude));
        MyLog.d(TAG, "address" + address);

        return inflater.inflate(R.layout.fragment_bestfood_register_input, container,
                                                        false);
    }

    /**
     * onCreateView() 메소드 뒤에 호출되며 맛집 정보를 입력할 뷰들을 생성한다.
     * @param view onCreateView() 메소드에 의해 반환된 뷰
     * @param savedInstanceState null이 아니라면 이전에 저장된 상태를 가진 객체
     */
    @Override
    public void onViewCreated(View view, Bundle savedInstanceState) {
        super.onViewCreated(view, savedInstanceState);

        currentLength = (TextView) view.findViewById(R.id.current_length);
```

```java
        nameEdit = (EditText) view.findViewById(R.id.bestfood_name);
        telEdit = (EditText) view.findViewById(R.id.bestfood_tel);
        descriptionEdit = (EditText) view.findViewById(R.id.bestfood_description);
        descriptionEdit.addTextChangedListener(new TextWatcher() {
            @Override
            public void beforeTextChanged(CharSequence s, int start, int count, int
                                                                        after) {
            }

            @Override
            public void onTextChanged(CharSequence s, int start, int before, int
                                                                        count) {
                currentLength.setText(String.valueOf(s.length()));
            }

            @Override
            public void afterTextChanged(Editable s) {
            }
        });

        EditText addressEdit = (EditText) view.findViewById(R.id.bestfood_address);

        infoItem.address = GeoLib.getInstance().getAddressString(address);
        if (!StringLib.getInstance().isBlank(infoItem.address)) {
            addressEdit.setText(infoItem.address);
        }

        Button prevButton = (Button) view.findViewById(R.id.prev);
        prevButton.setOnClickListener(this);

        Button nextButton = (Button) view.findViewById(R.id.next);
        nextButton.setOnClickListener(this);
    }

    /**
     * 클릭이벤트를 처리한다.
     * @param v 클릭한 뷰에 대한 정보
     */
    @Override
    public void onClick(View v) {
        infoItem.name = nameEdit.getText().toString();
        infoItem.tel = telEdit.getText().toString();
        infoItem.description = descriptionEdit.getText().toString();
        MyLog.d(TAG, "onClick imageItem " + infoItem);

        if (v.getId() == R.id.prev) {
            GoLib.getInstance().goFragment(getFragmentManager(),
                    R.id.content_main, BestFoodRegisterLocationFragment.
                                                        newInstance(infoItem));
        } else if (v.getId() == R.id.next) {
```

```
                save();
        }
}

/**
 * 사용자가 입력한 정보를 확인하고 저장한다.
 */
private void save() {
    if (StringLib.getInstance().isBlank(infoItem.name)) {
        MyToast.s(context, context.getResources().getString(R.string.input_
                                                            bestfood_name));
        return;
    }

    if (StringLib.getInstance().isBlank(infoItem.tel)
            || !EtcLib.getInstance().isValidPhoneNumber(infoItem.tel)) {
        MyToast.s(context, context.getResources().getString(R.string.not_valid_
                                                            tel_number));
        return;
    }

    insertFoodInfo();
}

/**
 * 사용자가 입력한 정보를 서버에 저장한다.
 */
private void insertFoodInfo() {
    MyLog.d(TAG, infoItem.toString());

    RemoteService remoteService = ServiceGenerator.createService(RemoteService.
                                                                class);

    Call<String> call = remoteService.insertFoodInfo(infoItem);
    call.enqueue(new Callback<String>() {
        @Override
        public void onResponse(Call<String> call, Response<String> response) {
            if (response.isSuccessful()) {
                int seq = 0;
                String seqString = response.body();

                try {
                    seq = Integer.parseInt(seqString);
                } catch (Exception e) {
                    seq = 0;
                }

                if (seq == 0) {
                    // 등록 실패
                } else {
```

```
                    infoItem.seq = seq;
                    goNextPage();
                }
            } else { // 등록 실패
                int statusCode = response.code();
                ResponseBody errorBody = response.errorBody();
                MyLog.d(TAG, "fail " + statusCode + errorBody.toString());
            }
        }

        @Override
        public void onFailure(Call<String> call, Throwable t) {
            MyLog.d(TAG, "no internet connectivity");
        }
    });
}

/**
 * 맛집 이미지를 등록할 수 있는 프래그먼트로 이동한다.
 */
private void goNextPage() {
    GoLib.getInstance().goFragmentBack(getFragmentManager(),
            R.id.content_main, BestFoodRegisterImageFragment.newInstance(infoItem.
                                                                         seq));
}
}
```

이제 주요 코드를 살펴보도록 하자.

```
public static BestFoodRegisterInputFragment newInstance(FoodInfoItem infoItem) {
    Bundle bundle = new Bundle();
    bundle.putParcelable(INFO_ITEM, Parcels.wrap(infoItem));

    BestFoodRegisterInputFragment fragment = new BestFoodRegisterInputFragment();
    fragment.setArguments(bundle);

    return fragment;
}
```

newInstance() 메소드는 BestFoodRegisterLocationFragment에서 사용자가 '다음' 버튼을 클릭했을 때 BestFoodRegisterInputFragment 객체를 생성하기 위해 호출하는 메소드다. 그래서 BestFoodRegisterLocationFragment에서 설정한 위치 정보와 주소 정보를 저장하고 있는 FoodInfoItem 객체를 newInstance() 메소드에 인자로 넘겨주고 있다. 이 코드에 있는 Bundle 은 안드로이드에서 데이터를 저장할 수 있게 해 주는 객체이며, setArguments() 메소드에 인자로 지정하여 다른 액티비티나 프래그먼트에 전달할 수도 있다.

```
descriptionEdit.addTextChangedListener(new TextWatcher() {
    @Override
    public void beforeTextChanged(CharSequence s, int start, int count, int after) {
    }

    @Override
    public void onTextChanged(CharSequence s, int start, int before, int count) {
        currentLength.setText(String.valueOf(s.length()));
    }

    @Override
    public void afterTextChanged(Editable s) {
    }
});
```

EditText에는 문자열 변경을 감지할 수 있는 리스너를 추가할 수 있다. addTextChanged Listener() 메소드를 통해 문자열이 변경되기 전, 문자열이 변경되었을 때, 문자열이 변경된 후를 감지해서 원하는 처리를 할 수 있다. 우리는 사용자가 입력한 문자열의 길이를 감지해서 입력한 글자 수를 표시할 것이다. 그래서 onTextChanged() 메소드에서 문자열 길이를 계산해서 currentLength에 설정하면 된다.

```
if (response.isSuccessful()) {
    int seq = 0;
    String seqString = response.body();

    try {
        seq = Integer.parseInt(seqString);
    } catch (Exception e) {
        seq = 0;
    }

    if (seq == 0) {
        // 등록 실패
    } else {
        infoItem.seq = seq;
        goNextPage();
    }
}
```

insertFoodInfo() 메소드의 onResponse() 메소드의 코드다. 이 코드에서는 서버의 응답이 성공적인 경우에 서버에서 넘어온 일련번호를 infoItem 개체에 저장하고 있다. 일련번호는 서버에서 bestfood_info 테이블에 데이터를 추가하고 받은 일련번호(seq)다. 이 일련번호를 통해 실제 데이터에 접근할 수 있으며, 일련번호는 서버에서 문자열로 넘어오기 때문에 문자열을 숫자로 변경하는 코드를 작성해야 한다. 만약 일련번호가 0이거나 숫자로 변경 시 에러가 발생한다면 서버에서 제대로 처리하지 못한 것이다. 이런 경우에는 이를 사용자에게 알리고 적절한 처리를 해야 하지만, 현재 코드에서는 이러한 상황을 제대로 처리하고 있지 않으므로 이 부분에 대해서 어떻게 처리할지를 고민하는 것이 필요하다.

```java
int statusCode = response.code();
ResponseBody errorBody = response.errorBody();
MyLog.d(TAG, "fail " + statusCode + errorBody.toString());
```

insertFoodInfo( ) 메소드의 코드이며, response.isSuccessful( )이 true가 아닐 경우에 호출되는 코드다. 현재는 단순히 응답 코드와 에러 메시지를 로그에 출력하고 있지만, 실무에서는 사용자에게 적당한 메시지를 보여주고 다시 저장 버튼을 누르게 하는 등의 추가적인 안내를 해야 한다.

11.4 노드 맛집 정보 입력 내용 저장 코드 작성하기

맛집 정보를 저장하기 위해서 서버는 사용자 일련번호(member_seq)와 맛집 정보를 변수에 저장하고 bestfood_info 테이블에 추가해야 한다. 그리고 정상적으로 처리되면 상태 코드 200을 설정하고 결과 아이디(insertId, 일련번호)를 안드로이드에 응답해야 한다. 만약 member_seq가 존재하지 않는다면 sendStatus( ) 메소드로 400 응답 코드를 안드로이드에 보내서 필요한 정보가 전송되지 않았음을 알려야 한다. 먼저, 안드로이드 코드를 살펴보자.

코드 11-8 **/java/com.mobitant.bestfood/remote/RemoteService.java**

```java
@POST("/food/info")
Call<String> insertFoodInfo(@Body FoodInfoItem infoItem);
```

데이터를 전송할 때 POST로 지정하면 객체를 쉽게 전송할 수 있다. @Body를 객체에 선언하기만 하면 되며, 서버에서는 각각의 값을 req.body에 꺼내면 된다.

다음은 노드로 작성된 서버 코드다.

코드 11-9 **/routes/food.js**

```javascript
//member/info
router.post('/info', function(req, res, next) {
  if (!req.body.member_seq) {
    return res.sendStatus(400);
  }

  var member_seq = req.body.member_seq;
  var name = req.body.name;
  var tel = req.body.tel;
  var address = req.body.address;
  var latitude = req.body.latitude;
  var longitude = req.body.longitude;
  var description = req.body.description;


  var sql_insert =
    "insert into bestfood_info (member_seq, name, tel, address, latitude, longitude,
                                                              description) " +
    "values(?, ?, ?, ?, ?, ?, ?); ";

  console.log(sql_insert);

  var params = [member_seq, name, tel, address, latitude, longitude, description];

  db.get().query(sql_insert, params, function (err, result) {
    console.log(result.insertId);
    res.status(200).send('' + result.insertId);
  });
});
```

코드를 하나씩 살펴보도록 하자.

```javascript
if (!req.body.member_seq) {
  return res.sendStatus(400);
}
```

이 코드는 member_seq가 존재하지 않을 경우 400 값을 안드로이드에 응답하는 코드다. 이를 통해 안드로이드에서는 요청이 제대로 처리되지 않았음을 알 수 있으므로 사용자에게 알리는 등의 적당한 처리를 할 수 있게 된다.

```
res.status(200).send('' + result.insertId);
```

상태 값 200은 정상적인 처리를 의미한다. 이 값과 함께 INSERT문이 실행되고 처리된 결과에 대한 아이디 값인 result.insertId를 안드로이드에 응답한다.

11.5 안드로이드 맛집 이미지 등록 프래그먼트 작성하기

맛집 위치와 맛집 정보를 등록했다면 이제 맛집 이미지를 등록해야 한다. 맛집 이미지는 카메라 버튼을 클릭해서 직접 사진 촬영을 하거나 앨범을 선택해서 이미지를 고를 수 있다. 그리고 이미지에 대한 설명을 입력할 수 있게 화면을 구성할 것이지만, 이미지 설명을 보여주는 코드는 작성하지 않을 것이다. 이 기능은 독자 여러분들의 도전 과제로 남겨놓겠다.

그림 11-5 **맛집 이미지 등록 프래그먼트 화면**

BestFoodRegisterImageFragment 레이아웃 코드 작성하기

BestFoodRegisterImageFragment 레이아웃은 '이미지'와 '카메라' 버튼을 보여주는 영역과 이미지 설명을 입력할 수 있는 EditText 영역, 그리고 '이전' 버튼과 '완료' 버튼을 보여주는 하단 영역으로 구성되어 있다.

```xml
<?xml version="1.0" encoding="utf-8"?>
<RelativeLayout
    xmlns:android="http://schemas.android.com/apk/res/android"
    android:layout_width="match_parent"
    android:layout_height="match_parent"
    android:background="@color/bg_default"
    android:layout_margin="@dimen/spacing_small">

    <RelativeLayout
        android:layout_width="match_parent"
        android:layout_height="wrap_content"
        android:layout_gravity="center"
        android:layout_above="@+id/register_image_memo">

        <ImageView
            android:id="@+id/bestfood_image"
            android:layout_width="match_parent"
            android:layout_height="match_parent"
            android:background="@drawable/bg_round_gray"
            android:layout_margin="@dimen/spacing_large"
            android:layout_centerInParent="true"
            android:scaleType="fitCenter" />

        <ImageView
            android:id="@+id/bestfood_image_register"
            android:layout_width="48dp"
            android:layout_height="48dp"
            android:layout_alignParentBottom="true"
            android:layout_alignParentEnd="true"
            android:layout_marginBottom="4dp"
            android:layout_marginEnd="4dp"
            android:background="@drawable/button_circle"
            android:elevation="4dp"
            android:padding="8dp"
            android:scaleType="fitCenter"
            android:src="@drawable/ic_camera" />

    </RelativeLayout>

    <EditText
        android:id="@+id/register_image_memo"
        android:layout_width="match_parent"
        android:layout_height="wrap_content"
        android:layout_margin="@dimen/spacing_large"
        android:layout_above="@+id/bottom_layout"
        android:background="@drawable/bg_round"
        android:gravity="top"
        android:lines="7"
        android:maxLength="200"
```

```
            android:hint="@string/input_bestfood_image_memo"
            android:padding="@dimen/spacing_large"
            android:textSize="@dimen/text_size_small2" />

    <LinearLayout
        android:id="@+id/bottom_layout"
        android:layout_width="match_parent"
        android:layout_height="wrap_content"
        android:layout_alignParentBottom="true"
        android:orientation="horizontal">

        <Button
            android:id="@+id/prev"
            android:layout_width="match_parent"
            android:layout_height="wrap_content"
            android:layout_margin="@dimen/spacing_small"
            android:layout_weight="1"
            android:background="@drawable/button_round"
            android:text="@string/prev"
            android:textSize="@dimen/text_size_small2" />

        <Button
            android:id="@+id/complete"
            android:layout_width="match_parent"
            android:layout_height="wrap_content"
            android:layout_margin="@dimen/spacing_small"
            android:layout_weight="1"
            android:background="@drawable/button_round"
            android:text="@string/complete"
            android:textSize="@dimen/text_size_small2" />

    </LinearLayout>

</RelativeLayout>
```

'카메라' 버튼을 표시하는 이미지뷰는 alignParentBottom과 alignParentEnd를 true로 지정하여 해당 RelativeLayout 오른쪽 하단에 보이게 하고 있다. 그리고 이미지뷰에 설정된 scaleType은 이미지를 보여주는 방식을 설정하는 옵션이며, fitCenter 말고도 다른 여러 속성이 있으므로 살펴보기 바란다.

BestFoodRegisterImageFragment 자바 코드 작성하기

맛집 이미지를 등록할 수 있는 화면을 개발할 것이므로 '카메라' 버튼을 클릭해서 사진을 촬영하거나 갤러리에서 이미지를 선택할 수 있게 해야 한다. 또한, 촬영하거나 선택한 이미지를 서버에 보낼 수 있어야 한다. 일단, 전체 코드를 먼저 살펴보자.

코드 11-11 /java/com.mobitant.bestfood/BestFoodRegisterImageFragment.java

```java
package com.mobitant.bestfood;

import android.app.Activity;
import android.app.AlertDialog;
import android.content.Context;
import android.content.DialogInterface;
import android.content.Intent;
import android.graphics.Bitmap;
import android.graphics.drawable.Drawable;
import android.net.Uri;
import android.os.Bundle;
import android.os.Handler;
import android.os.Message;
import android.provider.MediaStore;
import android.support.v4.app.Fragment;
import android.view.LayoutInflater;
import android.view.View;
import android.view.ViewGroup;
import android.widget.EditText;
import android.widget.ImageView;

import com.mobitant.bestfood.item.ImageItem;
import com.mobitant.bestfood.lib.BitmapLib;
import com.mobitant.bestfood.lib.FileLib;
import com.mobitant.bestfood.lib.GoLib;
import com.mobitant.bestfood.lib.MyLog;
import com.mobitant.bestfood.lib.MyToast;
import com.mobitant.bestfood.lib.RemoteLib;
import com.mobitant.bestfood.lib.StringLib;
import com.mobitant.bestfood.remote.RemoteService;
import com.squareup.picasso.Picasso;
import com.squareup.picasso.Target;

import java.io.File;

/**
 * 맛집 이미지를 등록하는 액티비티
 */
public class BestFoodRegisterImageFragment extends Fragment implements View.
                                                            OnClickListener {
    private final String TAG = this.getClass().getSimpleName();
    public static final String INFO_SEQ = "INFO_SEQ";

    private static final int PICK_FROM_CAMERA = 0;
    private static final int PICK_FROM_ALBUM = 1;
```

```
Activity context;
int infoSeq;

File imageFile;
String imageFilename;

EditText imageMemoEdit;
ImageView infoImage;

ImageItem imageItem;

boolean isSavingImage = false;

/**
 * FoodInfoItem 객체를 인자로 저장하는
 * BestFoodRegisterInputFragment 인스턴스를 생성해서 반환한다.
 * @param infoSeq 서버에 저장한 맛집 정보에 대한 시퀀스.
 * @return BestFoodRegisterImageFragment 인스턴스
 */
public static BestFoodRegisterImageFragment newInstance(int infoSeq) {
    Bundle bundle = new Bundle();
    bundle.putInt(INFO_SEQ, infoSeq);

    BestFoodRegisterImageFragment f = new BestFoodRegisterImageFragment();
    f.setArguments(bundle);

    return f;
}

/**
 * 프래그먼트가 생성될 때 호출되며, 인자에 저장된 INFO_SEQ를 멤버 변수 infoSeq에 저장한다.
 * @param savedInstanceState 프래그먼트가 새로 생성되었을 경우, 이전 상태 값을 가지는 객체
 */
@Override
public void onCreate(Bundle savedInstanceState) {
    super.onCreate(savedInstanceState);

    if (getArguments() != null) {
        infoSeq = getArguments().getInt(INFO_SEQ);
    }
}

/**
 * fragment_bestfood_register_image.xml 기반으로 뷰를 생성한다.
 * @param inflater XML을 객체로 변환하는 LayoutInflater 객체
 * @param container null이 아니라면 부모 뷰
 * @param savedInstanceState null이 아니라면 이전에 저장된 상태를 가진 객체
 * @return 생성한 뷰 객체
 */
@Override
```

```java
public View onCreateView(LayoutInflater inflater, ViewGroup container, Bundle
                                                    savedInstanceState) {
    context = this.getActivity();
    View v = inflater.inflate(R.layout.fragment_bestfood_register_image,
                                                    container, false);


    return v;
}

/**
 * onCreateView() 메소드 뒤에 호출되며, 기본 정보 생성과 화면 처리를 한다.
 * @param view onCreateView() 메소드에 의해 반환된 뷰
 * @param savedInstanceState null이 아니라면 이전에 저장된 상태를 가진 객체
 */
@Override
public void onViewCreated(View view, Bundle savedInstanceState) {
    super.onViewCreated(view, savedInstanceState);

    imageItem = new ImageItem();
    imageItem.infoSeq = infoSeq;

    imageFilename = infoSeq + "_" + String.valueOf(System.currentTimeMillis());
    imageFile = FileLib.getInstance().getImageFile(context, imageFilename);

    infoImage = (ImageView) view.findViewById(R.id.bestfood_image);
    imageMemoEdit = (EditText) view.findViewById(R.id.register_image_memo);

    ImageView imageRegister = (ImageView) view.findViewById(R.id.bestfood_image_
                                                    register);
    imageRegister.setOnClickListener(this);

    view.findViewById(R.id.prev).setOnClickListener(this);
    view.findViewById(R.id.complete).setOnClickListener(this);
}

/**
 * 이미지를 촬영하고 그 결과를 받을 수 있는 액티비티를 시작한다.
 */
private void getImageFromCamera() {
    Intent intent = new Intent(MediaStore.ACTION_IMAGE_CAPTURE);
    intent.putExtra(MediaStore.EXTRA_OUTPUT, Uri.fromFile(imageFile));
    context.startActivityForResult(intent, PICK_FROM_CAMERA);
}

/**
 * 앨범으로부터 이미지를 선택할 수 있는 액티비티를 시작한다.
 */
private void getImageFromAlbum() {
    Intent intent = new Intent(Intent.ACTION_PICK);
    intent.setType(MediaStore.Images.Media.CONTENT_TYPE);
```

```
            context.startActivityForResult(intent, PICK_FROM_ALBUM);
    }

    /**
     * 클릭이벤트를 처리한다.
     * @param v 클릭한 뷰에 대한 정보
     */
    @Override
    public void onClick(View v) {
        if (v.getId() == R.id.bestfood_image_register) {
            showImageDialog(context);
        } else if (v.getId() == R.id.complete) {
            saveImage();
        } else if (v.getId() == R.id.prev) {
            GoLib.getInstance().goBackFragment(getFragmentManager());
        }
    }


    /**
     * 다른 액티비티를 실행한 결과를 처리하는 메소드
     * @param requestCode 액티비티를 실행하면서 전달한 요청 코드
     * @param resultCode 실행한 액티비티가 설정한 결과 코드
     * @param data 결과 데이터
     */
    @Override
    public void onActivityResult(int requestCode, int resultCode, Intent data) {
        super.onActivityResult(requestCode, resultCode, data);

        if (resultCode == Activity.RESULT_OK) {
            if (requestCode == PICK_FROM_CAMERA) {
                Picasso.with(context).load(imageFile).into(infoImage);

            } else if (requestCode == PICK_FROM_ALBUM && data != null) {
                Uri dataUri = data.getData();

                if (dataUri != null) {
                    Picasso.with(context).load(dataUri).into(infoImage);

                    Picasso.with(context).load(dataUri).into(new Target() {
                        @Override
                        public void onBitmapLoaded(Bitmap bitmap, Picasso.LoadedFrom
                                                                          from) {
                            BitmapLib.getInstance().saveBitmapToFileThread(imageUploa
                                                                          dHandler,
                                    imageFile, bitmap);
                            isSavingImage = true;
                        }

                        @Override
                        public void onBitmapFailed(Drawable errorDrawable) {
```

```
                    }

                    @Override
                    public void onPrepareLoad(Drawable placeHolderDrawable) {
                    }
                });
            }
        }
    }
}


/**
 * 사용자가 선택한 이미지와 입력한 메모를 ImageItem 객체에 저장한다.
 */
private  void setImageItem() {
    String imageMemo = imageMemoEdit.getText().toString();
    if (StringLib.getInstance().isBlank(imageMemo)) {
        imageMemo = "";
    }

    imageItem.imageMemo = imageMemo;
    imageItem.fileName = imageFilename + ".png";
}


/**
 * 이미지를 서버에 업로드한다.
 */
private void saveImage() {
    if (isSavingImage) {
        MyToast.s(context, R.string.no_image_ready);
        return;
    }
    MyLog.d(TAG, "imageFile.length() " + imageFile.length());

    if (imageFile.length() == 0) {
        MyToast.s(context, R.string.no_image_selected);
        return;
    }

    setImageItem();

    RemoteLib.getInstance().uploadFoodImage(infoSeq,
            imageItem.imageMemo, imageFile, finishHandler);
    isSavingImage = false;
}


/**
 * 이미지를 어떤 방식으로 선택할지에 대해 다이얼로그를 보여준다.
 * @param context 컨텍스트 객체
 */
```

```
public void showImageDialog(Context context) {
    new AlertDialog.Builder(context)
            .setTitle(R.string.title_bestfood_image_register)
            .setSingleChoiceItems(R.array.camera_album_category, -1,
                    new DialogInterface.OnClickListener() {
                @Override
                public void onClick(DialogInterface dialog, int which) {
                    if (which == 0) {
                        getImageFromCamera();
                    } else {
                        getImageFromAlbum();
                    }

                    dialog.dismiss();
                }
            }).show();
}

Handler imageUploadHandler = new Handler() {
    @Override
    public void handleMessage(Message msg) {
        super.handleMessage(msg);
        isSavingImage = false;
        setImageItem();
        Picasso.with(context).invalidate(RemoteService.IMAGE_URL + imageItem.
                                                                      fileName);
    }
};

Handler finishHandler = new Handler() {
    @Override
    public void handleMessage(Message msg) {
        super.handleMessage(msg);

        context.finish();
    }
};
}
```

이제 주요 코드에 대해서 하나씩 살펴보도록 하겠다.

```
imageFilename = infoSeq + "_" + String.valueOf(System.currentTimeMillis());
imageFile = FileLib.getInstance().getImageFile(context, imageFilename);
```

onViewCreated() 메소드는 프래그먼트의 뷰가 생성되었을 때 안드로이드에 의해 자동으로 호출되는 메소드이며, 위 코드를 포함하고 있다. 사용자가 카메라로 사진을 촬영하거나 앨범에서 사진을 선택했을 때 이미지를 저장하기 위한 파일을 미리 생성하기 위한 코드다.

```java
private void getImageFromCamera() {
    Intent intent = new Intent(MediaStore.ACTION_IMAGE_CAPTURE);
    intent.putExtra(MediaStore.EXTRA_OUTPUT, Uri.fromFile(imageFile));
    context.startActivityForResult(intent, PICK_FROM_CAMERA);
}
```

이 메소드는 안드로이드에서 카메라 앱을 실행해서 사진을 촬영한 후에 해당 이미지를 imageFile에 저장(MediaStore.EXTRA_OUTPUT)하고 그 결과를 onActivityResult( ) 메소드에 전달하라는 코드다. 그리고 PICK_FROM_CAMERA 상수는 getImageFromCamera( ) 메소드와 getImageFromAlbum( ) 메소드에서 실행한 액티비티의 결과를 받았을 때, onActivityResult( ) 메소드에서 카메라에서 촬영한 이미지인지 앨범에서 선택한 이미지인지를 구분하기 위한 상수다.

```java
private void getImageFromAlbum() {
    Intent intent = new Intent(Intent.ACTION_PICK);
    intent.setType(MediaStore.Images.Media.CONTENT_TYPE);
    context.startActivityForResult(intent, PICK_FROM_ALBUM);
}
```

이 메소드는 앨범을 열어서 이미지를 선택할 수 있는 앨범 액티비티를 실행하며, 앨범 액티비티는 onActivityResult( ) 메소드에 이미지 경로(Uri)만 전달한다. 그러므로 onActivityResult( ) 메소드에서는 PICK_FROM_ALBUM 요청에 대한 경로인지를 파악하고 이미지 경로를 얻은 후에 이를 파일로 저장해야 한다.

```java
@Override
public void onActivityResult(int requestCode, int resultCode, Intent data) {
```

onActivityResult( ) 메소드는 startActivityForResult( ) 메소드를 통해 실행된 액티비티의 결과를 받을 수 있는 메소드다. 그래서 PICK_FROM_CAMERA와 PICK_FROM_ALBUM 상수를 통해 어떤 액티비티의 결과인지를 파악할 수 있다. 또한, onActivityResult( ) 메소드의 resultCode가 Activity.RESULT_OK인지 아닌지를 확인해서 결과가 정상인지를 파악할 수 있다.

```
Picasso.with(context).load(dataUri).into(infoImage);

Picasso.with(context).load(dataUri).into(new Target() {
    @Override
    public void onBitmapLoaded(Bitmap bitmap, Picasso.LoadedFrom from) {
```

onActivityResult() 메소드에 작성된 이 코드는 앨범을 선택했을 때 호출되는 코드의 일부다.
앨범의 이미지에 대한 dataUri로 이미지를 불러서 화면에 보여주고, 해당 이미지를 서버로 전
송하기 전에 파일로 저장하고 있다. dataUri가 가리키는 이미지는 용량이 클 수도 있으므로 피
카소의 이미지 로딩을 처리해 주는 Target 클래스를 사용하고 있다. 이를 통해 이미지가 로딩
되었을 때 호출되는 onBitmapLoaded() 메소드에서 이미지를 파일에 저장할 수 있다.

11.6 노드 맛집 이미지 저장 코드 작성하기

이미지를 올리는 코드는 프로필 아이콘 이미지를 올리는 코드와 매우 유사하다. 파일을 저장
하는 위치와 관련 데이터를 bestfood_info_image 테이블에 추가하는 것만이 다르다. 먼저, 안
드로이드 호출 코드를 살펴보자.

코드 11-12 /java/com.mobitant.bestfood/remote/RemoteService.java

```
@Multipart
@POST("/food/info/image")
Call<ResponseBody> uploadFoodImage(@Part("info_seq") RequestBody infoSeq,
                                   @Part("image_memo") RequestBody imageMemo,
                                   @Part MultipartBody.Part file);
```

파일을 업로드해야 하기 때문에 @Multipart를 반드시 명시해야 한다. 그리고 서버로 전달하
는 변숫값은 @Part("info_seq") RequestBody처럼 선언해야 하며, 파일은 @Part MultipartBody.
Part로 선언해야 한다.

다음은 노드 코드다. 프로필 아이콘 이미지를 올리는 코드와 매우 유사하므로 추가적인 설명
은 하지 않겠다.

코드 11-13 /routes/food.js

```
//food/info/image
router.post('/info/image', function (req, res) {
  var form = new formidable.IncomingForm();
```

```
form.on('fileBegin', function (name, file){
  file.path = './public/img/' + file.name;
});

form.parse(req, function(err, fields, files) {
  var sql_insert = "insert into bestfood_info_image (info_seq, filename, image_
                                              memo) values (?, ?, ?);";

  db.get().query(sql_insert, [fields.info_seq, files.file.name, fields.image_memo],
                                              function (err, rows) {
    res.sendStatus(200);
  });
});
});
```

11.7 안드로이드 맛집 등록 액티비티를 메뉴에 연동하기

맛집 등록 액티비티를 왼쪽 메뉴에 연동하기 위해서는 템플릿을 통해 생성한 MainActivity의 onNavigationItemSelected( ) 메소드를 수정해야 한다. 사용자가 '맛집 등록' 메뉴를 클릭했을 때 해당 화면으로 이동해야 하므로 사용자가 클릭한 메뉴가 nav_register인지를 판단하고, 맞다면 GoLib를 사용해서 프로필 화면으로 이동하게 해야 한다. GoLib 라이브러리의 전체 코드에 대해서는 이 책의 [부록](298페이지)을 살펴보기 바란다.

코드 11-14 /java/com.mobitant.bestfood/MainActivity

```
public boolean onNavigationItemSelected(MenuItem item) {
...
    } else if (id == R.id.nav_register) {
        GoLib.getInstance().goBestFoodRegisterActivity(this);
...}
```

11.8 AndroidManifest.xml에 구글 맵 관련 설정 설정하기

구글 맵을 화면에 보여주기 위해서는 기본적으로 해야 하는 설정이 있다. 이에 대한 자세한 설명은 이 책의 [부록](338페이지)에서 살펴볼 수 있을 것이다. AndroidManifest.xml에는 uses-feature와 meta-data가 지정되어야 한다. 특히, meta-data의 value 속성은 구글 API 키를 직접 얻어서 지정해야 하므로 이 책의 부록을 참고해서 작성하기 바란다.

```xml
<?xml version="1.0" encoding="utf-8"?>
<manifest xmlns:android="http://schemas.android.com/apk/res/android"
    package="com.mobitant.bestfood">

    <uses-permission android:name="android.permission.CAMERA" />
    <uses-permission android:name="android.permission.READ_PHONE_STATE" />
    <uses-permission android:name="android.permission.ACCESS_FINE_LOCATION" />

    <uses-feature
        android:glEsVersion="0x00020000"
        android:required="true"/>

    <application
        android:allowBackup="true"
        android:icon="@mipmap/ic_launcher"
        android:label="@string/app_name"
        android:supportsRtl="true"
        android:name=".MyApp"
        android:theme="@style/AppTheme">
        <meta-data
            android:name="com.google.android.geo.API_KEY"
            android:value="개별 설정 필요" />

        <activity
            android:name=".PermissionActivity"
            android:label="@string/app_name"
            android:theme="@style/AppTheme.NoActionBar">
            <intent-filter>
                <action android:name="android.intent.action.MAIN" />
                <category android:name="android.intent.category.LAUNCHER" />
            </intent-filter>
        </activity>
        <activity android:name=".IndexActivity" />
        <activity android:name=".MainActivity" />

        <activity android:name=".BestFoodRegisterActivity" />

        <activity android:name=".ProfileActivity" />
        <activity android:name=".ProfileIconActivity" />
    </application>

</manifest>
```

기능 개선하기

1. **안드로이드에서 맛집 정보 저장 시 에러에 대한 처리 코드 작성하기**

   안드로이드에서는 맛집 정보를 서버에 저장하고 그 응답으로 일련번호를 받고 있다. 그런데 일련번호가 0이거나 숫자로 변경 시 에러가 발생한 경우는 서버에서 맛집 정보를 제대로 저장하지 못한 것이므로 이를 사용자에게 알리거나 다시 서버에 보내는 등의 처리를 할 수 있어야 한다. 이에 대해서 고민하고 코드를 변경해 보자.

2. **맛집 정보를 수정하거나 맛집 이미지를 등록하지 않았을 경우, 나중에 이미지를 등록할 수 있는 기능 추가하기**

   현재 코드는 맛집 정보를 두 단계에 걸쳐서 진행하고 있다. 가장 먼저 맛집 위치와 맛집 관련 정보를 한 번에 등록하고 맛집 이미지를 등록한다. 그러므로 사용자가 맛집 이미지를 등록하지 않고 맛집 정보 등록 화면을 빠져나갈 수 있다. 그러므로 나중에 본인이 등록한 맛집 리스트를 보여주고 해당 내용을 수정하거나 맛집 이미지를 등록할 수 있도록 하는 기능을 추가하는 것이 좋다.

12

안드로이드 맛집리스트 화면 구성하기

맛집 정보를 등록할 수 있는 화면을 구성했으니 이제는 사용자가 등록된 맛집 정보 리스트를 살펴볼 수 있는 화면을 구성해야 한다. 맛집리스트 화면은 맛집리스트를 '거리순', '인기순', '최근순'으로 보여줄 수 있어야 하며, 오른쪽 끝의 사각형 버튼을 클릭하면 리스트 형태를 한 개씩 순차적으로 보여주는 리니어(linear) 방식과 두 개를 지그재그로 보여주는 스태거드(staggered) 방식으로 변경할 수 있어야 한다. 여기서 '거리순'은 사용자의 위치와 맛집 위치를 계산해서 가장 가까운 순서로 보여주는 것을 의미하며, '인기순'은 가장 많은 사용자가 즐겨찾기를 한 순서로 보여주는 것을 의미한다. 그리고 '최근순'은 가장 최근에 등록한 순서로 보여주는 것을 의미한다.

그림 12-1 맛집리스트 화면

그림 12-1 맛집리스트 화면(계속)

12.1 안드로이드 맛집리스트 프래그먼트 작성하기

맛집리스트 프래그먼트를 작성하기 위해서는 해야 할 일이 매우 많다. 먼저, 프래그먼트의 레이아웃을 구성해야 하고 RecyclerView의 아이템을 보여줄 레이아웃을 작성해야 한다. 그리고 아이템을 보여줄 어댑터를 작성하고 레이아웃과 어댑터를 다루는 코드가 포함된 자바 코드도 작성해야 한다.

작성해야 할 파일을 나열해 보면 다음과 같다.

- /res/layout/fragment_bestfood_list.xml
- /res/layout/row_bestfood_list.xml
- /java/com.mobitant.bestfood/BestFoodListFragment.java
- /java/com.mobitant.bestfood/adapter/InfoListAdapter.java

BestFoodListFragment 레이아웃 코드 작성하기

레이아웃 XML에는 상단에 '거리순', '인기순', '최근순' 그리고 리스트 형태를 변경할 수 있는 아이콘이 들어갈 레이아웃이 있어야 하며, 이 레이아웃 바로 아래에는 RecyclerView가 배치되어야 한다. RecyclerView는 사용자에게 보여줄 아이템을 다양한 형태로 보여줄 수 있는 위젯이며, 안드로이드 5.0에 추가되었다. 그 전에는 ListView, GridView 등을 사용하였지만, 이제는 RecyclerView를 사용하는 것이 일반적이다. 레이아웃 XML에서 사용한 각종 리소스(문자열, 아이콘, 색상, 폰트 크기 등)는 이 책의 [부록](258페이지)을 살펴보기 바란다.

코드 12-1 **/res/layout/fragment_bestfood_list.xml**

```xml
<?xml version="1.0" encoding="utf-8"?>
<RelativeLayout xmlns:android="http://schemas.android.com/apk/res/android"
    android:orientation="vertical"
    android:layout_width="match_parent"
    android:layout_height="match_parent">

    <LinearLayout
        android:id="@+id/top_layout"
        android:layout_width="match_parent"
        android:layout_height="wrap_content"
        android:layout_marginTop="@dimen/spacing_small"
        android:gravity="center_vertical"
        android:orientation="horizontal">

        <TextView
            android:id="@+id/order_meter"
            android:layout_width="wrap_content"
            android:layout_height="wrap_content"
            android:layout_weight="1"
            android:gravity="center"
            android:text="@string/order_meter"
            android:textSize="@dimen/text_size_small2"
            android:textColor="@color/text_color_green"
            android:textStyle="bold"/>

        <TextView
            android:id="@+id/order_favorite"
            android:layout_width="wrap_content"
            android:layout_height="wrap_content"
            android:layout_weight="1"
            android:gravity="center"
            android:text="@string/order_favorite"
            android:textSize="@dimen/text_size_small2"
            android:textColor="@color/text_color_black"
            android:textStyle="bold"/>

        <TextView
            android:id="@+id/order_recent"
            android:layout_width="wrap_content"
            android:layout_height="wrap_content"
            android:layout_weight="1"
```

```
            android:gravity="center"
            android:text="@string/order_recent"
            android:textSize="@dimen/text_size_small2"
            android:textColor="@color/text_color_black"
            android:textStyle="bold"/>

        <ImageView
            android:id="@+id/list_type"
            android:layout_width="30dp"
            android:layout_height="30dp"
            android:padding="@dimen/spacing_small"
            android:src="@drawable/ic_list2"/>

    </LinearLayout>

    <android.support.v7.widget.RecyclerView
        android:id="@+id/list"
        android:layout_below="@+id/top_layout"
        android:layout_height="match_parent"
        android:layout_width="match_parent"
        android:dividerHeight="@dimen/spacing_small"/>

    <TextView
        android:id="@+id/no_data"
        android:layout_width="match_parent"
        android:layout_height="wrap_content"
        android:layout_below="@+id/top_layout"
        android:padding="@dimen/spacing_small"
        android:background="@color/text_color_red"
        android:gravity="center"
        android:visibility="gone"
        android:text="@string/no_data"
        android:textColor="@color/text_color_white"
        android:textSize="@dimen/text_size_small2"
        android:textStyle="bold"/>

</RelativeLayout>
```

BestFoodListFragment 아이템 레이아웃 코드 작성하기

이번에 작성할 row_bestfood_info.xml은 RecyclerView에서 각각의 아이템을 구성할 레이아웃을 정의하는 파일이다. RecyclerView에는 한 줄에 두 개의 아이템을 보여주는 스태거드 방식의 레이아웃(StaggeredGridLayout)을 지정하고, 사용자가 원한다면 한 줄에 한 개의 아이템을 볼 수도 있도록 변경하는 기능도 추가해야 한다.

그림 12-2 **BestFoodListFragment 아이템 레이아웃**

레이아웃은 카드뷰(CardView)로 구성하고, 이미지와 텍스트를 배치하기 위해 카드뷰 내부에 LinearLayout과 RelativeLayout을 사용하였다.

코드 12-2 **/res/layout/row_bestfood_list.xml**

```xml
<?xml version="1.0" encoding="utf-8"?>
<android.support.v7.widget.CardView
    xmlns:android="http://schemas.android.com/apk/res/android"
    xmlns:card_view="http://schemas.android.com/apk/res-auto"
    android:layout_width="match_parent"
    android:layout_height="wrap_content"
    android:foreground="?android:attr/selectableItemBackground"
    card_view:cardUseCompatPadding="true"
    card_view:cardCornerRadius="@dimen/cardview_round_basic">

    <LinearLayout
        android:layout_width="match_parent"
        android:layout_height="wrap_content"
        android:background="@android:color/white"
        android:gravity="center_vertical"
        android:orientation="vertical">

        <ImageView
            android:id="@+id/image"
            android:layout_width="match_parent"
            android:layout_height="150dp"
            android:scaleType="centerCrop" />

        <LinearLayout
            android:layout_width="match_parent"
            android:layout_height="wrap_content"
            android:padding="@dimen/spacing_medium"
            android:orientation="vertical"
```

```
            android:layout_gravity="top"
            android:gravity="top"  >

            <LinearLayout
                android:layout_width="match_parent"
                android:layout_height="wrap_content"
                android:gravity="center_vertical"
                android:layout_marginBottom="@dimen/spacing_small"
                android:orientation="horizontal">

                <TextView
                    android:id="@+id/name"
                    android:layout_width="0dp"
                    android:layout_height="wrap_content"
                    android:layout_weight="1"
                    android:gravity="start"
                    android:text="name"
                    android:textSize="@dimen/text_size_small2"
                    android:textColor="@color/text_color_black"
                    android:textStyle="bold" />

                <ImageView
                    android:id="@+id/keep"
                    android:layout_width="30dp"
                    android:layout_height="30dp"
                    android:src="@drawable/ic_keep_off"/>

            </LinearLayout>

            <TextView
                android:id="@+id/description"
                android:layout_width="match_parent"
                android:layout_height="match_parent"
                android:text="description"
                android:textSize="@dimen/text_size_small2"
                android:textColor="@color/text_color_gray"/>

        </LinearLayout>

    </LinearLayout>

</android.support.v7.widget.CardView>
```

BestFoodListFragment 자바 코드 작성하기

BestFoodListFragment는 맛집리스트를 보여주는 프래그먼트다. 맛집 아이템을 보여주기 위해서 리사이클러뷰(RecyclerView)를 사용하고 있으며, 리사이클러뷰의 레이아웃은

StaggeredGridLayoutManager를 사용한다. 그리고 사용자가 리사이클러뷰를 스크롤할 때 맛집 아이템을 계속해서 보여주기 위해서 EndlessRecyclerViewScrollListener를 설정하고 있다. 일단, 전체 코드를 보도록 하자.

코드 12-3 **/java/com.mobitant.bestfood/BestFoodListFragment.java**

```java
package com.mobitant.bestfood;

import android.content.Context;
import android.os.Bundle;
import android.support.v4.app.Fragment;
import android.support.v4.content.ContextCompat;
import android.support.v7.widget.RecyclerView;
import android.support.v7.widget.StaggeredGridLayoutManager;
import android.view.LayoutInflater;
import android.view.View;
import android.view.ViewGroup;
import android.widget.ImageView;
import android.widget.TextView;

import com.google.android.gms.maps.model.LatLng;
import com.mobitant.bestfood.adapter.InfoListAdapter;
import com.mobitant.bestfood.custom.EndlessRecyclerViewScrollListener;
import com.mobitant.bestfood.item.FoodInfoItem;
import com.mobitant.bestfood.item.GeoItem;
import com.mobitant.bestfood.lib.MyLog;
import com.mobitant.bestfood.remote.RemoteService;
import com.mobitant.bestfood.remote.ServiceGenerator;

import java.util.ArrayList;

import retrofit2.Call;
import retrofit2.Callback;
import retrofit2.Response;

/**
 * 맛집 정보 리스트를 보여주는 프래그먼트
 */
public class BestFoodListFragment extends Fragment implements View.OnClickListener {
    private final String TAG = this.getClass().getSimpleName();

    Context context;

    int memberSeq;

    RecyclerView bestFoodList;
    TextView noDataText;

    TextView orderMeter;
```

```java
TextView orderFavorite;
TextView orderRecent;

ImageView listType;

InfoListAdapter infoListAdapter;
StaggeredGridLayoutManager layoutManager;
EndlessRecyclerViewScrollListener scrollListener;

int listTypeValue = 2;
String orderType;

/**
 * BestFoodListFragment 인스턴스를 생성한다.
 * @return BestFoodListFragment 인스턴스
 */
public static BestFoodListFragment newInstance() {
    BestFoodListFragment f = new BestFoodListFragment();
    return f;
}


/**
 * fragment_bestfood_list.xml 기반으로 뷰를 생성한다.
 * @param inflater XML을 객체로 변환하는 LayoutInflater 객체
 * @param container null이 아니라면 부모 뷰
 * @param savedInstanceState null이 아니라면 이전에 저장된 상태를 가진 객체
 * @return 생성한 뷰 객체
 */
@Override
public View onCreateView(LayoutInflater inflater, ViewGroup container, Bundle
                                                    savedInstanceState) {

    context = this.getActivity();

    memberSeq = ((MyApp)this.getActivity().getApplication()).getMemberSeq();

    View layout = inflater.inflate(R.layout.fragment_bestfood_list, container,
                                                    false);

    return layout;
}

/**
 * 프래그먼트가 일시 중지 상태가 되었다가 다시 보여질 때 호출된다.
 * BestFoodInfoActivity가 실행된 후,
 * 즐겨찾기 상태가 변경되었을 경우 이를 반영하는 용도로 사용한다.
 */
@Override
public void onResume() {
    super.onResume();
```

```java
        MyApp myApp = ((MyApp) getActivity().getApplication());
        FoodInfoItem currentInfoItem = myApp.getFoodInfoItem();

        if (infoListAdapter != null && currentInfoItem != null) {
            infoListAdapter.setItem(currentInfoItem);
            myApp.setFoodInfoItem(null);
        }
    }


    /**
     * onCreateView() 메소드 뒤에 호출되며 화면 뷰들을 설정한다.
     * @param view onCreateView() 메소드에 의해 반환된 뷰
     * @param savedInstanceState null이 아니라면 이전에 저장된 상태를 가진 객체
     */
    @Override
    public void onViewCreated(View view, Bundle savedInstanceState) {
        super.onViewCreated(view, savedInstanceState);
        ((MainActivity) getActivity()).getSupportActionBar().setTitle(R.string.nav_
                                                                      list);

        orderType = Constant.ORDER_TYPE_METER;

        bestFoodList = (RecyclerView) view.findViewById(R.id.list);
        noDataText = (TextView) view.findViewById(R.id.no_data);
        listType = (ImageView) view.findViewById(R.id.list_type);

        orderMeter = (TextView) view.findViewById(R.id.order_meter);
        orderFavorite = (TextView) view.findViewById(R.id.order_favorite);
        orderRecent = (TextView) view.findViewById(R.id.order_recent);

        orderMeter.setOnClickListener(this);
        orderFavorite.setOnClickListener(this);
        orderRecent.setOnClickListener(this);
        listType.setOnClickListener(this);

        setRecyclerView();

        listInfo(memberSeq, GeoItem.getKnownLocation(), orderType, 0);
    }


    /**
     * 맛집 정보를 스태거드그리드레이아웃으로 보여주도록 설정한다.
     * @param row 스태거드그리드레이아웃에 사용할 열의 개수
     */
    private void setLayoutManager(int row) {
        layoutManager = new StaggeredGridLayoutManager(row,
                                        StaggeredGridLayoutManager.VERTICAL);
        layoutManager
                .setGapStrategy(StaggeredGridLayoutManager.GAP_HANDLING_MOVE_ITEMS_
```

```java
        bestFoodList.setLayoutManager(layoutManager);
    }

    /**
     * 리사이클러뷰를 설정하고 스크롤 리스너를 추가한다.
     */
    private void setRecyclerView() {
        setLayoutManager(listTypeValue);

        infoListAdapter = new InfoListAdapter(context,
                R.layout.row_bestfood_list, new ArrayList<FoodInfoItem>());
        bestFoodList.setAdapter(infoListAdapter);

        scrollListener = new EndlessRecyclerViewScrollListener(layoutManager) {
            @Override
            public void onLoadMore(int page, int totalItemsCount, RecyclerView view) {
                listInfo(memberSeq, GeoItem.getKnownLocation(), orderType, page);
            }
        };
        bestFoodList.addOnScrollListener(scrollListener);
    }

    /**
     * 서버에서 맛집 정보를 조회한다.
     * @param memberSeq 사용자 시퀀스
     * @param userLatLng 사용자 위도 경도 객체
     * @param orderType 맛집 정보 정렬 순서
     * @param currentPage 현재 페이지
     */
    private void listInfo(int memberSeq, LatLng userLatLng, String orderType, final
                                                        int currentPage) {
        RemoteService remoteService = ServiceGenerator.createService(RemoteService.
                                                                    class);

        Call<ArrayList<FoodInfoItem>> call = remoteService.listFoodInfo(memberSeq,
                userLatLng.latitude, userLatLng.longitude, orderType, currentPage);
        call.enqueue(new Callback<ArrayList<FoodInfoItem>>() {
            @Override
            public void onResponse(Call<ArrayList<FoodInfoItem>> call,
                                Response<ArrayList<FoodInfoItem>> response) {
                ArrayList<FoodInfoItem> list = response.body();

                if (response.isSuccessful() && list != null) {
                    infoListAdapter.addItemList(list);

                    if (infoListAdapter.getItemCount() == 0) {
                        noDataText.setVisibility(View.VISIBLE);
                    } else {
                        noDataText.setVisibility(View.GONE);
```

```
                }
            }
        }

        @Override
        public void onFailure(Call<ArrayList<FoodInfoItem>> call, Throwable t) {
            MyLog.d(TAG, "no internet connectivity");
            MyLog.d(TAG, t.toString());
        }
    });
}

/**
 * 각종 버튼에 대한 클릭 처리를 정의한다.
 * @param v 클릭한 뷰에 대한 정보
 */
@Override
public void onClick(View v) {
    if (v.getId() == R.id.list_type) {
        changeListType();

    } else {
        if (v.getId() == R.id.order_meter) {
            orderType = Constant.ORDER_TYPE_METER;

            setOrderTextColor(R.color.text_color_green,
                    R.color.text_color_black, R.color.text_color_black);

        } else if (v.getId() == R.id.order_favorite) {
            orderType = Constant.ORDER_TYPE_FAVORITE;

            setOrderTextColor(R.color.text_color_black,
                    R.color.text_color_green, R.color.text_color_black);

        } else if (v.getId() == R.id.order_recent) {
            orderType = Constant.ORDER_TYPE_RECENT;

            setOrderTextColor(R.color.text_color_black,
                    R.color.text_color_black, R.color.text_color_green);
        }

        setRecyclerView();
        listInfo(memberSeq, GeoItem.getKnownLocation(), orderType, 0);
    }
}

/**
 * 맛집 정보 정렬 방식의 텍스트 색상을 설정한다.
 * @param color1 거리순 색상
 * @param color2 인기순 색상
```

```
     * @param color3 최근순 색상
     */
    private void setOrderTextColor(int color1, int color2, int color3) {
        orderMeter.setTextColor(ContextCompat.getColor(context, color1));
        orderFavorite.setTextColor(ContextCompat.getColor(context, color2));
        orderRecent.setTextColor(ContextCompat.getColor(context, color3));
    }


    /**
     * 리사이클러뷰의 리스트 형태를 변경한다.
     */
    private void changeListType() {
        if (listTypeValue == 1) {
            listTypeValue = 2;
            listType.setImageResource(R.drawable.ic_list2);
        } else {
            listTypeValue = 1;
            listType.setImageResource(R.drawable.ic_list);

        }
        setLayoutManager(listTypeValue);
    }
}
```

이제 주요 코드를 살펴보도록 하자.

```
public void onResume() {
    super.onResume();

    MyApp myApp = ((MyApp) getActivity().getApplication());
    FoodInfoItem currentInfoItem = myApp.getFoodInfoItem();

    if (infoListAdapter != null && currentInfoItem != null) {
        infoListAdapter.setItem(currentInfoItem);
        myApp.setFoodInfoItem(null);
    }
}
```

onResume( ) 메소드는 프래그먼트 화면이 다시 보일 때 안드로이드가 호출하는 생명주기 메
소드다. 이 메소드에 이러한 코드를 작성한 이유는 사용자가 맛집 정보 액티비티(BestFoodInfo
Activity)를 실행한 후에 즐겨찾기 상태를 변경할 수 있으므로 이 변경사항을 감지하기 위해
서다. 그래서 BestFoodInfoActivity에서는 사용자가 즐겨찾기 상태를 변경하면 변경된 정
보를 포함한 맛집 정보(FoodInfoItem) 객체를 애플리케이션 객체(MyApp)에 저장하고 이를
BestFoodListFragment의 onResume( )에서 처리하는 것이다. 변경된 FoodInfoItem이 있다면

infoListAdapter에 전달하면 된다. 그리고 MyApp에서는 해당 정보를 삭제해야 한다.

```java
private void setLayoutManager(int row) {
    layoutManager = new StaggeredGridLayoutManager(row, StaggeredGridLayoutManager.
                                                        VERTICAL);
    layoutManager
            .setGapStrategy(StaggeredGridLayoutManager.GAP_HANDLING_MOVE_ITEMS_
                                                        BETWEEN_SPANS);
    bestFoodList.setLayoutManager(layoutManager);
}
```

setLayoutManager( ) 메소드에서는 리사이클러뷰에 사용할 레이아웃을 설정한다. 메소드의 인자로 넘어오는 row는 아이템을 한 줄에 몇 개를 보여줄지를 설정하며, 여기서는 사용자의 선택에 따라 1과 2가 지정될 것이다.

```java
private void setRecyclerView() {
    setLayoutManager(listTypeValue);

    infoListAdapter = new InfoListAdapter(context,
            R.layout.row_bestfood_list, new ArrayList<FoodInfoItem>());
    bestFoodList.setAdapter(infoListAdapter);

    scrollListener = new EndlessRecyclerViewScrollListener(layoutManager) {
        @Override
        public void onLoadMore(int page, int totalItemsCount, RecyclerView view) {
            listInfo(memberSeq, GeoItem.getKnownLocation(), orderType, page);
        }
    };
    bestFoodList.addOnScrollListener(scrollListener);
}
```

setRecyclerView( ) 메소드는 리사이클러뷰(RecyclerView)를 설정하고, 아이템을 스크롤할 때 계속해서 아이템을 로딩할 수 있도록 EndlessRecyclerViewScrollListener를 설정하고 있다. 생성한 EndlessRecyclerViewScrollListener를 리사이클러뷰에 설정하고 싶다면 addOnScrollListener( ) 메소드를 호출해야 한다. EndlessRecyclerViewScrollListener 클래스에 대한 설명과 소스 코드는 이 책의 [부록](309페이지)을 살펴보기 바란다.

```java
if (response.isSuccessful() && list != null) {
    infoListAdapter.addItemList(list);

    if (infoListAdapter.getItemCount() == 0) {
```

```
        noDataText.setVisibility(View.VISIBLE);
    } else {
        noDataText.setVisibility(View.GONE);
    }
}
```

응답을 제대로 받았고 아이템 리스트가 존재한다면 어댑터에 추가한다. 만약 아이템 리스트가 없다면 화면에 아이템이 없다는 메시지를 보여준다.

```
setRecyclerView();
listInfo(memberSeq, GeoItem.getKnownLocation(), orderType, 0);
```

onClick() 메소드에 작성된 코드다. 이 코드는 아이디가 R.id.order_meter, R.id.order_favorite, R.id.order_recent일 경우에 호출되며, 리사이클러뷰를 새로 설정한 후에 listInfo() 메소드를 호출한다.

```
private void setOrderTextColor(int color1, int color2, int color3) {
    orderMeter.setTextColor(ContextCompat.getColor(context, color1));
    orderFavorite.setTextColor(ContextCompat.getColor(context, color2));
    orderRecent.setTextColor(ContextCompat.getColor(context, color3));
}
```

setOrderTextColor() 메소드는 상단의 '거리순', '인기순', '최근순'을 클릭했을 때 색상을 변경하기 위해 작성한 메소드다.

```
private void changeListType() {
    if (listTypeValue == 1) {
        listTypeValue = 2;
        listType.setImageResource(R.drawable.ic_list2);
    } else {
        listTypeValue = 1;
        listType.setImageResource(R.drawable.ic_list);

    }
    setLayoutManager(listTypeValue);
}
```

changeListType() 메소드는 리스트 형태를 변경하는 아이콘을 클릭했을 때 호출되는 메소드다. 현재 listTypeValue에 따라 리스트를 어떻게 보여줄지를 설정하며, listTypeValue의 최초 값은 한 줄에 두 개의 아이템을 보여주도록 설정되어 있다.

BestFoodListFragment 어댑터 자바 코드 작성하기

이제 리사이클러뷰(RecyclerView)에서 아이템을 보여주기 위한 어댑터를 작성해야 한다. 어댑터는 리사이클러뷰에서 사용하는 아이템 레이아웃 XML에 데이터를 보여주기 위한 기능을 가지고 있다. 그래서 기본적으로 RecyclerView.Adapter 클래스를 상속해야 하며, 클래스 내부에 ViewHolder 클래스를 작성해야 한다. 뷰홀더(ViewHolder)는 말 그대로 뷰를 가지고 있는 클래스이며, 이 클래스의 뷰들이 곧 우리가 이전에 작성한 아이템 레이아웃(row_bestfood_list.xml)이다.

코드 12-4 **/java/com.mobitant.bestfood/adapter/InfoListAdapter.java**

```java
package com.mobitant.bestfood.adapter;

import android.content.Context;
import android.os.Handler;
import android.os.Message;
import android.support.v7.widget.RecyclerView;
import android.view.LayoutInflater;
import android.view.View;
import android.view.ViewGroup;
import android.widget.ImageView;
import android.widget.TextView;

import com.mobitant.bestfood.Constant;
import com.mobitant.bestfood.MyApp;
import com.mobitant.bestfood.R;
import com.mobitant.bestfood.item.FoodInfoItem;
import com.mobitant.bestfood.item.MemberInfoItem;
import com.mobitant.bestfood.lib.DialogLib;
import com.mobitant.bestfood.lib.GoLib;
import com.mobitant.bestfood.lib.MyLog;
import com.mobitant.bestfood.lib.StringLib;
import com.mobitant.bestfood.remote.RemoteService;
import com.squareup.picasso.Picasso;

import java.util.ArrayList;

/**
 * 맛집 정보 리스트의 아이템을 처리하는 어댑터
 */
public class InfoListAdapter extends RecyclerView.Adapter<InfoListAdapter.ViewHolder> {
    private final String TAG = this.getClass().getSimpleName();
```

```java
private Context context;
private int resource;
private ArrayList<FoodInfoItem> itemList;
private MemberInfoItem memberInfoItem;

/**
 * 어댑터 생성자
 * @param context 컨텍스트 객체
 * @param resource 아이템을 보여주기 위해 사용할 리소스 아이디
 * @param itemList 아이템 리스트
 */
public InfoListAdapter(Context context, int resource, ArrayList<FoodInfoItem>
                                                              itemList) {
    this.context = context;
    this.resource = resource;
    this.itemList = itemList;

    memberInfoItem = ((MyApp) context.getApplicationContext()).
                                                    getMemberInfoItem();
}


/**
 * 특정 아이템의 변경사항을 적용하기 위해 기본 아이템을 새로운 아이템으로 변경한다.
 * @param newItem 새로운 아이템
 */
public void setItem(FoodInfoItem newItem) {
    for (int i=0; i < itemList.size(); i++) {
        FoodInfoItem item = itemList.get(i);

        if (item.seq == newItem.seq) {
            itemList.set(i, newItem);
            notifyItemChanged(i);
            break;
        }
    }
}


/**
 * 현재 아이템 리스트에 새로운 아이템 리스트를 추가한다.
 * @param itemList 새로운 아이템 리스트
 */
public void addItemList(ArrayList<FoodInfoItem> itemList) {
    this.itemList.addAll(itemList);
    notifyDataSetChanged();
}

/**
 * 즐겨찾기 상태를 변경한다.
 * @param seq 맛집 정보 시퀀스
 * @param keep 즐겨찾기 추가 유무
 */
```

```
    */
    private void changeItemKeep(int seq, boolean keep) {
        for (int i=0; i < itemList.size(); i++) {
            if (itemList.get(i).seq == seq) {
                itemList.get(i).isKeep = keep;
                notifyItemChanged(i);
                break;
            }
        }
    }

    /**
     * 아이템 크기를 반환한다.
     * @return 아이템 크기
     */
    @Override
    public int getItemCount() {
        return this.itemList.size();
    }

    /**
     * 뷰홀더(ViewHolder)를 생성하기 위해 자동으로 호출된다.
     * @param parent 부모 뷰그룹
     * @param viewType 새로운 뷰의 뷰타입
     * @return 뷰홀더 객체
     */
    @Override
    public ViewHolder onCreateViewHolder(ViewGroup parent, int viewType) {
        View v = LayoutInflater.from(parent.getContext()).inflate(resource, parent,
                                                                   false);

        return new ViewHolder(v);
    }

    /**
     * 뷰홀더(ViewHolder)와 아이템을 리스트 위치에 따라 연동한다.
     * @param holder 뷰홀더 객체
     * @param position 리스트 위치
     */
    @Override
    public void onBindViewHolder(ViewHolder holder, int position) {
        final FoodInfoItem item = itemList.get(position);
        MyLog.d(TAG, "getView " + item);

        if (item.isKeep) {
            holder.keep.setImageResource(R.drawable.ic_keep_on);
        } else {
            holder.keep.setImageResource(R.drawable.ic_keep_off);
        }
```

```java
        holder.name.setText(item.name);
        holder.description.setText(StringLib.getInstance().getSubString(context,
                item.description, Constant.MAX_LENGTH_DESCRIPTION));

        setImage(holder.image, item.imageFilename);

        holder.itemView.setOnClickListener(new View.OnClickListener() {
            @Override
            public void onClick(View view) {
                GoLib.getInstance().goBestFoodInfoActivity(context, item.seq);
            }
        });

        holder.keep.setOnClickListener(new View.OnClickListener() {
            @Override
            public void onClick(View view) {
                if (item.isKeep) {
                    DialogLib.getInstance().showKeepDeleteDialog(context,
                            keepDeleteHandler, memberInfoItem.seq, item.seq);
                } else {
                    DialogLib.getInstance().showKeepInsertDialog(context,
                            keepInsertHandler, memberInfoItem.seq, item.seq);
                }
            }
        });
    }

    /**
     * 이미지를 설정한다.
     * @param imageView 이미지를 설정할 뷰
     * @param fileName 이미지 파일 이름
     */
    private void setImage(ImageView imageView, String fileName) {
        if (StringLib.getInstance().isBlank(fileName)) {
            Picasso.with(context).load(R.drawable.bg_bestfood_drawer).into(imageView);
        } else {
            Picasso.with(context).load(RemoteService.IMAGE_URL + fileName).
                                                            into(imageView);
        }
    }

    /**
     * 즐겨찾기 추가가 성공한 경우를 처리하는 핸들러
     */
    Handler keepInsertHandler = new Handler() {
        @Override
        public void handleMessage(Message msg) {
            super.handleMessage(msg);

            changeItemKeep(msg.what, true);
```

```
        }
    };

    /**
     * 즐겨찾기 삭제가 성공한 경우를 처리하는 핸들러
     */
    Handler keepDeleteHandler = new Handler() {
        @Override
        public void handleMessage(Message msg) {
            super.handleMessage(msg);

            changeItemKeep(msg.what, false);
        }
    };

    /**
     * 아이템을 보여주기 위한 뷰홀더 클래스
     */
    public class ViewHolder extends RecyclerView.ViewHolder {
        ImageView image;
        ImageView keep;
        TextView name;
        TextView description;

        public ViewHolder(View itemView) {
            super(itemView);

            image = (ImageView) itemView.findViewById(R.id.image);
            keep = (ImageView) itemView.findViewById(R.id.keep);
            name = (TextView) itemView.findViewById(R.id.name);
            description = (TextView) itemView.findViewById(R.id.description);
        }
    }
}
```

InfoListAdapter 클래스의 코드를 제대로 이해하려면 RecyclerView에 대해서 이해해야 한다. 만약 RecyclerView를 사용해 본 경험이 없다면 이 책의 [부록](326페이지)을 먼저 살펴보기 바란다.

```
public class InfoListAdapter extends RecyclerView.Adapter<InfoListAdapter.ViewHolder>
```

리사이클러뷰에서 사용할 InfoListAdapter 어댑터는 RecyclerView.Adapter를 상속하고 있으며, InfoListAdapter.ViewHolder 클래스를 제네릭(Generic)으로 지정하고 있다. 자바의 제네릭은 클래스에서 사용하는 데이터 타입을 자바 인스턴스를 생성할 때 확정하는 것을 의미하며, 이에 대해서는 다른 자바 서적들을 참고하기 바란다.

```
memberInfoItem = ((MyApp) context.getApplicationContext()).getMemberInfoItem();
```

InfoListAdapter( ) 생성자에 작성되어 있는 코드다. MyApp 객체에 저장되어 있는 사용자 정보를 얻어서 즐겨찾기를 추가하거나 삭제할 때 사용한다.

```java
public void setItem(FoodInfoItem newItem) {
    for (int i=0; i < itemList.size(); i++) {
        FoodInfoItem item = itemList.get(i);

        if (item.seq == newItem.seq) {
            itemList.set(i, newItem);
            notifyItemChanged(i);
            break;
        }
    }
}
```

setItem( ) 메소드는 아이템 리스트에서 특정 아이템을 새로 등록하는 역할을 한다. 그래서 아이템 리스트에 있는 아이템과 인자로 넘어온 아이템이 동일한지를 seq 값을 통해 확인하고, 동일하다면 새로운 아이템(newItem)을 아이템 리스트(itemList)에 저장한다. 그리고 이를 알려서 뷰에 적용하기 위해 notifyItemChanged(i) 메소드를 호출하고 있다.

```java
public void addItemList(ArrayList<FoodInfoItem> itemList) {
    this.itemList.addAll(itemList);
    notifyDataSetChanged();
}
```

사용자가 리사이클러뷰를 스크롤하면서 아이템을 추가 로딩할 때 호출되는 메소드다. 이 메소드에서는 서버에서 새로 받아온 아이템 리스트를 현재 아이템 리스트에 추가하는 역할을 한다. 그리고 새로운 아이템이 추가되었다는 것을 알리고 뷰에 적용하기 위해서 notifyDataSetChanged( ) 메소드를 호출하고 있다.

```java
private void changeItemKeep(int seq, boolean keep) {
    for (int i=0; i < itemList.size(); i++) {
        if (itemList.get(i).seq == seq) {
            itemList.get(i).isKeep = keep;
            notifyItemChanged(i);
```

```
            break;
        }
    }
}
```

changeItemKeep( ) 메소드는 아이템의 즐겨찾기 상태를 변경하기 위한 것이며, 이 메소드는
사용자가 즐겨찾기 상태를 변경했을 때 호출된다. 그래서 맛집 정보에 대한 일련번호(seq)로 같
은 아이템을 찾아서 즐겨찾기 상태만 변경하고 있다. notifyItemChanged( ) 메소드는 특정 위
치의 아이템의 상태를 변경해 주는 역할을 한다.

```
holder.keep.setOnClickListener(new View.OnClickListener() {
    @Override
    public void onClick(View view) {
        if (item.isKeep) {
            DialogLib.getInstance().showKeepDeleteDialog(context,
                    keepDeleteHandler, memberInfoItem.seq, item.seq);
        } else {
            DialogLib.getInstance().showKeepInsertDialog(context,
                    keepInsertHandler, memberInfoItem.seq, item.seq);
        }
    }
});
```

사용자가 즐겨찾기 이미지를 클릭했을 때를 처리하기 위한 코드다. 현재 즐겨찾기 상태일 경우
에 사용자가 클릭했다면 showKeepDeleteDialog( ) 메소드를 호출하고, 그렇지 않은 경우에는
showKeepInsertDialog( ) 메소드를 호출해서 즐겨찾기 상태를 변경하고 있다. 이때 처리 결과
를 알려주기 위해 keepDeleteHandler와 keepInsertHandler를 사용한다.

```
Handler keepInsertHandler = new Handler() {
    @Override
    public void handleMessage(Message msg) {
        super.handleMessage(msg);

        changeItemKeep(msg.what, true);
    }
};

Handler keepDeleteHandler = new Handler() {
    @Override
    public void handleMessage(Message msg) {
        super.handleMessage(msg);
```

```
        changeItemKeep(msg.what, false);
    }
};
```

keepDeleteHandler와 keepInsertHandler는 즐겨찾기 상태를 성공적으로 변경했을 때 KeepLib 클래스에서 호출하는 핸들러다. 그래서 두 개의 핸들러가 호출되면 changeItemKeep( ) 메소드가 호출되고, 넘어온 msg.what을 기반으로 리사이클러뷰의 아이템에 포함되어 있는 즐겨찾기 상태를 변경한다. 그리고 showKeepDeleteDialog( ) 메소드는 내부적으로 KeepLib 클래스의 insertKeep( ) 메소드를 호출해서 서버에 즐겨찾기로 추가하며, showKeepDeleteDialog( ) 메소드는 KeepLib 클래스의 deleteKeep( ) 메소드를 호출해서 즐겨찾기에서 제거한다. KeepLib 클래스에 대한 설명은 [부록](300페이지)을 살펴보기 바란다. 그리고 UI를 수정하는 용도로 사용되는 Handler에 대한 기본적인 사용법은 안드로이드 기초 서적을 참고하기 바란다.

12.2 노드 맛집리스트 조회 및 즐겨찾기 관련 코드 작성하기

이제 레트로핏(Retrofit)을 사용해서 노드 서버에서 데이터를 가지고 올 수 있도록 관련 코드를 작성해 보겠다. 가장 먼저 RemoteService.java에 다음과 같은 코드를 작성해야 한다.

코드 12-5 **/java/com.mobitant.bestfood/remote/RemoteService.java**

```
@GET("/food/list")
Call<ArrayList<FoodInfoItem>> listFoodInfo(@Query("member_seq") int memberSeq,
                                @Query("user_latitude") double userLatitude,
                                @Query("user_longitude") double userLongitude,
                                @Query("order_type") String orderType,
                                @Query("current_page") int currentPage);
```

GET 방식으로 서버를 호출하는 것이며, 메소드 인자는 @Query를 사용하여 인자 이름을 지정하면 된다. 이렇게 지정하면 실제로 호출되는 경로는 다음과 같다. 다음 경로에서 xxx는 메소드 인자의 실제 값으로 변환되어 호출된다.

```
/food/list?member_seq=xxx&user_latitude=xxx&user_longitude=xxx&order_type=
                                                xxx&current_page=xxx
```

다음은 노드 서버의 food.js 코드의 일부분이다. food.js의 전체 코드는 [부록](366페이지)에 있으며, 여기서는 listFoodInfo( ) 메소드가 호출하는 노드 함수만 살펴보도록 하겠다.

```
//food/list
router.get('/list', function(req, res, next) {
  var member_seq = req.query.member_seq;
  var user_latitude = req.query.user_latitude || DEFAULT_USER_LATITUDE;
  var user_longitude = req.query.user_longitude || DEFAULT_USER_LONGITUDE;
  var order_type = req.query.order_type;
  var current_page = req.query.current_page || 0;

  if (!member_seq) {
    return res.sendStatus(400);
  }

  var order_add = '';

  if (order_type) {
    order_add = order_type + ' desc, user_distance_meter';
  } else {
    order_add = 'user_distance_meter';
  }

  var start_page = current_page * LOADING_SIZE;


  var sql =
    "select a.*, " +
    " (( 6371 * acos( cos( radians(?) ) * cos( radians( latitude ) ) * cos( radians(
                                          longitude ) - radians(?) )  " +
    " + sin( radians(?) ) * sin( radians( latitude ) ) ) ) * 1000) AS user_distance_
                                                                       meter, " +
    "  if( exists(select * from bestfood_keep where member_seq = ? and info_seq =
                                          a.seq), 'true', 'false') as is_keep, " +
    "  (select filename from bestfood_info_image where info_seq = a.seq) as image_
                                                                  filename " +
    "from bestfood_info as a " +
    "order by " + order_add + " " +
    "limit ? , ? ; ";
  console.log("sql : " + sql);
  console.log("order_add : " + order_add);

  var params = [user_latitude, user_longitude, user_latitude, member_seq, start_page,
                                                                  LOADING_SIZE];

  db.get().query(sql, params, function (err, rows) {
      if (err) return res.sendStatus(400);

      console.log("rows : " + JSON.stringify(rows));
      res.status(200).json(rows);
  });
});
```

food.js의 코드 상단에는 다음과 같은 상수를 먼저 선언해야 한다.

```
var LOADING_SIZE = 20;
var DEFAULT_USER_LATITUDE = 37.566229;
var DEFAULT_USER_LONGITUDE = 126.977689;
```

DEFAULT_USER_LATITUDE와 DEFAULT_USER_LONGITUDE는 서울의 위도와 경도를 말하는 것이며, LOADING_SIZE는 데이터를 조회할 때 최대 조회 크기를 지정한 것이다.

```
var user_latitude = req.query.user_latitude || DEFAULT_USER_LATITUDE;
var user_longitude = req.query.user_longitude || DEFAULT_USER_LONGITUDE;
```

이 코드는 사용자의 req.query.user_latitude가 없다면 DEFAULT_USER_LATITUDE를 설정하라는 의미다. user_longitude도 마찬가지다.

```
if (order_type) {
  order_add = order_type + ' desc, user_distance_meter';
} else {
  order_add = 'user_distance_meter';
}
```

order_type은 정렬 순서를 의미하며, 안드로이드에서 '거리순', '인기순', '최근순'을 의미한다. 그래서 안드로이드에서 사용자가 선택한 정렬 순서에 따른 값을 "", "keep_cnt", "reg_date"의 값을 노드에 전달하며, 노드에서는 SQL문에서 처리하기 위해 정렬 순서가 있는 경우와 없는 경우를 구분해서 해당 영어 문자열로 ORDER BY에 지정할 코드를 만든다.

```
" (( 6371 * acos( cos( radians(?) ) * cos( radians( latitude ) ) * cos( radians(
                                        longitude ) - radians(?) )  " +
" + sin( radians(?) ) * sin( radians( latitude ) ) ) ) * 1000) AS user_distance_
                                                            meter, " +
```

이 코드는 SQL문의 일부 코드이며, 사용자의 거리부터 해당 맛집까지의 거리를 구하고 있다. 여기서 1000을 곱한 이유는 km가 아닌 m로 처리하기 위함이다. 이에 대한 추가적인 설명은 이 책의 [부록](386페이지)을 살펴보기 바란다.

지금부터는 선택한 아이템을 즐겨찾기에 추가하거나 삭제하는 코드를 작성해 보겠다. Remote Service.java 파일에 즐겨찾기를 추가하는 insertKeep( ) 메소드와 즐겨찾기에서 삭제하는

deleteKeep( ) 메소드를 선언해야 한다. 기본적으로 사용자 일련번호(memeberSeq)와 맛집 정보 일련번호(infoSeq)가 필요하다. 그리고 insertKeep( ) 메소드에는 @POST를 선언해서 POST 방식으로 서버 함수를 요청하게 만들 것이며, deleteKeep( ) 메소드에는 @DELETE를 선언해서 DELETE 방식으로 서버 함수를 요청하게 만들 것이다.

코드 12-7 **/java/com.mobitant.bestfood/remote/RemoteService.java**

```
@POST("/keep/{member_seq}/{info_seq}")
Call<String> insertKeep(@Path("member_seq") int memberSeq, @Path("info_seq") int
                                                              infoSeq);

@DELETE("/keep/{member_seq}/{info_seq}")
Call<String> deleteKeep(@Path("member_seq") int memberSeq, @Path("info_seq") int
                                                              infoSeq);
```

다음은 노드 코드다. 안드로이드의 insertKeep( ) 메소드는 노드에서 /keep/delete/:member_seq/:info_seq를 호출하며, deleteKeep( ) 메소드는 /keep/insert/:member_seq/:info_seq를 호출한다.

코드 12-8 **/routes/keep.js**

```
//keep/:member_seq/:info_seq
router.post('/:member_seq/:info_seq', function(req, res, next) {
    var member_seq = req.params.member_seq;
    var info_seq = req.params.info_seq;

    console.log(member_seq);
    console.log(info_seq);

    if (!member_seq || !info_seq) {
        return res.sendStatus(400);
    }

    var sql_select = "select count(*) as cnt from bestfood_keep where member_seq = ?
                                                      and info_seq = ?;";
    var sql_insert = "insert into bestfood_keep (member_seq, info_seq) values(?, ?);";
    var sql_update = "update bestfood_info set keep_cnt = keep_cnt+1 where seq = ? ";

    db.get().query(sql_select, [member_seq, info_seq], function (err, rows) {
        if (rows[0].cnt > 0) {
            return res.sendStatus(400);
        }

        db.get().query(sql_insert, [member_seq, info_seq], function (err, rows) {
            db.get().query(sql_update, info_seq, function (err, rows) {
```

```
                if (err) return res.sendStatus(400);
                res.sendStatus(200);
            });
        });
    });
});

//keep/:member_seq/:info_seq
router.delete('/:member_seq/:info_seq', function(req, res, next) {
    var member_seq = req.params.member_seq;
    var info_seq = req.params.info_seq;

    console.log(member_seq);
    console.log(info_seq);

    if (!member_seq || !info_seq) {
        return res.sendStatus(400);
    }

    var sql_delete = "delete from bestfood_keep where member_seq = ? and info_seq = ? ";
    var sql_update = "update bestfood_info set keep_cnt = keep_cnt-1 where seq = ? ";

    db.get().query(sql_delete, [member_seq, info_seq], function (err, rows) {
        db.get().query(sql_update, info_seq, function (err, rows) {
            if (err) return res.sendStatus(400);
            res.sendStatus(200);
        });
    });
});
```

두 개의 함수에서는 라우트 매개변수인 :member_seq와 :info_seq를 req.params로 받고 있다. 먼저, '/:member_seq/:info_seq'를 처리하는 post 함수는 사용자가 해당 맛집 정보를 즐겨찾기를 하고 있는지를 먼저 판단하고, 없다면 즐겨찾기 테이블인 bestfood_keep에 추가(insert)하고 맛집 정보 테이블인 bestfood_info에 즐겨찾기 개수를 수정(update)한다.

'/:member_seq/:info_seq'를 처리하는 delete 함수는 bestfood_keep 테이블에서 해당 정보를 삭제(delete)하고 bestfood_info 테이블에서 즐겨찾기 개수를 수정(update)한다.

13

안드로이드 맛집 정보 화면 구성하기

맛집 정보 화면은 맛집리스트 프래그먼트인 BestFoodListFragment에서 아이템을 클릭했을 때 실행되는 맛집 정보 상세 액티비티. 기본적인 사진과 맛집 이름 그리고 전화번호 등이 표시되며, 전체가 스크롤될 수 있어야 한다. 또한, 즐겨찾기 이미지를 클릭하면 즐겨찾기 상태가 변경되어야 하며, 현재 액티비티를 닫는 경우 이 액티비티를 실행한 맛집리스트 프래그먼트의 즐겨찾기 상태도 변경되어야 한다. 참고로, 맛집 정보 액티비티는 맛집리스트 프래그먼트뿐만 아니라 즐겨찾기 프래그먼트와 지도리스트 프래그먼트에서도 실행할 수 있어야 한다.

그림 13-1 맛집 정보 화면

13.1 안드로이드 맛집 정보 액티비티 작성하기

이제 본격적으로 맛집 정보 화면을 만들어 보겠다. 가장 먼저 맛집 정보 화면을 위한 레이아웃 XML을 작성하고 안드로이드 코드를 작성하면 된다. 하나씩 살펴보도록 하겠다.

BestFoodInfoActivity 레이아웃 코드 작성하기

레이아웃은 렐러티브레이아웃(RelativeLayout)을 기본으로 해서 툴바와 맛집 정보를 넣으면 된다. 툴바는 이미 작성한 것이 있기 때문에 include 태그로 다른 파일의 레이아웃을 사용하면 되고, 맛집 정보는 내용이 많기 때문에 스크롤뷰(ScrollView)를 사용해서 사용자가 내용을 스크롤하면서 볼 수 있게 해야 한다. 그리고 스크롤뷰는 반드시 한 개의 레이아웃만을 포함할 수 있기 때문에 맛집 정보의 여러 영역들을 한 개의 리니어레이아웃(LinearLayout)으로 구성해서 배치해야 한다. 그리고 맛집 정보를 서버에서 가지고 오는 데 시간이 걸릴 수도 있다. 그래서 로딩이 완료되기 전까지는 로딩 중임을 알릴 수 있는 레이아웃을 보여줄 수 있도록 하기 위해 레이아웃 하단에 include 태그로 loading_layout.xml을 배치하고 있다.

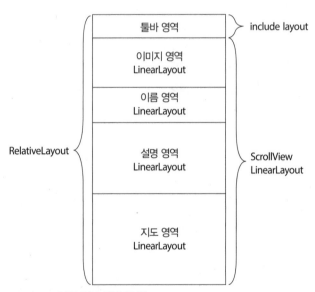

그림 13-2 맛집 정보 화면 구성

문자열, 이미지, 폰트 크기, 색상은 별도 리소스로 구성되어 있으며, 이에 대해서는 이 책의 [부록](258페이지)을 살펴보기 바란다.

```xml
<?xml version="1.0" encoding="utf-8"?>
<RelativeLayout xmlns:android="http://schemas.android.com/apk/res/android"
    android:layout_width="match_parent"
    android:layout_height="match_parent"
    android:background="@color/bg_default"
    android:focusable="true"
    android:focusableInTouchMode="true"
    android:orientation="vertical">

    <include
        android:id="@+id/toolbar_layout"
        layout="@layout/toolbar" />

    <ScrollView
        android:id="@+id/scroll_view"
        android:layout_width="match_parent"
        android:layout_below="@+id/toolbar_layout"
        android:fillViewport="true"
        android:layout_height="match_parent"
        android:scrollbars="none">

        <LinearLayout
            android:id="@+id/layout"
            android:layout_width="match_parent"
            android:layout_height="wrap_content"
            android:layout_margin="@dimen/spacing_small"
            android:background="@color/bg_default"
            android:paddingBottom="@dimen/text_size_medium"
            android:orientation="vertical">

            <LinearLayout
                android:layout_width="match_parent"
                android:layout_height="wrap_content"
                android:background="@drawable/bg_basic_gray">

                <ImageView
                    android:id="@+id/info_image"
                    android:layout_width="match_parent"
                    android:layout_height="200dp"
                    android:scaleType="fitCenter"/>

            </LinearLayout>

            <LinearLayout
                android:layout_width="match_parent"
                android:layout_height="wrap_content"
                android:layout_marginTop="@dimen/spacing_small"
                android:background="@drawable/bg_round"
                android:padding="@dimen/spacing_medium"
```

```xml
        android:orientation="vertical">

        <LinearLayout
            android:layout_width="match_parent"
            android:layout_height="wrap_content"
            android:gravity="center_vertical"
            android:orientation="horizontal">

            <TextView
                android:id="@+id/name"
                android:layout_width="0dp"
                android:layout_height="wrap_content"
                android:layout_weight="1"
                android:gravity="start"
                android:text=""
                android:textSize="@dimen/text_size_medium"
                android:textColor="@color/text_color_black"
                android:textStyle="bold" />

            <ImageView
                android:id="@+id/keep"
                android:layout_width="30dp"
                android:layout_height="30dp"
                android:src="@drawable/ic_keep_off" />

        </LinearLayout>

        <TextView
            android:id="@+id/tel"
            android:layout_width="match_parent"
            android:layout_height="wrap_content"
            android:layout_marginTop="@dimen/spacing_medium"
            android:drawableStart="@drawable/ic_tell"
            android:drawablePadding="@dimen/spacing_small"
            android:gravity="start|center_vertical"
            android:textSize="@dimen/text_size_small2"
            android:textColor="@color/text_color_black"
            android:textStyle="bold"/>

    </LinearLayout>

    <LinearLayout
        android:layout_width="match_parent"
        android:layout_height="wrap_content"
        android:layout_marginTop="@dimen/spacing_small"
        android:background="@drawable/bg_round"
        android:orientation="vertical"
        android:padding="@dimen/spacing_medium">

        <TextView
```

```
            android:layout_width="wrap_content"
            android:layout_height="wrap_content"
            android:gravity="start"
            android:text="@string/description"
            android:textColor="@color/text_color_green"
            android:textSize="@dimen/text_size_medium"
            android:textStyle="bold" />

        <TextView
            android:id="@+id/description"
            android:layout_width="match_parent"
            android:layout_height="wrap_content"
            android:layout_marginTop="@dimen/spacing_medium"
            android:gravity="start"
            android:text=""
            android:textSize="@dimen/text_size_small2"
            android:textColor="@color/text_color_black" />

    </LinearLayout>

    <LinearLayout
        android:layout_width="match_parent"
        android:layout_height="wrap_content"
        android:layout_marginTop="@dimen/spacing_small"
        android:background="@drawable/bg_round"
        android:orientation="vertical"
        android:padding="@dimen/spacing_medium">

        <LinearLayout
            android:layout_width="match_parent"
            android:layout_height="wrap_content"
            android:gravity="center_vertical"
            android:orientation="horizontal">

            <TextView
                android:layout_width="0dp"
                android:layout_height="wrap_content"
                android:layout_weight="1"
                android:gravity="start"
                android:text="@string/map"
                android:textColor="@color/text_color_green"
                android:textSize="@dimen/text_size_medium"
                android:textStyle="bold" />

            <TextView
                android:id="@+id/location"
                android:layout_width="wrap_content"
                android:layout_height="wrap_content"
                android:gravity="end"
                android:text="@string/location"
```

```
                    android:textSize="@dimen/text_size_small2"
                    android:textColor="@color/text_color_gray"
                    android:textStyle="bold"/>

            </LinearLayout>

            <TextView
                android:id="@+id/address"
                android:layout_width="wrap_content"
                android:layout_height="wrap_content"
                android:gravity="start"
                android:text="address"
                android:textSize="@dimen/text_size_small2"
                android:textColor="@color/text_color_black" />

            <fragment
                android:id="@+id/map"
                class="com.mobitant.bestfood.custom.WorkaroundMapFragment"
                android:layout_width="match_parent"
                android:layout_height="250dp"
                android:layout_margin="@dimen/spacing_small" />

        </LinearLayout>

    </LinearLayout>

</ScrollView>

<include android:id="@+id/loading_layout"
        layout="@layout/loading_layout" />
</RelativeLayout>
```

참고로, 프래그먼트에서 구글 맵을 표시하기 위해서는 com.google.android.gms.maps. SupportMapFragment를 class에 지정해야 한다. 하지만 스크롤뷰 안에서 구글 맵을 움직이게 하고 싶다면 위의 코드처럼 별도의 클래스를 만들어서 지정해야 한다. Workaround MapFragment 클래스와 loading_layout.xml 대해서는 이 책의 [부록](312페이지)와 [부록](267페이지)에서 살펴보기 바란다.

BestFoodInfoActivity 자바 코드 작성하기

BestFoodInfoActivity는 맛집 정보를 보여주는 액티비티다. 그래서 맛집 사진과 맛집 전화번호 등이 보여야 하며, 하단에는 맛집 위치를 표시한 지도가 보여야 한다. 전체 코드를 먼저 살펴보자.

```java
package com.mobitant.bestfood;

import android.content.Context;
import android.content.pm.PackageManager;
import android.os.Bundle;
import android.os.Handler;
import android.os.Message;
import android.support.v4.app.ActivityCompat;
import android.support.v4.app.FragmentManager;
import android.support.v7.app.ActionBar;
import android.support.v7.app.AppCompatActivity;
import android.support.v7.widget.Toolbar;
import android.view.Menu;
import android.view.MenuItem;
import android.view.View;
import android.widget.ImageView;
import android.widget.ScrollView;
import android.widget.TextView;

import com.google.android.gms.maps.CameraUpdateFactory;
import com.google.android.gms.maps.GoogleMap;
import com.google.android.gms.maps.OnMapReadyCallback;
import com.google.android.gms.maps.SupportMapFragment;
import com.google.android.gms.maps.UiSettings;
import com.google.android.gms.maps.model.CameraPosition;
import com.google.android.gms.maps.model.LatLng;
import com.google.android.gms.maps.model.MarkerOptions;
import com.mobitant.bestfood.custom.WorkaroundMapFragment;
import com.mobitant.bestfood.item.FoodInfoItem;
import com.mobitant.bestfood.lib.DialogLib;
import com.mobitant.bestfood.lib.EtcLib;
import com.mobitant.bestfood.lib.MyLog;
import com.mobitant.bestfood.lib.StringLib;
import com.mobitant.bestfood.remote.RemoteService;
import com.mobitant.bestfood.remote.ServiceGenerator;
import com.squareup.picasso.Picasso;

import retrofit2.Call;
import retrofit2.Callback;
import retrofit2.Response;

/**
 * 맛집 정보를 보는 액티비티다.
 */
public class BestFoodInfoActivity extends AppCompatActivity
        implements OnMapReadyCallback, View.OnClickListener {
    private final String TAG = this.getClass().getSimpleName();
    public static final String INFO_SEQ = "INFO_SEQ";
```

```java
Context context;

int memberSeq;
int foodInfoSeq;

FoodInfoItem item;
GoogleMap map;

View loadingText;
ScrollView scrollView;
ImageView keepImage;

/**
 * 맛집 정보를 보여주기 위해 사용자 시퀀스와 맛집 정보 시퀀스를 얻고
 * 이를 기반으로 서버에서 맛집 정보를 조회하는 메소드를 호출한다.
 */
@Override
protected void onCreate(Bundle savedInstanceState) {
    super.onCreate(savedInstanceState);
    setContentView(R.layout.activity_bestfood_info);

    context = this;

    loadingText = findViewById(R.id.loading_layout);

    memberSeq = ((MyApp)getApplication()).getMemberSeq();
    foodInfoSeq = getIntent().getIntExtra(INFO_SEQ, 0);
    selectFoodInfo(foodInfoSeq, memberSeq);

    setToolbar();
}

/**
 * 툴바를 설정한다.
 */
private void setToolbar() {
    Toolbar toolbar = (Toolbar) findViewById(R.id.toolbar);
    setSupportActionBar(toolbar);

    ActionBar actionBar = getSupportActionBar();

    if (actionBar != null) {
        actionBar.setDisplayHomeAsUpEnabled(true);
        actionBar.setTitle("");
    }
}

/**
 * 오른쪽 상단 메뉴를 구성한다.
 * 닫기 메뉴만이 설정되어 있는 menu_close.xml을 지정한다.
```

```java
        */
        @Override
        public boolean onCreateOptionsMenu(Menu menu) {
            getMenuInflater().inflate(R.menu.menu_close, menu);
            return true;
        }


        /**
         * 왼쪽 화살표 메뉴(android.R.id.home)를 클릭했을 때와
         * 오른쪽 상단 닫기 메뉴를 클릭했을 때의 동작을 지정한다.
         * 여기서는 모든 버튼이 액티비티를 종료한다.
         */
        @Override
        public boolean onOptionsItemSelected(MenuItem item) {
            switch (item.getItemId()) {
                case android.R.id.home :
                    finish();
                    break;
                case R.id.action_close :
                    finish();
                    break;
            }

            return super.onOptionsItemSelected(item);
        }


        /**
         * 서버에서 맛집 정보를 조회한다.
         * @param foodInfoSeq 맛집 정보 시퀀스
         * @param memberSeq 사용자 시퀀스
         */
        private void selectFoodInfo(int foodInfoSeq, int memberSeq) {
            RemoteService remoteService = ServiceGenerator.createService(RemoteService.
                                                                         class);
            Call<FoodInfoItem> call = remoteService.selectFoodInfo(foodInfoSeq, memberSeq);

            call.enqueue(new Callback<FoodInfoItem>() {
                @Override
                public void onResponse(Call<FoodInfoItem> call, Response<FoodInfoItem>
                                                                 response) {
                    FoodInfoItem infoItem = response.body();

                    if (response.isSuccessful() && infoItem != null && infoItem.seq > 0) {
                        item = infoItem;
                        setView();
                        loadingText.setVisibility(View.GONE);
                    } else {
                        loadingText.setVisibility(View.VISIBLE);
                        ((TextView) findViewById(R.id.loading_text)).setText(R.string.
                                                                            loading_not);
```

```java
            }
        }

        @Override
        public void onFailure(Call<FoodInfoItem> call, Throwable t) {
            MyLog.d(TAG, "no internet connectivity");
            MyLog.d(TAG, t.toString());
        }
    });
}

/**
 * 서버에서 조회한 맛집 정보를 화면에 설정한다.
 */
private void setView() {
    getSupportActionBar().setTitle(item.name);

    ImageView infoImage = (ImageView) findViewById(R.id.info_image);
    setImage(infoImage, item.imageFilename);

    TextView location = (TextView) findViewById(R.id.location);
    location.setOnClickListener(this);

    scrollView = (ScrollView) findViewById(R.id.scroll_view);

    FragmentManager fm = getSupportFragmentManager();
    WorkaroundMapFragment fragment = (WorkaroundMapFragment)
                                            fm.findFragmentById(R.id.map);
    if (fragment == null) {
        fragment = (WorkaroundMapFragment) SupportMapFragment.newInstance();
        fm.beginTransaction().replace(R.id.content_main, fragment).commit();
    }
    fragment.getMapAsync(this);

    fragment.setListener(new WorkaroundMapFragment.OnTouchListener() {
        @Override
        public void onTouch() {
            scrollView.requestDisallowInterceptTouchEvent(true);
        }
    });

    TextView nameText = (TextView) findViewById(R.id.name);
    if (!StringLib.getInstance().isBlank(item.name)) {
        nameText.setText(item.name);
    }

    keepImage = (ImageView) findViewById(R.id.keep);
    keepImage.setOnClickListener(this);
    if (item.isKeep) {
        keepImage.setImageResource(R.drawable.ic_keep_on);
```

```
    } else {
        keepImage.setImageResource(R.drawable.ic_keep_off);
    }

    TextView address = (TextView) findViewById(R.id.address);
    if (!StringLib.getInstance().isBlank(item.address)) {
        address.setText(item.address);
    } else {
        address.setVisibility(View.GONE);
    }

    TextView tel = (TextView) findViewById(R.id.tel);
    if (!StringLib.getInstance().isBlank(item.tel)) {
        tel.setText(EtcLib.getInstance().getPhoneNumberText(item.tel));
        tel.setOnClickListener(this);
    } else {
        tel.setVisibility(View.GONE);
    }

    TextView description = (TextView) findViewById(R.id.description);
    if (!StringLib.getInstance().isBlank(item.description)) {
        description.setText(item.description);
    } else {
        description.setText(R.string.no_text);
    }
}

/**
 * 구글 맵이 보여질 준비가 되었을 때 호출되는 메소드이며,
 * 서버에서 조회한 맛집 위도와 경도를 기반으로 지도를 표시한다.
 */
@Override
public void onMapReady(GoogleMap googleMap) {
    this.map = googleMap;

    if (ActivityCompat.checkSelfPermission(this, android.Manifest.permission.
                                            ACCESS_FINE_LOCATION)
        != PackageManager.PERMISSION_GRANTED) return;

    map.setMyLocationEnabled(true);

    UiSettings setting = map.getUiSettings();
    setting.setMyLocationButtonEnabled(true);
    setting.setCompassEnabled(true);
    setting.setZoomControlsEnabled(true);
    setting.setMapToolbarEnabled(true);

    MarkerOptions marker = new MarkerOptions();
    marker.position(new LatLng(item.latitude, item.longitude));
    marker.draggable(false);
```

```
        map.addMarker(marker);

        movePosition(new LatLng(item.latitude, item.longitude), Constant.MAP_ZOOM_
                                                            LEVEL_DETAIL);
    }

    /**
     * 즐겨찾기 버튼과 위치보기 버튼을 클릭했을 때의 동작을 정의한다.
     * @param v 클릭한 뷰에 대한 정보
     */
    @Override
    public void onClick(View v) {
        if (v.getId() == R.id.keep) {
            if (item.isKeep) {
                DialogLib.getInstance()
                        .showKeepDeleteDialog(context, keepHandler, memberSeq, item.
                                                                    seq);

                keepImage.setImageResource(R.drawable.ic_keep_off);
            } else {
                DialogLib.getInstance()
                        .showKeepInsertDialog(context, keepHandler, memberSeq, item.
                                                                    seq);

                keepImage.setImageResource(R.drawable.ic_keep_on);
            }
        } else if (v.getId() == R.id.location) {
            movePosition(new LatLng(item.latitude, item.longitude),
                    Constant.MAP_ZOOM_LEVEL_DETAIL);
        }
    }

    Handler keepHandler = new Handler() {
        @Override
        public void handleMessage(Message msg) {
            super.handleMessage(msg);

            item.isKeep = !item.isKeep;

            if (item.isKeep) {
                keepImage.setImageResource(R.drawable.ic_keep_on);
            } else {
                keepImage.setImageResource(R.drawable.ic_keep_off);
            }
        }
    };

    /**
     * 지정된 위치 정보와 줌레벨을 기반으로 지도를 표시한다.
     * @param latlng 위도, 경도 객체
     * @param zoomLevel 지도 줌레벨
     */
```

```java
private void movePosition(LatLng latlng, float zoomLevel) {
    CameraPosition cp = new CameraPosition.Builder().target((latlng)).
                                            zoom(zoomLevel).build();
    map.moveCamera(CameraUpdateFactory.newCameraPosition(cp));
}


/**
 * 맛집 이미지를 화면에 보여준다.
 * @param imageView 맛집 이미지를 보여줄 이미지뷰
 * @param fileName 서버에 저장된 맛집 이미지의 파일 이름
 */
private void setImage(ImageView imageView, String fileName) {
    if (StringLib.getInstance().isBlank(fileName)) {
        Picasso.with(context).load(R.drawable.bg_bestfood_drawer).into(imageView);
    } else {
        Picasso.with(context).load(RemoteService.IMAGE_URL + fileName).
                                            into(imageView);
    }
}


/**
 * 화면이 일시 정지 상태로 될 때 호출되며, 현재 아이템의 변경 사항을 저장한다.
 * 이는 BestFoodListFragment와 BestFoodKeepFragment에서 변경된 즐겨찾기 상태를 반영하는
 * 용도로 사용된다.
 */
@Override
protected void onPause() {
    super.onPause();
    ((MyApp) getApplication()).setFoodInfoItem(item);
}
}
```

전체 코드를 살펴봤으니 이제 주요 코드를 살펴보도록 하자.

```java
memberSeq = ((MyApp)getApplication()).getMemberSeq();
foodInfoSeq = getIntent().getIntExtra(INFO_SEQ, 0);
selectFoodInfo(foodInfoSeq, memberSeq);
```

onCreate( ) 메소드에 작성한 코드이며, selectFoodInfo( ) 메소드는 맛집 정보를 서버에서 가지고 오는 메소드다. 서버에서 맛집 정보를 가지고 올 때는 사용자 일련번호(memberSeq)를 함께 주고 있는데, 그 이유는 사용자의 즐겨찾기 유무를 가지고 오기 위해서다. 그리고 foodInfoSeq 는 맛집 일련번호이며, 맛집리스트 프래그먼트나 지도리스트 프래그먼트에서 사용자가 선택한 맛집 일련번호가 넘어올 것이다. 그래서 이 값을 이용하면 서버에서 맛집 세부 정보를 조회해 올 수 있다.

```
FoodInfoItem infoItem = response.body();

if (response.isSuccessful() && infoItem != null && infoItem.seq > 0) {
    item = infoItem;
    setView();
    loadingText.setVisibility(View.GONE);
} else {
    loadingText.setVisibility(View.VISIBLE);
    ((TextView) findViewById(R.id.loading_text)).setText(R.string.loading_not);
}
```

서버에서 맛집 정보를 조회하는 selectFoodInfo( ) 메소드의 일부 코드다. 이 코드에서는 서버
응답이 성공적(상태 코드가 200)이고, 전달받은 infoItem이 null이 아니고 seq가 0보다 클 경우
에만 정상적인 응답이라고 가정해서 setView( ) 메소드를 호출하고 있다. 그리고 그 외의 경우
는 비정상적인 경우로 가정하고 화면에 '잠시 후에 다시 시도해 주세요'(R.string.loading_not) 문
자열을 출력한다.

```
FragmentManager fm = getSupportFragmentManager();
WorkaroundMapFragment fragment = (WorkaroundMapFragment) fm.findFragmentById(R.
                                                                        id.map);
if (fragment == null) {
    fragment = (WorkaroundMapFragment) SupportMapFragment.newInstance();
    fm.beginTransaction().replace(R.id.content_main, fragment).commit();
}
fragment.getMapAsync(this);

fragment.setListener(new WorkaroundMapFragment.OnTouchListener() {
    @Override
    public void onTouch() {
        scrollView.requestDisallowInterceptTouchEvent(true);
    }
});
```

setView( ) 메소드 내에 있는 일부 코드다. 이 코드에서 사용한 WorkaroundMapFragment
클래스는 지도 처리를 위한 SupportMapFragment가 스크롤뷰 안에 있을 경우 스크롤이 제
대로 동작하지 않는 문제를 해결하기 위한 클래스다. 기본적으로 동일한 동작을 하면서 스
크롤 내에서도 사용자가 구글 맵을 움직일 수 있도록 하는 처리가 포함되어 있다. 기본 원
리는 사용자가 구글 맵 영역에서 터치로 구글 맵을 이동시키면 구글 맵을 포함하고 있는 스
크롤뷰의 스크롤을 사용하지 않게 하는 것이다. 그래서 WorkaroundMapFragment 클래스
의 setListener( ) 메소드를 호출해서 WorkaroundMapFragment의 OnTouchListener를 설정

하고 있으며, 이 인터페이스의 onTouch( ) 메소드에서는 scrollView.requestDisallowIntercept
TouchEvent(true) 메소드를 호출해서 스크롤뷰의 터치를 처리하지 못하게 하고 있다. fragment.
getMapAsync(this) 메소드는 지도 준비가 완료되면 onMapReady( ) 메소드를 호출해 주
는 메소드이며, onMapReady( ) 메소드를 작성하기 위해서는 이 메소드가 선언되어 있는
OnMapReadyCallback( ) 인터페이스를 구현해야 한다.

```
if (ActivityCompat.checkSelfPermission(this, android.Manifest.permission.ACCESS_FINE_
                                                                              LOCATION)
        != PackageManager.PERMISSION_GRANTED) return;
```

안드로이드 6.0부터 새로 도입된 권한 처리 방침에 의해 몇몇 권한을 사용하기 전에는
checkSelfPermission( ) 메소드를 호출해서 해당 권한을 보유하고 있는지를 확인해야 한다. 현
재는 GPS로 위치 파악을 해야 하기 때문에 ACCESS_FINE_LOCATION 권한을 확인해야
한다.

```
UiSettings setting = map.getUiSettings();
setting.setMyLocationButtonEnabled(true);
setting.setCompassEnabled(true);
setting.setZoomControlsEnabled(true);
setting.setMapToolbarEnabled(true);
```

구글 맵의 UI를 설정하는 코드다. setMyLocationButtonEnabled( ) 메소드는 내 위치를 보여주
는 버튼을 보여줄지를 결정하며, setCompassEnabled( ) 메소드는 나침반을 보여줄지를 결정한
다. setZoomControlsEnabled( )와 setMapToolbarEnabled( ) 메소드는 줌 콘트롤러와 지도 툴바
의 표시 여부를 결정한다.

```
MarkerOptions marker = new MarkerOptions();
marker.position(new LatLng(item.latitude, item.longitude));
marker.draggable(false);
map.addMarker(marker);
```

지도에 표시되는 마커를 설정하는 코드다. 마커의 위치를 설정하고(position) 마커의 드래그 유
무를 설정(draggable)한다. 그리고 addMarker( ) 메소드는 설정한 마커를 지도에 표시하는 역할
을 한다.

```
private void movePosition(LatLng latlng, float zoomLevel) {
    CameraPosition cp = new CameraPosition.Builder().target((latlng)).zoom(zoomLevel).
                                                                            build();
    map.moveCamera(CameraUpdateFactory.newCameraPosition(cp));
}
```

movePosition( ) 메소드는 지정된 위경도(latlng)와 줌레벨(zoomLevel)을 설정한 CameraPosition
에 기반해서 카메라를 해당 지역으로 이동시킨다. 즉, 카메라가 이동한다는 것은 지도가 이동
하는 것을 의미한다.

```
if (item.isKeep) {
    DialogLib.getInstance()
            .showKeepDeleteDialog(context, keepHandler, memberSeq, item.seq);
    keepImage.setImageResource(R.drawable.ic_keep_off);
} else {
    DialogLib.getInstance()
            .showKeepInsertDialog(context, keepHandler, memberSeq, item.seq);
    keepImage.setImageResource(R.drawable.ic_keep_on);
}
```

onClick( ) 메소드에 작성한 코드이며, 사용자가 즐겨찾기 버튼을 클릭했을 때 호출된다.
showKeepDeleteDialog( ) 메소드와 showKeepInsertDialog( ) 메소드는 KeepLib 클래스의
insertKeep( ) 메소드와 deleteKeep( ) 메소드를 호출하여 즐겨찾기를 추가하거나 삭제하는 처리
를 하는 메소드다. 실제로는 서버와 연관되어 있으며, 이에 대한 설명은 맛집리스트 화면을 구
성하는 페이지에서 살펴보기 바란다.

```
protected void onPause() {
    super.onPause();
    ((MyApp) getApplication()).setFoodInfoItem(item);
}
```

onPause( ) 메소드는 현재 액티비티가 다른 화면에 의해 보이지 않게 되었을 때 호출되는 메소
드다. 이 메소드에서는 MyApp 클래스의 setFoodInfoItem( ) 메소드를 호출해서 현재 맛집 정
보(item)를 저장한다. 이 객체를 저장하는 이유는 현재 액티비티를 호출한 곳에서 변경된 사항을
적용시킬 수 있게 하기 위함이다. 물론, 맛집 정보 객체(item)가 변경되었을 경우에만 설정하는
것이 가장 좋지만, 현재 코드에서는 변경 유무에 상관없이 저장하고 있다.

AndroidManifest.xml에 BestFoodInfoActivity 추가하기

AndroidManifest.xml에 BestFoodInfoActivity를 추가한다.

코드 13-3 **AndroidManifest.xml**

```
...
<activity android:name=".BestFoodInfoActivity"/>
...
```

13.2 노드 맛집 정보 조회 코드 작성하기

이제 노드에서 맛집 정보를 조회하고 반환할 수 있는 함수를 작성해야 한다. /food/info/{info_seq} 라우트를 처리할 수 있게 작성해야 하며, 요청 URL로 넘어온 정보를 기반으로 서버에서 조회해야 한다. 먼저, 안드로이드에서 호출하는 코드를 살펴보자.

코드 13-4 **/java/com.mobitant.bestfood/remote/RemoteService.java**

```
@GET("/food/info/{info_seq}")
Call<FoodInfoItem> selectFoodInfo(@Path("info_seq") int foodInfoSeq,
                                  @Query("member_seq") int memberSeq);
```

selectFoodInfo( ) 메소드는 GET 방식으로 /food/info/{info_seq}를 호출하며, {info_seq}는 인자로 넘어온 @Path("info_seq") int foodInfoSeq 값으로 치환된다. 실제 인자로는 foodInfoSeq로 넘어오고 @Path("info_seq")로 인해 info_seq로 접근할 수 있게 되며, 이 값은 {info_seq} 자리에 치환된다. 그리고 memberSeq 인자 값은 URL에 member_seq로 전달된다. 그래서 selectFoodInfo(1, 3)으로 메소드를 호출했다면 서버에 전달되는 경로는 /food/info/1?member_seq=3이 될 것이다.

이제 서버에 작성된 노드 코드를 살펴보도록 하자.

코드 13-5 **/routes/food.js**

```
//food/info/:seq
router.get('/info/:seq', function(req, res, next) {
  var seq = req.params.seq;
  var member_seq = req.query.member_seq;

  var sql =
    "select a.*, " +
```

```
    "  '0' as user_distance_meter, " +
    "  if( exists(select * from bestfood_keep where member_seq = ? and a.seq = info_
                                    seq), 'true', 'false') as is_keep, " +
    "  (select filename from bestfood_info_image where info_seq = a.seq order by seq
                                    limit 1) as image_filename " +
    "from bestfood_info as a " +
    "where seq = ? ; ";
    console.log("sql : " + sql);

    db.get().query(sql, [member_seq, seq], function (err, rows) {
        if (err) return res.sendStatus(400);;

        console.log("rows : " + JSON.stringify(rows));
        res.json(rows[0]);
    });
});
```

작성된 코드가 많지 않기 때문에 어려운 코드는 별로 보이지 않는다. SQL 관련 코드 몇 가지만 살펴보도록 하겠다.

```
if( exists(select * from bestfood_keep where member_seq = ? and a.seq = info_seq),
                                    'true', 'false') as is_keep
```

사용자가 즐겨찾기 한 맛집 정보가 bestfood_keep 테이블에 저장되어 있는지를 확인하고 있다면 true를 반환하고, 없다면 false를 반환한다.

```
(select filename from bestfood_info_image where info_seq = a.seq order by seq limit 1)
                                    as image_filename
```

bestfood_info_image 테이블에서 이미지를 한 개만(limit 1) 조회하고 있다. 만약 여러 개의 이미지를 조회하는 코드로 변경하고 싶다면 질의문을 별도로 만들어서 이미지 리스트를 반환할 수 있게 해야 한다.

1. 오동작에 대해 사용자에게 알림하기

현재 InfoListAdapter 클래스에서는 즐겨찾기를 추가하거나 삭제했을 때 제대로 처리하지 못한 경우에 로그를 남기고 있다. 하지만 로그는 사용자에게 의미가 없으므로 로그 대신 적당한 메시지를 사용자에게 보여줘야 한다. 이렇게 할 수 있도록 코드를 수정해 보자.

2. 맛집 이미지와 맛집 설명을 함께 보여주기

액티비티 상단에는 맛집 이미지를 출력하고 있다. 그런데 맛집 이미지를 등록할 때는 맛집에 대한 설명도 등록할 수 있기 때문에 이미지와 설명이 함께 출력되는 것이 더 좋을 것이다. 그러므로 이미지 하단에 투명 블랙 상자를 넣거나 하단에 별도로 표시하거나 해서 이미지 설명을 넣어 화면을 개선해 보자.

3. 맛집 이미지를 여러 개 보여주기

액티비티 상단의 맛집 이미지는 현재 한 개만 보인다. 하지만 일반적으로 이미지는 여러 개를 등록하고 이를 보여줄 때도 ViewPager 등을 사용해서 여러 개를 보여주는 것이 사용자에게는 더 좋을 것이다. 그러므로 대표 이미지 외의 다른 이미지도 등록할 수 있게 만들고, 맛집 정보 액티비티(BestFoodInfoActivity)에서는 등록된 모든 이미지를 볼 수 있게 개선해 보자.

4. 사용자와 조회한 맛집 간의 거리 추가하기

서버 쪽 노드 코드에서는 현재 사용자와 조회한 맛집 간의 거리를 조회하고 있지 않다. 단순히 0이라는 값만 반환하고 있으며, 안드로이드에서도 거리를 표시하고 있지 않다. 안드로이드와 서버 코드를 변경해서 사용자의 현재 위치부터 맛집 위치까지의 거리를 계산해서 액티비티 화면에 보여주도록 하자.

5. 맛집에 대한 댓글과 별점 기능 추가하기

다른 사용자와 커뮤니케이션하기 위한 기능이 없기 때문에 맛집 정보 화면에 댓글을 쓰거나 별점을 남길 수 있는 기능을 추가해서 서로 다른 사용자끼리 정보를 주고받을 수 있도록 해 보자.

지도리스트 화면은 사용자가 맛집 정보를 지도에서 위치를 보면서 찾을 수 있게 한 것이다. 그래서 지도를 움직이면서 맛집 정보를 살펴볼 수 있으며, '목록보기' 버튼을 클릭해서 현재 보이는 맛집 정보를 리스트 형태로 볼 수도 있다. 그리고 맛집리스트에서는 본인의 위치와의 거리를 볼 수 있으며, 지도에 표시된 원은 지도상에서 맛집을 표시하는 영역을 의미한다.

그림 14-1 **지도리스트 화면**

14.1 안드로이드 지도리스트 프래그먼트 작성하기

지도리스트 프래그먼트를 작성하기 위해서는 기본적인 레이아웃뿐만 아니라 리사이클러뷰 (RecyclerView)의 아이템 레이아웃과 관련 어댑터 클래스를 작성해야 한다. 그래서 실제로 작성해야 하는 파일을 정리하면 다음과 같다.

- /res/layout/fragment_bestfood_map.xml
- /res/layout/row_bestfood_map.xml
- /java/com.mobitant.bestfood/BestFoodMapFragment.java
- /java/com.mobitant.bestfood/adapter/MapListAdapter.java

BestFoodMapFragment 레이아웃 코드 작성하기

BestFoodMapFragment의 레이아웃 XML은 구글 맵을 보여줄 수 있는 프래그먼트와 맛집리스트를 보여주는 리사이클러뷰(RecyclerView)로 구성된다. 구글 맵은 안드로이드에서 제공하는 com.google.android.gms.maps.SupportMapFragment를 그대로 지정하면 된다.

코드 14-1 **/res/layout/fragment_bestfood_map.xml**

```xml
<?xml version="1.0" encoding="utf-8"?>
<RelativeLayout xmlns:android="http://schemas.android.com/apk/res/android"
    android:layout_width="match_parent"
    android:layout_height="match_parent"
    android:focusable="true"
    android:focusableInTouchMode="true">

    <fragment
        android:id="@+id/map"
        android:name="com.google.android.gms.maps.SupportMapFragment"
        android:layout_width="match_parent"
        android:layout_height="match_parent" />

    <android.support.v7.widget.RecyclerView
        android:id="@+id/list"
        android:layout_width="200dp"
        android:layout_height="match_parent"
        android:padding="@dimen/spacing_small"
        android:layout_above="@+id/list_open"
        android:layout_alignParentEnd="true"
        android:visibility="gone"/>

    <Button
```

```
                android:id="@+id/list_open"
                android:layout_width="wrap_content"
                android:layout_height="wrap_content"
                android:layout_marginBottom="@dimen/spacing_large"
                android:layout_alignParentBottom="true"
                android:layout_centerHorizontal="true"
                android:background="@drawable/button_round_green"
                android:text="@string/list_open"
                android:textColor="@color/text_color_black"
                android:textSize="@dimen/text_size_small2"/>

    </RelativeLayout>
```

BestFoodMapFragment 아이템 레이아웃 코드 작성하기

아이템 레이아웃은 지도리스트 화면에서 '목록보기' 버튼을 클릭했을 때 보이는 리사이클러뷰
(RecyclerView)에서 아이템을 보여주기 위해 사용하는 레이아웃을 의미한다. 상단에는 이미지
를 배치하고 아래에는 맛집 이름과 사용자로부터의 거리 그리고 맛집에 관한 설명을 배치할
것이다.

그림 14-2 BestFoodMapFragment 아이템 레이아웃

전체적으로는 맛집리스트에서 사용한 레이아웃과 매우 유사하다. 그러므로 특별히 설명하지
않아도 바로 이해할 수 있을 것이다.

코드 14-2 **/res/layout/row_bestfood_map.xml**

```
<?xml version="1.0" encoding="utf-8"?>
<android.support.v7.widget.CardView
```

```xml
    xmlns:android="http://schemas.android.com/apk/res/android"
    xmlns:card_view="http://schemas.android.com/apk/res-auto"
    android:layout_width="match_parent"
    android:layout_height="wrap_content"
    android:foreground="?android:attr/selectableItemBackground"
    card_view:cardUseCompatPadding="true"
    card_view:cardCornerRadius="@dimen/cardview_round_basic">

    <LinearLayout
        android:layout_width="match_parent"
        android:layout_height="wrap_content"
        android:background="@android:color/white"
        android:gravity="center_vertical"
        android:orientation="vertical">

        <RelativeLayout
            android:layout_width="match_parent"
            android:layout_height="150dp">

            <ImageView
                android:id="@+id/image"
                android:layout_width="match_parent"
                android:layout_height="150dp"
                android:layout_centerHorizontal="true"
                android:scaleType="centerCrop" />

        </RelativeLayout>

        <LinearLayout
            android:layout_width="match_parent"
            android:layout_height="wrap_content"
            android:padding="@dimen/spacing_small2"
            android:orientation="vertical"
            android:layout_gravity="top"
            android:gravity="top" >

            <LinearLayout
                android:layout_width="match_parent"
                android:layout_height="wrap_content"
                android:gravity="center_vertical"
                android:layout_marginBottom="@dimen/spacing_small"
                android:orientation="horizontal">

                <TextView
                    android:id="@+id/name"
                    android:layout_width="0dp"
                    android:layout_height="wrap_content"
                    android:layout_weight="1"
                    android:gravity="start"
                    android:text="name"
```

```
                android:textSize="@dimen/text_size_small2"
                android:textColor="@color/text_color_black"
                android:textStyle="bold" />

            <TextView
                android:id="@+id/distance_meter"
                android:layout_width="wrap_content"
                android:layout_height="wrap_content"
                android:gravity="end"
                android:text="km"
                android:textSize="@dimen/text_size_small2"
                android:textColor="@color/text_color_black" />

        </LinearLayout>

        <TextView
            android:id="@+id/description"
            android:layout_width="match_parent"
            android:layout_height="match_parent"
            android:text="description"
            android:textSize="@dimen/text_size_small2"
            android:textColor="@color/text_color_gray"/>

    </LinearLayout>

</LinearLayout>

</android.support.v7.widget.CardView>
```

BestFoodMapFragment 자바 코드 작성하기

BestFoodMapFragment는 이전에 살펴본 BestFoodInfoActivity와 유사한 코드가 상당히 많다. 특히, 지도와 관련된 부분은 유사한 것들이 매우 많으므로 BestFoodInfoActivity를 아직 살펴보지 않았다면 해당 내용을 먼저 살펴보기 바란다.

코드 14-3 **/java/com.mobitant.bestfood/BestFoodMapFragment.java**

```
package com.mobitant.bestfood;

import android.content.Context;
import android.content.pm.PackageManager;
import android.os.Bundle;
import android.support.v4.app.ActivityCompat;
import android.support.v4.app.Fragment;
import android.support.v4.app.FragmentManager;
import android.support.v7.widget.LinearLayoutManager;
```

```
import android.support.v7.widget.RecyclerView;
import android.view.LayoutInflater;
import android.view.View;
import android.view.ViewGroup;
import android.widget.Button;
import android.widget.Toast;

import com.google.android.gms.maps.CameraUpdateFactory;
import com.google.android.gms.maps.GoogleMap;
import com.google.android.gms.maps.OnMapReadyCallback;
import com.google.android.gms.maps.SupportMapFragment;
import com.google.android.gms.maps.UiSettings;
import com.google.android.gms.maps.model.CameraPosition;
import com.google.android.gms.maps.model.CircleOptions;
import com.google.android.gms.maps.model.LatLng;
import com.google.android.gms.maps.model.Marker;
import com.google.android.gms.maps.model.MarkerOptions;
import com.mobitant.bestfood.adapter.MapListAdapter;
import com.mobitant.bestfood.item.FoodInfoItem;
import com.mobitant.bestfood.item.GeoItem;
import com.mobitant.bestfood.lib.GeoLib;
import com.mobitant.bestfood.lib.GoLib;
import com.mobitant.bestfood.lib.MyLog;
import com.mobitant.bestfood.lib.MyToast;
import com.mobitant.bestfood.remote.RemoteService;
import com.mobitant.bestfood.remote.ServiceGenerator;

import java.util.ArrayList;
import java.util.HashMap;

import retrofit2.Call;
import retrofit2.Callback;
import retrofit2.Response;

/**
 * 지도에서 맛집 위치를 보여주는 프래그먼트
 */
public class BestFoodMapFragment extends Fragment
        implements OnMapReadyCallback, GoogleMap.OnMarkerClickListener,
                    GoogleMap.OnMapClickListener, GoogleMap.OnCameraMoveListener {
    private final String TAG = this.getClass().getSimpleName();

    Context context;

    int memberSeq;
    GoogleMap map;

    LatLng currentLatLng;
    int distanceMeter = 640;
    int currentZoomLevel = Constant.MAP_ZOOM_LEVEL_DETAIL;
```

```java
boolean isOnList = false;

Toast zoomGuideToast;

private HashMap<Marker, FoodInfoItem> markerMap = new HashMap<>();

RecyclerView list;
MapListAdapter adapter;
ArrayList<FoodInfoItem> infoList = new ArrayList<>();

Button listOpen;

/**
 * BestFoodMapFragment 인스턴스를 생성해서 반환한다.
 * @return BestFoodMapFragment 인스턴스
 */
public static BestFoodMapFragment newInstance() {
    BestFoodMapFragment f = new BestFoodMapFragment();
    return f;
}

/**
 * fragment_bestfood_map.xml 기반으로 뷰를 생성한다.
 * @param inflater XML을 객체로 변환하는 LayoutInflater 객체
 * @param container null이 아니라면 부모 뷰
 * @param savedInstanceState null이 아니라면 이전에 저장된 상태를 가진 객체
 * @return 생성한 뷰 객체
 */
@Override
public View onCreateView(LayoutInflater inflater, ViewGroup container, Bundle
                                                        savedInstanceState) {

    context = this.getActivity();

    memberSeq = ((MyApp)this.getActivity().getApplication()).getMemberSeq();

    View v = inflater.inflate(R.layout.fragment_bestfood_map, container, false);

    return v;
}

/**
 * onCreateView() 메소드 뒤에 호출되며 구글 맵을 화면에 보여준다.
 * 그리고 화면 구성을 위한 작업을 한다.
 * @param view onCreateView() 메소드에 의해 반환된 뷰
 * @param savedInstanceState null이 아니라면 이전에 저장된 상태를 가진 객체
 */
@Override
public void onViewCreated(View view, Bundle savedInstanceState) {
    super.onViewCreated(view, savedInstanceState);
```

```java
        ((MainActivity) getActivity()).getSupportActionBar().setTitle(R.string.nav_map);

        FragmentManager fm = getChildFragmentManager();
        SupportMapFragment fragment = (SupportMapFragment) fm.findFragmentById(R.id.
                                                                             map);

        if (fragment == null) {
            fragment = SupportMapFragment.newInstance();
            fm.beginTransaction().replace(R.id.map, fragment).commit();
        }
        fragment.getMapAsync(this);

        list = (RecyclerView) view.findViewById(R.id.list);
        adapter = new MapListAdapter(context, R.layout.row_bestfood_map, infoList);
        LinearLayoutManager layoutManager
                = new LinearLayoutManager(context, LinearLayoutManager.VERTICAL, false);
        list.setLayoutManager(layoutManager);
        list.setAdapter(adapter);

        listOpen = (Button) view.findViewById(R.id.list_open);
        listOpen.setOnClickListener(new View.OnClickListener() {
            @Override
            public void onClick(View v) {
                if (adapter.getItemCount() == 0) {
                    MyToast.s(context, context.getResources().getString(R.string.no_
                                                                        list));

                    return;
                }
                setInfoList(!isOnList);
            }
        });
    }

    /**
     * 오른쪽 상단에 맛집 목록을 보여주는 버튼을 현재 상태 on 인자에 기반하여 설정한다.
     * @param on 현재 버튼 상태가 목록보기라면 true, 목록닫기라면 false
     */
    private void setInfoList(boolean on) {
        if (!on) {
            isOnList = false;
            list.setVisibility(View.GONE);
            listOpen.setText(R.string.list_open);
        } else {
            isOnList = true;
            list.setVisibility(View.VISIBLE);
            listOpen.setText(R.string.list_close);
        }
    }

    /**
     * 구글 맵이 준비되었을 때 호출되며, 구글 맵을 설정하고 기본 마커를 추가하는 작업을 한다.
```

```java
 * @param map 구글 맵 객체
 */
@Override
public void onMapReady(GoogleMap map) {
    this.map = map;

    map.setInfoWindowAdapter(null);

    map.setOnMarkerClickListener(this);

    String fineLocationPermission = android.Manifest.permission.ACCESS_FINE_
                                                        LOCATION;

    if (ActivityCompat.checkSelfPermission(context, fineLocationPermission)
            != PackageManager.PERMISSION_GRANTED) return;

    map.setMyLocationEnabled(true);

    map.setOnMapClickListener(this);
    map.setOnCameraMoveListener(this);

    UiSettings setting = map.getUiSettings();
    setting.setMyLocationButtonEnabled(true);
    setting.setCompassEnabled(true);
    setting.setZoomControlsEnabled(true);
    setting.setMapToolbarEnabled(false);

    MyLog.d(TAG, GeoItem.getKnownLocation().toString());

    if (GeoItem.getKnownLocation() != null) {
        movePosition(GeoItem.getKnownLocation(), Constant.MAP_ZOOM_LEVEL_DETAIL);
    }
    showList();
}

/**
 * 구글 맵에서 마커가 클릭되었을 때 호출된다.
 * @param marker 클릭한 마커에 대한 정보를 가진 객체
 * @return 마커 이벤트를 처리했다면 true, 그렇지 않다면 false
 */
@Override
public boolean onMarkerClick(Marker marker) {
    FoodInfoItem item = markerMap.get(marker);
    GoLib.getInstance().goBestFoodInfoActivity(context, item.seq);
    return true;
}

/**
 * 구글 맵의 카메라를 위도와 경도 그리고 줌레벨을 기반으로 이동한다.
 * @param latlng 위도, 경도 객체
```

```java
 * @param zoomLevel 줌레벨
 */
private void movePosition(LatLng latlng, float zoomLevel) {
    CameraPosition cp = new CameraPosition.Builder().target((latlng)).
                                            zoom(zoomLevel).build();
    map.moveCamera(CameraUpdateFactory.newCameraPosition(cp));
}


/**
 * 사용자가 맵을 클릭했을 때 하단 버튼이 목록보기 상태라면 목록닫기 상태로 변경한다.
 * @param latLng 위도, 경도 객체
 */
@Override
public void onMapClick(LatLng latLng) {
    setInfoList(false);
}


/**
 * 주어진 정보를 기반으로 맛집 정보를 조회하고 지도에 표시한다.
 * @param memberSeq 사용자 시퀀스
 * @param latLng 위도, 경도 객체
 * @param distance 거리
 * @param userLatLng 사용자 현재 위도, 경도 객체
 */
private void listMap(int memberSeq, LatLng latLng, int distance, LatLng
                                            userLatLng) {
    RemoteService remoteService = ServiceGenerator.createService(RemoteService.
                                            class);

    Call<ArrayList<FoodInfoItem>> call = remoteService.listMap(memberSeq, latLng.
                                            latitude,
        latLng.longitude, distance, userLatLng.latitude, userLatLng.
                                            longitude);

    call.enqueue(new Callback<ArrayList<FoodInfoItem>>() {
        @Override
        public void onResponse(Call<ArrayList<FoodInfoItem>> call,
                        Response<ArrayList<FoodInfoItem>> response) {
            ArrayList<FoodInfoItem> list = response.body();

            if (list == null) {
                list = new ArrayList<>();
            }

            if (response.isSuccessful()) {
                setMap(list);
                infoList = list;
            } else {
                MyLog.d(TAG, "not success");
            }
        }
```

```
        @Override
        public void onFailure(Call<ArrayList<FoodInfoItem>> call, Throwable t) {
        }
    });
}


/**
 * 맛집리스트를 지도에 표시하는 메소드를 호출하고 지도에서 원을 그린다.
 * @param list 맛집리스트
 */
private void setMap(ArrayList<FoodInfoItem> list) {
    if (map != null && list != null) {
        map.clear();
        addMarker(list);
    }
    adapter.setItemList(list);
    drawCircle(currentLatLng);
}


/**
 * 맛집리스트를 지도에 추가한다.
 * @param list 맛집리스트
 */

private void addMarker(ArrayList<FoodInfoItem> list) {
    MyLog.d(TAG, "addMarker list.size() " + list.size());

    if (list == null || list.size() == 0) return;

    for (FoodInfoItem item : list) {
        MyLog.d(TAG, "addMarker " + item);
        if (item.latitude != 0 && item.longitude != 0) {
            Marker marker = map.addMarker(getMarker(item));

            markerMap.put(marker, item);
        }
    }
}


/**
 * FoodInfoItem으로 지도에 표시할 마커를 생성한다.
 * @param item 맛집 정보 아이템 객체
 * @return 지도에 표시할 마커 객체
 */
private MarkerOptions getMarker(FoodInfoItem item) {
    final MarkerOptions marker = new MarkerOptions();
    marker.position(new LatLng(item.latitude, item.longitude));
    marker.title(item.name);
    marker.snippet(item.tel);
    marker.draggable(false);
```

```java
        return marker;
    }

    /**
     * 맛집 마커를 표시할 수 있는 원을 지도에 그린다.
     * @param position 위도, 경도 객체
     */
    private void drawCircle(LatLng position) {
        double radiusInMeters = distanceMeter;
        int strokeColor = 0x440000ff;
        int shadeColor = 0x110000ff;

        CircleOptions circleOptions
                = new CircleOptions().center(position).radius(radiusInMeters)
                        .fillColor(shadeColor).strokeColor(strokeColor).strokeWidth(4);
        map.addCircle(circleOptions);
    }

    /**
     * 지도를 움직일 경우 맛집 정보를 조회해서 화면에 표시할 수 있도록 한다.
     */
    @Override
    public void onCameraMove() {
        showList();
    }

    /**
     * 지도를 일정 레벨 이상 확대했을 경우, 해당 위치에 있는 맛집리스트를 서버에 요청한다.
     */
    private void showList() {
        currentZoomLevel = (int) map.getCameraPosition().zoom;
        currentLatLng = map.getCameraPosition().target;

        if (currentZoomLevel < Constant.MAP_MAX_ZOOM_LEVEL) {

            map.clear();

            if (zoomGuideToast != null) {
                zoomGuideToast.cancel();
            }
            zoomGuideToast = Toast.makeText(context
                                , getResources().getString(R.string.message_zoom_
                                                                level_max_over)
                                , Toast.LENGTH_SHORT);
            zoomGuideToast.show();

            return;
        }

        distanceMeter = GeoLib.getInstance().getDistanceMeterFromScreenCenter(map);
```

```
                listMap(memberSeq, currentLatLng, distanceMeter, GeoItem.getKnownLocation());
        }
    }
```

BestFoodMapFragment 클래스는 프래그먼트로 동작하기 위해서 Fragment 클래스를 상
속하고 있으며, 구글 맵과 관련해서 다양한 처리를 하기 위해서 OnMapReadyCallback,
GoogleMap.OnMarkerClickListener, GoogleMap.OnMapClickListener, GoogleMap.
OnCameraMoveListener 인터페이스를 구현하고 있다. 이러한 인터페이스가 구현하고 있는 메
소드를 정리하면 다음과 같다.

인터페이스	메소드
OnMapReadyCallback	void onMapReady(GoogleMap map);
GoogleMap.OnMapClickListener	void onMapClick(LatLng latLng);
GoogleMap.OnMarkerClickListener	boolean onMarkerClick(Marker marker);
GoogleMap.OnCameraMoveListener	void onCameraMove();

이제 주요 코드를 하나씩 살펴보도록 하겠다.

```
list = (RecyclerView) view.findViewById(R.id.list);
adapter = new MapListAdapter(context, R.layout.row_bestfood_map, infoList);
LinearLayoutManager layoutManager
        = new LinearLayoutManager(context, LinearLayoutManager.VERTICAL, false);
list.setLayoutManager(layoutManager);
list.setAdapter(adapter);
```

onViewCreated() 메소드에 작성한 코드이며, '목록보기' 버튼을 클릭했을 때 보이는 리사이클
러뷰(RecyclerView)를 설정하는 코드다. 리사이클러뷰에서 사용할 MapListAdapter를 설정하
고 아이템을 위에서 아래로 보여주기 위해서 LinearLayoutManager를 설정하고 있다. 물론,
StaggeredGridLayoutManager를 사용해서 설정할 수도 있을 것이다.

```
listOpen = (Button) view.findViewById(R.id.list_open);
listOpen.setOnClickListener(new View.OnClickListener() {
    @Override
    public void onClick(View v) {
        if (adapter.getItemCount() == 0) {
            MyToast.s(context, context.getResources().getString(R.string.no_list));
            return;
```

```
        }
        setInfoList(!isOnList);
    }
});
```

onViewCreated() 메소드에 작성한 코드이며, '목록보기' 버튼에 대한 클릭 이벤트를 처리하는 코드다. 사용자가 '목록보기' 버튼을 클릭했을 때 보여줄 아이템이 없다면 목록이 없다는 메시지를 보여주고, 아이템이 있다면 setInfoList() 메소드를 호출해서 적당한 처리를 해야 한다. setInfoList() 메소드에 대해서는 메소드 상단에 작성되어 있는 문서화 주석을 살펴보기 바란다.

```
map.setInfoWindowAdapter(null);
```

onMapReady() 메소드에 작성되어 있는 코드다. InfoWindow는 마커 상단에 보이는 윈도우를 의미하며, 마커에 대한 추가 정보를 보여주는 용도로 사용된다. 하지만 우리는 InfoWindow를 설정하지 않을 것이며, 사용자가 마커를 클릭했을 때 BestFoodInfoActivity를 실행해서 맛집 정보를 바로 보여줄 것이다. 그래서 setInfoWindowAdapter() 메소드에 null을 설정하였다.

```
if (GeoItem.getKnownLocation() != null) {
    movePosition(GeoItem.getKnownLocation(), Constant.MAP_ZOOM_LEVEL_DETAIL);
}
```

onMapReady() 메소드에 작성되어 있는 getKnownLocation() 메소드는 사용자의 위치를 반환한다. 만약 사용자의 위치를 알 수 없다면(GPS를 켠 적이 없는 등) 기본 위치로 서울의 좌표 (37.566229, 126.977689)를 반환하게 되어 있다.

```
public boolean onMarkerClick(Marker marker) {
    FoodInfoItem item = markerMap.get(marker);
    GoLib.getInstance().goBestFoodInfoActivity(context, item.seq);
    return true;
}
```

onMarkerClick() 메소드는 사용자가 마커를 클릭했을 때 호출되는 메소드다. markerMap은 HashMap<Marker, FoodInfoItem> 타입으로서 위치 정보를 가지고 있는 마커(Marker) 객체와 맛집 정보(FoodInfoItem) 객체를 보유하고 있다. 그래서 onMarkerClick() 메소드의 인자로 넘어온 마커 객체를 통해 맛집 정보 객체의 일련번호(seq)로 BestFoodInfoActivity를 실행하면 사용자는 해당 맛집 정보를 살펴볼 수 있게 된다.

showList( ) 메소드는 지도가 준비되었을 때 호출되는 onMapReady( ) 메소드와 구글 맵의 카메라가 이동되었을 때(지도가 이동될 때) 호출되는 onCameraMove( ) 메소드에서 호출된다. 그래서 가장 먼저 onMapReady( ) 메소드에서 호출되고, 사용자가 지도를 이동할 때 onCameraMove( ) 메소드에서 호출된다. 그리고 showList( )에서는 listMap( ) 메소드를 호출해서 서버에서 데이터를 가지고 오고 setMap( ) 메소드를 호출한다. 그리고 데이터들을 addMarker( ) 메소드를 통해 구글 맵에 추가하고 맛집을 표시하는 구역을 drawCircle( ) 메소드로 구글 맵에 그려준다. 이를 호출되는 순서대로 정리하면 다음과 같다.

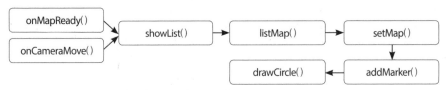

그림 14-3 **지도리스트 프래그먼트의 자바 코드 흐름**

```
distanceMeter = GeoLib.getInstance().getDistanceMeterFromScreenCenter(map);
```

이 코드는 showList( ) 메소드에 작성된 코드로서 지도 위에 그리는 원의 반지름 값을 구해서 distanceMeter에 저장한다. 지도의 줌레벨에 따라서 이 값은 변경될 수 있기 때문에 showList( ) 메소드에서 매번 getDistanceMeterFromScreenCenter( ) 메소드를 호출해서 화면 중심부터 화면 끝까지의 반지름을 구하고 있다. 그리고 이 값을 서버에 전달해서 이 범위 안에 있는 맛집만을 조회해야 한다.

그림 14-4 **구글 맵의 distanceMeter**

BestFoodMapFragment 어댑터 자바 코드 작성하기

이제 리사이클러뷰(RecyclerView)에서 아이템을 보여주기 위한 어댑터를 작성해야 한다. BestFoodListFragment에서 작성했던 어댑터와 많은 부분이 유사하므로 쉽게 살펴볼 수 있을 것이다.

코드 14-4 **/java/com.mobitant.bestfood/adapter/MapListAdapter.java**

```java
package com.mobitant.bestfood.adapter;

import android.content.Context;
import android.support.v7.widget.RecyclerView;
import android.view.LayoutInflater;
import android.view.View;
import android.view.ViewGroup;
import android.widget.ImageView;
import android.widget.TextView;

import com.mobitant.bestfood.Constant;
import com.mobitant.bestfood.R;
import com.mobitant.bestfood.item.FoodInfoItem;
import com.mobitant.bestfood.lib.GoLib;
import com.mobitant.bestfood.lib.MyLog;
import com.mobitant.bestfood.lib.StringLib;
import com.mobitant.bestfood.remote.RemoteService;
import com.squareup.picasso.Picasso;

import java.util.ArrayList;

/**
 * 구글 지도 맵에서 맛집 정보 리스트의 아이템을 처리하는 어댑터
 */
public class MapListAdapter extends RecyclerView.Adapter<MapListAdapter.ViewHolder> {
    private final String TAG = this.getClass().getSimpleName();

    private Context context;
    private int resource;
    private ArrayList<FoodInfoItem> itemList;

    /**
     * 어댑터 생성자
     * @param context 컨텍스트 객체
     * @param resource 아이템을 보여주기 위해 사용할 리소스 아이디
     * @param itemList 아이템 리스트
     */
    public MapListAdapter(Context context, int resource, ArrayList<FoodInfoItem>
                                                                    itemList) {
        this.context = context;
```

```java
        this.resource = resource;
        this.itemList = itemList;
    }


    /**
     * 새로운 아이템 리스트를 설정한다.
     * @param itemList 새로운 아이템 리스트
     */
    public void setItemList(ArrayList<FoodInfoItem> itemList) {
        this.itemList = itemList;
        notifyDataSetChanged();
    }


    /**
     * 아이템 크기를 반환한다.
     * @return 아이템 크기
     */
    @Override
    public int getItemCount() {
        return this.itemList.size();
    }


    /**
     * 뷰홀더(ViewHolder)를 생성하기 위해 자동으로 호출된다.
     * @param parent 부모 뷰그룹
     * @param viewType 새로운 뷰의 뷰타입
     * @return 뷰홀더 객체
     */
    @Override
    public ViewHolder onCreateViewHolder(ViewGroup parent, int viewType) {
        View v = LayoutInflater.from(parent.getContext()).inflate(resource, parent,
                                                                  false);

        return new ViewHolder(v);
    }


    /**
     * 뷰홀더(ViewHolder)와 아이템을 리스트 위치에 따라 연동한다.
     * @param holder 뷰홀더 객체
     * @param position 리스트 위치
     */
    @Override
    public void onBindViewHolder(ViewHolder holder, int position) {
        final FoodInfoItem item = itemList.get(position);

        int meter = (int) item.userDistanceMeter;

        if (meter == 0) {
            holder.distanceMeter.setText("");
        } else if (meter < 1000) {
```

```
                holder.distanceMeter.setText(meter + context.getResources().getString(R.
                                                               string.unit_m));
            } else {
                holder.distanceMeter.setText( (meter / 1000)
                        + context.getResources().getString(R.string.unit_km));
            }

            holder.name.setText(item.name);
            holder.description.setText(StringLib.getInstance().getSubString(context,
                    item.description, Constant.MAX_LENGTH_DESCRIPTION));

            setImage(holder.imageView, item.imageFilename);

            holder.itemView.setOnClickListener(new View.OnClickListener() {
                @Override
                public void onClick(View view) {
                    GoLib.getInstance().goBestFoodInfoActivity(context, item.seq);
                }
            });
        }

        /**
         * 이미지를 설정한다.
         * @param imageView 이미지를 설정할 뷰
         * @param fileName 이미지 파일 이름
         */
        private void setImage(ImageView imageView, String fileName) {
            MyLog.d(TAG, "setImage fileName " + fileName);

            if (StringLib.getInstance().isBlank(fileName)) {
                Picasso.with(context).load(R.drawable.bg_bestfood_drawer).
                                                               into(imageView);
            } else {
                Picasso.with(context).load(RemoteService.IMAGE_URL + fileName).
                                                               into(imageView);
            }
        }

        /**
         * 아이템을 보여주기 위한 뷰홀더 클래스
         */
        public class ViewHolder extends RecyclerView.ViewHolder {
            ImageView imageView;
            TextView distanceMeter;
            TextView name;
            TextView description;

            public ViewHolder(View itemView) {
                super(itemView);
```

```
        imageView = (ImageView) itemView.findViewById(R.id.image);
        distanceMeter = (TextView) itemView.findViewById(R.id.distance_meter);
        name = (TextView) itemView.findViewById(R.id.name);
        description = (TextView) itemView.findViewById(R.id.description);
    }
  }
}
```

이제 주요 코드를 살펴보도록 하자.

```
public void setItemList(ArrayList<FoodInfoItem> itemList) {
    this.itemList = itemList;
    notifyDataSetChanged();
}
```

setItemList( ) 메소드는 어댑터의 아이템 리스트를 설정한다. 그리고 변경된 아이템 리스트를
반영하기 위해서 notifyDataSetChanged( ) 메소드를 호출한다. 만약 아이템 리스트에서 특정
아이템만 변경되었다면 notifyItemChanged( ) 메소드를 호출해서 변경된 아이템만 반영하면
된다.

```
if (meter == 0) {
    holder.distanceMeter.setText("");
} else if (meter < 1000) {
    holder.distanceMeter.setText(meter + context.getResources().getString(R.string.
                                                                           unit_m));
} else {
    holder.distanceMeter.setText( (meter / 1000)
            + context.getResources().getString(R.string.unit_km));
}
```

onBindViewHolder( ) 메소드에 작성한 코드이며, 거리를 m와 Km로 표시하기 위한 코드다.
그래서 1000보다 작을 경우에는 m로 표시하고, 그렇지 않은 경우에는 Km로 표시하고 있다.

```
holder.description.setText(StringLib.getInstance().getSubString(context,
        item.description, Constant.MAX_LENGTH_DESCRIPTION));
```

onBindViewHolder( ) 메소드에 작성된 코드이며, 맛집 설명을 description 위젯에 설정하는 코
드다. 다만, 맛집 설명이 길 수도 있으므로 StringLib 클래스의 getSubString( ) 메소드를 사용
해서 Constant.MAX_LENGTH_DESCRIPTION까지의 길이로 잘라서 설정하고 있다.

14.2 노드 지도리스트 조회 코드 작성하기

이제 노드에서 지도리스트를 조회하고 반환할 수 있는 함수를 작성해야 한다. /food/map/list 라우트를 처리할 수 있어야 하며, 요청 URL로 넘어온 정보를 기반으로 서버에서 데이터를 조회해야 한다. 먼저, 안드로이드에서 호출하는 코드를 살펴보자.

코드 14-5 **/java/com.mobitant.bestfood/remote/RemoteService.java**

```
@GET("/food/map/list")
Call<ArrayList<FoodInfoItem>> listMap(@Query("member_seq") int memberSeq,
                                      @Query("latitude") double latitude,
                                      @Query("longitude") double longitude,
                                      @Query("distance") int distance,
                                      @Query("user_latitude") double userLatitude,
                                      @Query("user_longitude") double userLongitude);
```

listFoodInfo() 메소드와 매우 유사하며, 차이점이라면 위도, 경도 값이 두 개가 더 있다는 것이다. latitude와 longitude는 현재 지도상의 중심 위도와 경도 값이며, userLatitude와 userLongitude는 사용자의 위치에 대한 위도와 경도 값이다. 그리고 distance는 지도 화면에 그려지는 원의 반지름을 의미한다. 그래서 서버에서는 이 값을 통해 해당 원 안에 위치한 맛집만을 조회할 수 있다.

코드 14-6 **/routes/food.js**

```
//food/map/list
router.get('/map/list', function(req, res, next) {
  var member_seq = req.query.member_seq;
  var latitude = req.query.latitude;
  var longitude = req.query.longitude;
  var distance = req.query.distance;
  var user_latitude = req.query.user_latitude || DEFAULT_USER_LATITUDE;
  var user_longitude = req.query.user_longitude || DEFAULT_USER_LONGITUDE;

  if (!member_seq || !latitude || !longitude) {
      return res.sendStatus(400);
  }

  var sql =
    "select a.*, " +
    " (( 6371 * acos( cos( radians(?) ) * cos( radians( latitude ) ) * cos( radians(
                                          longitude ) - radians(?) ) " +
    " + sin( radians(?) ) * sin( radians( latitude ) ) ) ) * 1000) AS distance_
                                          meter," +
    " (( 6371 * acos( cos( radians(?) ) * cos( radians( latitude ) ) * cos( radians(
```

```
                                                            longitude ) - radians(?) ) " +
   "  + sin( radians(?) ) * sin( radians( latitude ) ) ) ) * 1000) AS user_distance_
                                                                     meter," +
   "  if(exists (select * from bestfood_keep where member_seq = ? and a.seq = info_
                                                   seq), 'true', 'false') as is_keep," +
   "  (select filename from bestfood_info_image where info_seq = a.seq) as image_
                                                                filename " +
   "from bestfood_info as a " +
   "having distance_meter <= ? " +
   "order by user_distance_meter ";
 console.log("sql : " + sql);

 var params = [latitude, longitude, latitude, user_latitude, user_longitude, user_
                                         latitude, member_seq, distance];

 db.get().query(sql, params, function (err, rows) {
     if (err) return res.sendStatus(400);

     console.log("rows : " + JSON.stringify(rows));
     res.status(200).json(rows);
 });
});
```

이제 주요 코드를 살펴보도록 하겠다.

```
var user_latitude = req.query.user_latitude || DEFAULT_USER_LATITUDE;
var user_longitude = req.query.user_longitude || DEFAULT_USER_LONGITUDE;
```

이 코드는 사용자의 req.query.user_latitude가 없다면 DEFAULT_USER_LATITUDE를 설정하라는 의미다. user_longitude도 마찬가지다.

```
"  (( 6371 * acos( cos( radians(?) ) * cos( radians( latitude ) ) * cos( radians(
                                            longitude ) - radians(?) ) " +
"  + sin( radians(?) ) * sin( radians( latitude ) ) ) ) * 1000) AS distance_meter," +
"  (( 6371 * acos( cos( radians(?) ) * cos( radians( latitude ) ) * cos( radians(
                                            longitude ) - radians(?) ) " +
"  + sin( radians(?) ) * sin( radians( latitude ) ) ) ) * 1000) AS user_distance_
                                                                meter," +
```

이 코드는 SQL문의 일부 코드이며, 두 지점 간의 거리를 구한다. distance_meter는 지도 중앙부터 맛집 간의 거리를 구하는 코드이며, user_distance_meter는 사용자 위치부터 맛집 간의 거리를 구하는 코드다. 그리고 1000을 곱한 이유는 해당 코드들이 km 값이기 때문에 m로 변경하기 위함이다. 이 코드에서 사용한 산술식에 대한 설명은 이 책의 [부록](386페이지)을 살펴보기 바란다.

```
having distance_meter <= ?
order by user_distance_meter
```

having절은 지도 중앙부터 맛집 간의 거리가 안드로이드 화면에서 넘겨준 distanceMeter 값보다 작거나 같은 결과물만 구하기 위한 것이며, order by절은 사용자 거리가 가까운 순으로 정렬하기 위한 것이다.

14.3 안드로이드 지도리스트 프래그먼트를 메뉴에 연동하기

모든 작업이 끝났으면 MainActivity의 onNavigationItemSelected() 메소드를 수정해서 지도리스트 프래그먼트를 메뉴에 연동해야 한다.

코드 14-7 **/java/com.mobitant.bestfood/MainActivity**

```java
public boolean onNavigationItemSelected(MenuItem item) {
...
    } else if (id == R.id.nav_map) {
        GoLib.getInstance().goFragment(getSupportFragmentManager(),
                R.id.content_main, BestFoodMapFragment.newInstance());
    }
...
```

1. 구글 맵 마커에 InfoWindow나 커스텀 레이아웃으로 변경해 보자.

지도에 표시되는 마커를 클릭하면 액티비티가 실행되면서 맛집 정보를 보여주게 되어 있다. 하지만 마커 상단에 맛집 이름이 함께 표시되면 사용자 입장에서는 좀 더 편리할 수 있을 것이다. 또한, 맛집 종류나 전화번호 등 추가적인 정보를 보여주는 것에 대해 고민해 보고 InfoWindow를 사용하여 마커 상단에 설명을 추가해 보도록 하자. 그리고 좀 더 학습을 하고자 한다면 마커 상단에 커스텀 레이아웃을 구성해서 사진과 함께 맛집 설명이 나올 수 있게 해 보자.

15

안드로이드 즐겨찾기 화면 구성하기

즐겨찾기 화면은 사용자가 맛집리스트를 즐겨찾기해서 쉽고 빠르게 찾아갈 수 있도록 하기 위해 구성한 화면이다. 사용자는 맛집리스트 화면과 맛집 정보 화면에서 즐겨찾기 버튼을 클릭하여 즐겨찾기에 추가할 수 있으며, 즐겨찾기 화면에서 즐겨찾기 버튼을 다시 클릭하여 삭제할수도 있다.

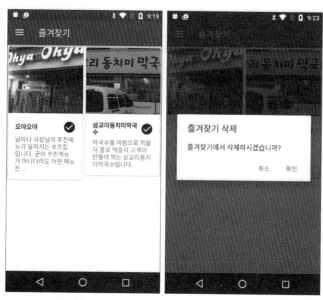

그림 15-1 **즐겨찾기 화면**

15.1 안드로이드 즐겨찾기 프래그먼트 작성하기

지도리스트 프래그먼트처럼 즐겨찾기 프래그먼트를 작성하기 위해서는 기본적인 레이아웃뿐만 아니라 리사이클러뷰(RecyclerView)의 아이템 레이아웃과 어댑터 클래스를 작성해야 한다. 그래서 실제로 작성해야 하는 파일을 정리하면 다음과 같다.

- /res/layout/fragment_bestfood_keep.xml
- /res/layout/row_bestfood_keep.xml
- /java/com.mobitant.bestfood/BestFoodKeepFragment.java
- /java/com.mobitant.bestfood/adapter/KeepListAdapter.java

BestFoodKeepFragment 레이아웃 코드 작성하기

fragment_bestfood_keep 레이아웃 XML에는 리사이클러뷰(RecyclerView)와 보여줄 아이템이 없을 경우에 보여줄 텍스트뷰(TextView)를 선언해야 한다.

코드 15-1 **/res/layout/fragment_bestfood_keep.xml**

```xml
<?xml version="1.0" encoding="utf-8"?>
<RelativeLayout xmlns:android="http://schemas.android.com/apk/res/android"
    android:layout_width="match_parent"
    android:layout_height="match_parent"
    android:orientation="vertical">

    <android.support.v7.widget.RecyclerView
        android:id="@+id/keep_list"
        android:layout_width="match_parent"
        android:layout_height="match_parent"
        android:dividerHeight="@dimen/spacing_small" />

    <TextView
        android:id="@+id/no_keep"
        android:layout_width="match_parent"
        android:layout_height="wrap_content"
        android:background="@android:color/holo_red_dark"
        android:gravity="center"
        android:padding="@dimen/spacing_small"
        android:text="@string/no_keep"
        android:textColor="@android:color/white"
        android:textSize="@dimen/text_size_small2"
        android:textStyle="bold"
        android:visibility="gone" />
```

```
    </RelativeLayout>
```

BestFoodKeepFragment 아이템 레이아웃 코드 작성하기

이번에 작성할 row_bestfood_keep.xml은 RecyclerView에서 각각의 아이템을 보여줄 레이아웃을 정의하는 파일이며, 다음처럼 구성할 것이다.

그림 15-2 **BestFoodKeepFragment** 아이템 레이아웃

레이아웃은 카드뷰(CardView)로 구성할 것이며, 이미지와 텍스트를 배치하기 위해 카드뷰 내부에 LinearLayout과 RelativeLayout을 사용할 것이다. 이 레이아웃은 맛집리스트에서 사용한 row_bestfood_list.xml과 동일하므로 추가적인 설명은 하지 않겠다.

코드 15-2 **/res/layout/row_bestfood_keep.xml**

```xml
<?xml version="1.0" encoding="utf-8"?>
<android.support.v7.widget.CardView
    xmlns:android="http://schemas.android.com/apk/res/android"
    xmlns:card_view="http://schemas.android.com/apk/res-auto"
    android:layout_width="match_parent"
    android:layout_height="wrap_content"
    android:foreground="?android:attr/selectableItemBackground"
    card_view:cardUseCompatPadding="true"
    card_view:cardCornerRadius="@dimen/cardview_round_basic">
```

```xml
<LinearLayout
    android:layout_width="match_parent"
    android:layout_height="wrap_content"
    android:background="@android:color/white"
    android:gravity="center_vertical"
    android:orientation="vertical">

    <ImageView
        android:id="@+id/image"
        android:layout_width="match_parent"
        android:layout_height="150dp"
        android:scaleType="centerCrop" />

    <LinearLayout
        android:layout_width="match_parent"
        android:layout_height="wrap_content"
        android:padding="@dimen/spacing_medium"
        android:orientation="vertical"
        android:layout_gravity="top"
        android:gravity="top" >

        <LinearLayout
            android:layout_width="match_parent"
            android:layout_height="wrap_content"
            android:gravity="center_vertical"
            android:layout_marginBottom="@dimen/spacing_small"
            android:orientation="horizontal">

            <TextView
                android:id="@+id/name"
                android:layout_width="0dp"
                android:layout_height="wrap_content"
                android:layout_weight="1"
                android:gravity="start"
                android:text="name"
                android:textSize="@dimen/text_size_small2"
                android:textColor="@color/text_color_black"
                android:textStyle="bold" />

            <ImageView
                android:id="@+id/keep"
                android:layout_width="30dp"
                android:layout_height="30dp"
                android:src="@drawable/ic_keep_off"/>

        </LinearLayout>

        <TextView
            android:id="@+id/description"
            android:layout_width="match_parent"
```

```
                android:layout_height="match_parent"
                android:text="description"
                android:textSize="@dimen/text_size_small2"
                android:textColor="@color/text_color_gray"/>

        </LinearLayout>

    </LinearLayout>

</android.support.v7.widget.CardView>
```

BestFoodKeepFragment 자바 코드 작성하기

BestFoodKeepFragment는 즐겨찾기한 맛집리스트를 보여주는 프래그먼트다. 맛집 아이템을 보여주기 위해서 리사이클러뷰(RecyclerView)를 사용하고 있으며, 리사이클러뷰의 레이아웃은 StaggeredGridLayoutManager를 사용한다. 우선, 전체 코드를 살펴보자.

코드 15-3 **/java/com.mobitant.bestfood/BestFoodKeepFragment.java**

```java
package com.mobitant.bestfood;

import android.content.Context;
import android.os.Bundle;
import android.support.annotation.Nullable;
import android.support.v4.app.Fragment;
import android.support.v7.widget.RecyclerView;
import android.support.v7.widget.StaggeredGridLayoutManager;
import android.view.LayoutInflater;
import android.view.View;
import android.view.ViewGroup;
import android.widget.TextView;

import com.google.android.gms.maps.model.LatLng;
import com.mobitant.bestfood.adapter.KeepListAdapter;
import com.mobitant.bestfood.item.FoodInfoItem;
import com.mobitant.bestfood.item.GeoItem;
import com.mobitant.bestfood.item.KeepItem;
import com.mobitant.bestfood.lib.MyLog;
import com.mobitant.bestfood.remote.RemoteService;
import com.mobitant.bestfood.remote.ServiceGenerator;

import java.util.ArrayList;

import retrofit2.Call;
import retrofit2.Callback;
```

```java
import retrofit2.Response;

/**
 * 맛집 즐겨찾기 리스트를 보여주는 프래그먼트
 */
public class BestFoodKeepFragment extends Fragment {
    private final String TAG = this.getClass().getSimpleName();

    Context context;
    int memberSeq;

    RecyclerView keepRecyclerView;
    TextView noDataText;

    KeepListAdapter keepListAdapter;

    ArrayList<KeepItem> keepList = new ArrayList<>();

    /**
     * BestFoodKeepFragment 인스턴스를 생성한다.
     * @return BestFoodListFragment 인스턴스
     */
    public static BestFoodKeepFragment newInstance() {
        BestFoodKeepFragment f = new BestFoodKeepFragment();
        return f;
    }

    /**
     * fragment_bestfood_keep.xml 기반으로 뷰를 생성한다.
     * @param inflater XML을 객체로 변환하는 LayoutInflater 객체
     * @param container null이 아니라면 부모 뷰
     * @param savedInstanceState null이 아니라면 이전에 저장된 상태를 가진 객체
     * @return 생성한 뷰 객체
     */
    @Override
    public View onCreateView(LayoutInflater inflater, ViewGroup container, Bundle
                                                        savedInstanceState) {

        context = this.getActivity();

        memberSeq = ((MyApp)getActivity().getApplication()).getMemberSeq();

        View layout = inflater.inflate(R.layout.fragment_bestfood_keep, container,
                                                        false);

        return layout;
    }

    /**
     * 프래그먼트가 일시 중지 상태가 되었다가 다시 보여질 때 호출된다.
     * BestFoodInfoActivity가 실행된 후,
```

```
     * 즐겨찾기 상태가 변경되었을 경우 이를 반영하는 용도로 사용한다.
     */
    @Override
    public void onResume() {
        super.onResume();

        MyApp myApp = ((MyApp) getActivity().getApplication());
        FoodInfoItem currentInfoItem = myApp.getFoodInfoItem();

        if (keepListAdapter != null && currentInfoItem != null) {
            keepListAdapter.setItem(currentInfoItem);
            myApp.setFoodInfoItem(null);

            if (keepListAdapter.getItemCount() == 0) {
                noDataText.setVisibility(View.VISIBLE);
            }
        }
    }

    /**
     * onCreateView() 메소드 뒤에 호출되며 화면 뷰들을 설정한다.
     * @param view onCreateView() 메소드에 의해 반환된 뷰
     * @param savedInstanceState null이 아니라면 이전에 저장된 상태를 가진 객체
     */
    @Override
    public void onViewCreated(View view, @Nullable Bundle savedInstanceState) {
        super.onViewCreated(view, savedInstanceState);
        ((MainActivity) getActivity()).getSupportActionBar().setTitle(R.string.nav_
                                                                          keep);

        keepRecyclerView = (RecyclerView) view.findViewById(R.id.keep_list);
        noDataText = (TextView) view.findViewById(R.id.no_keep);

        keepListAdapter = new KeepListAdapter(context,
                R.layout.row_bestfood_keep, keepList, memberSeq);
        StaggeredGridLayoutManager layoutManager
                = new StaggeredGridLayoutManager(2, StaggeredGridLayoutManager.
                                                                          VERTICAL);
        layoutManager.setGapStrategy(
                StaggeredGridLayoutManager.GAP_HANDLING_MOVE_ITEMS_BETWEEN_SPANS);
        keepRecyclerView.setLayoutManager(layoutManager);
        keepRecyclerView.setAdapter(keepListAdapter);

        listKeep(memberSeq, GeoItem.getKnownLocation());
    }

    /**
     * 서버에서 즐겨찾기 한 맛집 정보를 조회한다.
     * @param memberSeq 사용자 시퀀스
     * @param userLatLng 사용자 위도 경도 객체
```

```
    */
    private void listKeep(int memberSeq, LatLng userLatLng) {
        RemoteService remoteService = ServiceGenerator.createService(RemoteService.
                                                                    class);

        Call<ArrayList<KeepItem>> call
                = remoteService.listKeep(memberSeq, userLatLng.latitude, userLatLng.
                                                                    longitude);
        call.enqueue(new Callback<ArrayList<KeepItem>>() {
            @Override
            public void onResponse(Call<ArrayList<KeepItem>> call,
                                   Response<ArrayList<KeepItem>> response) {
                ArrayList<KeepItem> list = response.body();

                if (list == null) {
                    list = new ArrayList<>();
                }

                noDataText.setVisibility(View.GONE);

                if (response.isSuccessful()) {
                    if (list.size() == 0) {
                        noDataText.setVisibility(View.VISIBLE);
                    } else {
                        keepListAdapter.setItemList(list);
                    }
                } else {
                    MyLog.d(TAG, "not success");
                }
            }

            @Override
            public void onFailure(Call<ArrayList<KeepItem>> call, Throwable t) {
                MyLog.d(TAG, "no internet connectivity");
                MyLog.d(TAG, t.toString());
            }
        });
    }
}
```

이제 주요 코드를 살펴보도록 하자.

```
public void onResume() {
    super.onResume();

    MyApp myApp = ((MyApp) getActivity().getApplication());
    FoodInfoItem currentInfoItem = myApp.getFoodInfoItem();
```

```
    if (keepListAdapter != null && currentInfoItem != null) {
        keepListAdapter.setItem(currentInfoItem);
        myApp.setFoodInfoItem(null);

        if (keepListAdapter.getItemCount() == 0) {
            noDataText.setVisibility(View.VISIBLE);
        }
    }
}
```

onResume() 메소드는 프래그먼트가 다시 보일 때마다 호출되는 메소드다. 여기에 이런 코드를 작성한 이유는 사용자가 맛집 정보 액티비티를 실행해서 즐겨찾기 상태를 변경할 수 있기 때문이다. 그래서 맛집 정보 액티비티에서는 관련 정보를 onPause() 메소드에서 저장하고, 즐겨찾기 프래그먼트에서는 해당 정보를 꺼내서 반영하고 있는 것이다. 만약 사용자가 즐겨찾기에 추가한 맛집 정보가 한 개밖에 없는 상태에서 즐겨찾기를 제거했다면, 즐겨찾기한 맛집 정보가 없는 것이므로 화면에 즐겨찾기한 맛집 정보가 없다는 것을 보여줘야 한다. 이를 위한 코드가 keepListAdapter.getItemCount() 값이 0인지를 비교하는 부분이다.

```
keepListAdapter = new KeepListAdapter(context,
        R.layout.row_bestfood_keep, keepList, memberSeq);
StaggeredGridLayoutManager layoutManager
        = new StaggeredGridLayoutManager(2, StaggeredGridLayoutManager.VERTICAL);
layoutManager.setGapStrategy(
        StaggeredGridLayoutManager.GAP_HANDLING_MOVE_ITEMS_BETWEEN_SPANS);
keepRecyclerView.setLayoutManager(layoutManager);
keepRecyclerView.setAdapter(keepListAdapter);
```

onViewCreated() 메소드에 작성된 코드의 일부분이다. 리사이클러뷰에서 사용할 어댑터와 레이아웃을 설정하는 코드다. StaggeredGridLayoutManager는 아이템을 엇박자로 배치해서 보여주는 레이아웃이며, 보이는 아이템의 높이가 똑같다면 동일한 크기로 보이고, 그렇지 않다면 아이템이 엇박자로 배치되어 보인다. 참고로, StaggeredGridLayoutManager 생성자에 지정한 숫자 2를 1로 변경하면 한 줄에 한 개의 아이템만이 보이게 된다.

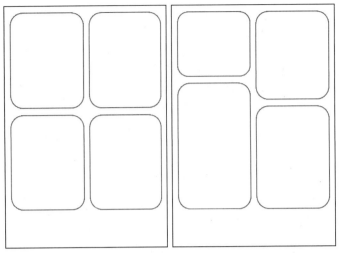

그림 15-3 **StaggeredGridLayoutManager 구성**

```
if (response.isSuccessful()) {
    if (list.size() == 0) {
        noDataText.setVisibility(View.VISIBLE);
    } else {
        keepListAdapter.setItemList(list);
    }
} else {
    MyLog.d(TAG, "not success");
}
```

listKeep() 메소드에 작성한 코드다. listKeep() 메소드에서는 서버에서 즐겨찾기한 정보를 조회하고 이를 화면에 출력하는 역할을 한다. response.isSuccessful()이 true를 반환한다면 정상적으로 서버에서 응답을 받은 것이기 때문에 넘어온 데이터를 keepListAdapter에 설정해서 보여주고, 그렇지 않은 경우에는 보여줄 데이터가 없다는 메시지를 보여주면 된다.

BestFoodKeepFragment 어댑터 자바 코드 작성하기

이제 리사이클러뷰(RecyclerView)에서 아이템을 보여주기 위한 어댑터를 작성해야 한다. BestFoodListFragment에서 작성했던 어댑터와 많은 부분이 유사하므로 쉽게 살펴볼 수 있을 것이다.

```java
package com.mobitant.bestfood.adapter;

import android.content.Context;
import android.os.Handler;
import android.os.Message;
import android.support.v7.widget.RecyclerView;
import android.view.LayoutInflater;
import android.view.View;
import android.view.ViewGroup;
import android.widget.ImageView;
import android.widget.TextView;

import com.mobitant.bestfood.Constant;
import com.mobitant.bestfood.R;
import com.mobitant.bestfood.item.FoodInfoItem;
import com.mobitant.bestfood.item.KeepItem;
import com.mobitant.bestfood.lib.DialogLib;
import com.mobitant.bestfood.lib.GoLib;
import com.mobitant.bestfood.lib.MyLog;
import com.mobitant.bestfood.lib.StringLib;
import com.mobitant.bestfood.remote.RemoteService;
import com.squareup.picasso.Picasso;

import java.util.ArrayList;

/**
 * 맛집 정보 즐겨찾기 리스트의 아이템을 처리하는 어댑터
 */
public class KeepListAdapter extends RecyclerView.Adapter<KeepListAdapter.ViewHolder> {
    private final String TAG = this.getClass().getSimpleName();

    private Context context;
    private int resource;
    private ArrayList<KeepItem> itemList;
    private int memberSeq;

    /**
     * 어댑터 생성자
     * @param context 컨텍스트 객체
     * @param resource 아이템을 보여주기 위해 사용할 리소스 아이디
     * @param itemList 아이템 리스트
     */
    public KeepListAdapter(Context context, int resource, ArrayList<KeepItem>
                                                    itemList, int memberSeq) {
        this.context = context;
        this.resource = resource;
        this.itemList = itemList;
        this.memberSeq = memberSeq;
```

```
    }

    /**
     * 새로운 아이템 리스트를 설정한다.
     * @param itemList 새로운 아이템 리스트
     */
    public void setItemList(ArrayList<KeepItem> itemList) {
        this.itemList = itemList;
        notifyDataSetChanged();
    }

    /**
     * 특정 아이템의 변경사항을 적용하기 위해 기본 아이템을 새로운 아이템으로 변경한다.
     * @param newItem 새로운 아이템
     */
    public void setItem(FoodInfoItem newItem) {
        for (int i=0; i < itemList.size(); i++) {
            KeepItem item = itemList.get(i);

            if (item.seq == newItem.seq && !newItem.isKeep) {
                itemList.remove(i);
                notifyItemChanged(i);
                break;
            }
        }
    }

    /**
     * 맛집 정보 시퀀스와 일치하는 아이템을 즐겨찾기 리스트에서 삭제한다.
     * @param seq
     */
    private void removeItem(int seq) {
        for (int i=0; i < itemList.size(); i++) {
            if (itemList.get(i).seq == seq) {
                itemList.remove(i);
                notifyItemChanged(i);
                break;
            }
        }
    }

    /**
     * 아이템 크기를 반환한다.
     * @return 아이템 크기
     */
    @Override
    public int getItemCount() {
        return this.itemList.size();
    }
```

```java
/**
 * 뷰홀더(ViewHolder)를 생성하기 위해 자동으로 호출된다.
 * @param parent 부모 뷰그룹
 * @param viewType 새로운 뷰의 뷰타입
 * @return 뷰홀더 객체
 */
@Override
public ViewHolder onCreateViewHolder(ViewGroup parent, int viewType) {
    View v = LayoutInflater.from(parent.getContext()).inflate(resource, parent,
                                                                false);

    return new ViewHolder(v);
}


/**
 * 뷰홀더(ViewHolder)와 아이템을 리스트 위치에 따라 연동한다.
 * @param holder 뷰홀더 객체
 * @param position 리스트 위치
 */
@Override
public void onBindViewHolder(ViewHolder holder, int position) {
    final KeepItem item = itemList.get(position);
    MyLog.d(TAG, "getView " + item);

    if (item.isKeep) {
        holder.keep.setImageResource(R.drawable.ic_keep_on);
    } else {
        holder.keep.setImageResource(R.drawable.ic_keep_off);
    }

    holder.name.setText(item.name);
    holder.description.setText(
            StringLib.getInstance().getSubString(context,
                                    item.description, Constant.MAX_LENGTH_
                                                DESCRIPTION));

    setImage(holder.image, item.imageFilename);

    holder.itemView.setOnClickListener(new View.OnClickListener() {
        @Override
        public void onClick(View view) {
            GoLib.getInstance().goBestFoodInfoActivity(context, item.seq);
        }
    });

    holder.keep.setOnClickListener(new View.OnClickListener() {
        @Override
        public void onClick(View view) {
            DialogLib.getInstance().showKeepDeleteDialog(context, keepHandler,
                                                memberSeq, item.seq);
```

```java
        }
    });
}
/**
 * 이미지를 설정한다.
 * @param imageView 이미지를 설정할 뷰
 * @param fileName 이미지 파일 이름
 */
private void setImage(ImageView imageView, String fileName) {
    MyLog.d(TAG, "setImage fileName " + fileName);

    if (StringLib.getInstance().isBlank(fileName)) {
        Picasso.with(context).load(R.drawable.bg_bestfood_drawer).into(imageView);
    } else {
        Picasso.with(context).load(RemoteService.IMAGE_URL + fileName).
                                                        into(imageView);

    }
}

/**
 * 즐겨찾기 리스트에서 해당 아이템을 삭제하기 위한 핸들러
 */
Handler keepHandler = new Handler() {
    @Override
    public void handleMessage(Message msg) {
        super.handleMessage(msg);

        removeItem(msg.what);
    }
};

/**
 * 아이템을 보여주기 위한 뷰홀더 클래스
 */
public class ViewHolder extends RecyclerView.ViewHolder {
    ImageView image;
    ImageView keep;
    TextView name;
    TextView description;

    public ViewHolder(View itemView) {
        super(itemView);

        image = (ImageView) itemView.findViewById(R.id.image);
        keep = (ImageView) itemView.findViewById(R.id.keep);
        name = (TextView) itemView.findViewById(R.id.name);
        description = (TextView) itemView.findViewById(R.id.description);
    }
}
}
```

이제 주요 코드에 대해서 하나씩 살펴보도록 하자.

```
public void setItemList(ArrayList<KeepItem> itemList) {
    this.itemList = itemList;
    notifyDataSetChanged();
}
```

setItemList() 메소드는 새로운 아이템 리스트를 어댑터에 설정하는 역할을 한다. 설정한다고 해서 어댑터에 적용되지는 않기 때문에 반드시 notifyDataSetChanged() 메소드를 호출해야 한다.

```
public void setItem(FoodInfoItem newItem) {
    for (int i=0; i < itemList.size(); i++) {
        KeepItem item = itemList.get(i);

        if (item.seq == newItem.seq && !newItem.isKeep) {
            itemList.remove(i);
            notifyItemChanged(i);
            break;
        }
    }
}
```

setItem() 메소드는 아이템 리스트에서 특정 아이템을 새로 등록하는 역할을 한다. 그래서 아이템 리스트에 있는 아이템과 인자로 넘어온 아이템이 동일한지를 seq 값을 통해 확인하고, 새로운 아이템의 즐겨찾기 상태(isKeep)가 false라면 아이템 리스트에서 해당 아이템을 제거해야 한다. false일 때 제거하는 이유는 KeepListAdapter는 즐겨찾기가 true인 아이템만 보여주는 어댑터이기 때문이다.

```
private void removeItem(int seq) {
    for (int i=0; i < itemList.size(); i++) {
        if (itemList.get(i).seq == seq) {
            itemList.remove(i);
            notifyItemChanged(i);
            break;
        }
    }
}
```

removeItem( ) 메소드는 인자로 넘어온 seq를 가진 아이템을 아이템 리스트(itemList)에서 제거하는 역할을 한다. 그리고 제거한 아이템을 리사이클러뷰에 적용하기 위해서 notifyItemChanged( ) 메소드를 호출해야 한다. notifyItemChanged( ) 메소드는 특정 아이템이 변경되었다는 것을 알려주는 메소드다.

```java
Handler keepHandler = new Handler() {
    @Override
    public void handleMessage(Message msg) {
        super.handleMessage(msg);

        removeItem(msg.what);
    }
};
```

keepHandler는 즐겨찾기한 아이템을 삭제하는 역할을 한다. 이 코드에서 호출하는 removeItem( )은 현재 아이템 리스트에서 msg.what과 같은 seq를 가진 아이템을 삭제하는 메소드다. 참고로, keepHandler는 KeepLib 클래스의 deleteKeep( ) 메소드에서 호출되며, deleteKeep( ) 메소드는 showKeepDeleteDialog( ) 메소드에서 호출된다.

15.2 노드 즐겨찾기 조회 및 삭제 코드 작성하기

즐겨찾기를 등록하고 삭제하는 코드는 이미 맛집리스트 화면을 구성할 때 작성하였다. 그러므로 관련 코드는 해당 페이지에서 참고하기 바라며, 여기서는 즐겨찾기 내역을 조회하는 코드에 대해서만 살펴보도록 하겠다.

이제 노드에서 즐겨찾기 리스트를 조회할 수 있는 함수를 작성해야 한다. /keep/list 라우트를 처리할 수 있게 작성하면 되며, 요청 URL로 넘어온 정보를 기반으로 서버에서 조회하면 된다. 안드로이드에서 호출하는 코드를 살펴보자.

코드 15-5 **/java/com.mobitant.bestfood/remote/RemoteService.java**

```java
@GET("/keep/list")
Call<ArrayList<KeepItem>> listKeep(@Query("member_seq") int memberSeq,
                                   @Query("user_latitude") double userLatitude,
                                   @Query("user_longitude") double userLongitude);
```

@GET을 선언해서 GET 방식으로 서버를 호출할 수 있게 작성했으며, URL에 데이터를 넘겨주기 위해서 메소드 인자를 모두 @Query로 선언하였다. 그리고 @Query에 선언한 "member_seq"와 같은 문자열은 실제로 서버에서 해당 데이터를 접근할 때 쓸 수 있는 변수 이름이다.

코드 15-6 **/routes/keep.js**

```
//keep/list
router.get('/list', function(req, res, next) {
  var member_seq = req.query.member_seq;
  var user_latitude = req.query.user_latitude;
  var user_longitude = req.query.user_longitude;

  console.log(member_seq);

  if (!member_seq) {
      return res.sendStatus(400);
  }

  var sql =
    "select a.seq as keep_seq, a.member_seq as keep_member_seq, a.reg_date as keep_
                                                                date, " +
    "  b.*, " +
    "  (( 6371 * acos( cos( radians(?) ) * cos( radians( latitude ) ) * cos( radians(
                                                longitude ) - radians(?) ) " +
    "  + sin( radians(?) ) * sin( radians( latitude ) ) ) ) * 1000) AS user_distance_
                                                                meter, " +
    "  'true' as is_keep, " +
    "  (select filename from bestfood_info_image where info_seq = a.info_seq) as
                                                    image_filename " +
    "from bestfood_keep as a left join bestfood_info as b " +
    " on (a.info_seq = b.seq) " +
    "where a.member_seq = ? " +
    "order by a.reg_date desc ";
  console.log("sql : " + sql);

  db.get().query(sql, [user_latitude, user_longitude, user_latitude, member_seq],
                                                function (err, rows) {
      if (err) return res.sendStatus(400);
      res.status(200).json(rows);
  });
});
```

bestfood_keep 테이블과 bestfood_info 테이블을 레프트 조인(left join)하여 조회하고 있다. 그리고 조회 결과를 최근 등록일자(reg_date)순으로 정렬하고 있다. user_distance_meter를 구하는 질의문은 이전에 많이 살펴본 것이므로 이전 내용과 이 책의 [부록](386페이지)을 살펴보기 바란다.

15.3 안드로이드 즐겨찾기 프래그먼트를 메뉴에 연동하기

모든 작업이 끝났으면 MainActivity의 onNavigationItemSelected() 메소드를 수정해서 지도리스트 프래그먼트를 메뉴에 연동해야 한다.

코드 15-7 /java/com.mobitant.bestfood/MainActivity

```
public boolean onNavigationItemSelected(MenuItem item) {
...
    } else if (id == R.id.nav_keep) {
        GoLib.getInstance().goFragment(getSupportFragmentManager(),
                R.id.content_main, BestFoodKeepFragment.newInstance());
...
}
```

도전과제 ▶ **기능 개선하기**

1. 즐겨찾기 아이템을 다양한 방식으로 조회할 수 있게 해 보자.

즐겨찾기 프래그먼트에서는 즐겨찾기 아이템을 최근 등록순으로만 보여주고 있다. 맛집리스트 프래그먼트처럼 '거리순', '인기순', '최신순'으로 보여줄 수 있게 변경해 보자. 또한, 한 줄에 두 개씩 보여주는 아이템을 사용자가 특정 버튼을 클릭해서 한 개나 두 개로 변경해서 볼 수 있게도 해 보자.

2. 즐겨찾기 아이템을 스크롤하면서 볼 수 있도록 개선해 보자.

즐겨찾기 프래그먼트는 즐겨찾기한 맛집 아이템이 많을 경우에도 한 번에 보여주게 된다. 하지만 많은 아이템을 한 번에 보여주는 것은 좋지 않은 방법이므로 맛집리스트 프래그먼트처럼 일정 개수의 아이템을 보여주고 사용자가 스크롤할 경우 아이템을 더 보여주게 해야 한다. 그러므로 즐겨찾기 프래그먼트의 코드를 수정해서 사용자가 스크롤할 때 추가적인 아이템을 조회할 수 있도록 변경해 보자. EndlessRecyclerViewScrollListener 클래스를 사용하면 쉽게 적용할 수 있을 것이다. 물론, 서버쪽 노드 코드도 수정해야 한다.

마치면서

모든 작업이 완료되었다. 안드로이드 프로젝트를 생성하고 주요 외부 라이브러리를 사용해서 코드를 작성하였다. 또한, 노드를 설치해서 실행하고 데이터베이스에서 데이터를 가지고 와서 안드로이드에 전송하는 코드도 작성하였다. 이를 통해 안드로이드 클라이언트에서 서버, 그리고 데이터베이스까지 전체적으로 코드를 어떻게 작성해야 하고 어떻게 통신할 수 있는지를 알 수 있었다.

하지만 아직 많은 부분이 부족하다. 그래서 이러한 부족한 부분은 각 장의 마지막에 '도전과 제'로 추가하였으니 스스로 고민하고 코드를 개선해 보도록 하자. 또한, REST API의 보안과 인증 부분도 보완해야 한다. 여러 방법이 있겠으나 웹에서 JWT(JSON WEB Token)을 찾아보기 바란다.

A

베스트푸드 안드로이드 코드

```
▼ 🗀 com.mobitant.bestfood
  ▼ 🗀 adapter
      ⓒ 🔒 InfoListAdapter
      ⓒ 🔒 KeepListAdapter
      ⓒ 🔒 MapListAdapter
  ▼ 🗀 custom
      ⓒ 🔒 EndlessRecyclerViewScrollListener
      ⓒ 🔒 WorkaroundMapFragment
  ▼ 🗀 item
      ⓒ 🔒 FoodInfoItem
      ⓒ 🔒 GeoItem
      ⓒ 🔒 ImageItem
      ⓒ 🔒 KeepItem
      ⓒ 🔒 MemberInfoItem
  ▼ 🗀 lib
      ⓒ 🔒 BitmapLib
      ⓒ 🔒 DialogLib
      ⓒ 🔒 EtcLib
      ⓒ 🔒 FileLib
      ⓒ 🔒 GeoLib
      ⓒ 🔒 GoLib
      ⓒ 🔒 KeepLib
      ⓒ 🔒 MyLog
      ⓒ 🔒 MyToast
      ⓒ 🔒 RemoteLib
      ⓒ 🔒 StringLib
  ▼ 🗀 remote
      🔲 🔒 RemoteService
      ⓒ 🔒 ServiceGenerator
  ⓒ 🔒 BestFoodInfoActivity
  ⓒ 🔒 BestFoodKeepFragment
  ⓒ 🔒 BestFoodListFragment
  ⓒ 🔒 BestFoodMapFragment
  ⓒ 🔒 BestFoodRegisterActivity
  ⓒ 🔒 BestFoodRegisterImageFragment
  ⓒ 🔒 BestFoodRegisterInputFragment
  ⓒ 🔒 BestFoodRegisterLocationFragment
  🔲 🔒 Constant
  ⓒ 🔒 IndexActivity
  ⓒ 🔒 MainActivity
  ⓒ 🔒 MyApp
  ⓒ 🔒 PermissionActivity
  ⓒ 🔒 ProfileActivity
  ⓒ 🔒 ProfileIconActivity
```

```
▼ 🗀 res
  ▼ 🗀 drawable
      📄 bg_basic_black_transparent.xml
      📄 bg_basic_gray.xml
      📄 bg_bestfood_drawer.png
      📄 bg_index.png
      📄 bg_round.xml
      📄 bg_round_gray.xml
      📄 button_circle.xml
      📄 button_round.xml
      📄 button_round_green.xml
      📄 button_round_red.xml
      📄 ic_camera.png
      📄 ic_keep_off.png
      📄 ic_keep_on.png
      📄 ic_list.png
      📄 ic_list2.png
      📄 ic_map.png
      📄 ic_person.png
      📄 ic_profile.png
      📄 ic_register.png
      📄 ic_tell.png
  ▼ 🗀 layout
      📄 activity_bestfood_info.xml
      📄 activity_bestfood_register.xml
      📄 activity_index.xml
      📄 activity_main.xml
      📄 activity_permission.xml
      📄 activity_profile.xml
      📄 activity_profile_icon.xml
      📄 app_bar_main.xml
      📄 content_main.xml
      📄 fragment_bestfood_keep.xml
      📄 fragment_bestfood_list.xml
      📄 fragment_bestfood_map.xml
      📄 fragment_bestfood_register_image.xml
      📄 fragment_bestfood_register_input.xml
      📄 fragment_bestfood_register_location.xml
      📄 loading_layout.xml
      📄 nav_header_main.xml
      📄 row_bestfood_keep.xml
      📄 row_bestfood_list.xml
      📄 row_bestfood_map.xml
      📄 toolbar.xml
  ▼ 🗀 menu
      📄 activity_main_drawer.xml
      📄 menu_close.xml
      📄 menu_submit.xml
  ▼ 🗀 mipmap
    ▼ 🗀 ic_launcher.png (5)
        📄 ic_launcher.png (hdpi)
        📄 ic_launcher.png (mdpi)
        📄 ic_launcher.png (xhdpi)
        📄 ic_launcher.png (xxhdpi)
        📄 ic_launcher.png (xxxhdpi)
  ▼ 🗀 values
      📄 arrays.xml
      📄 colors.xml
      📄 dimens.xml
      📄 strings.xml
    ▶ 🗀 styles.xml (2)
```

부록에서는 본문에서 살펴보지 못한 리소스 파일이나 안드로이드 관련 코드를 살펴보겠다. 일단, 전체 파일 리스트를 보면 다음과 같다.

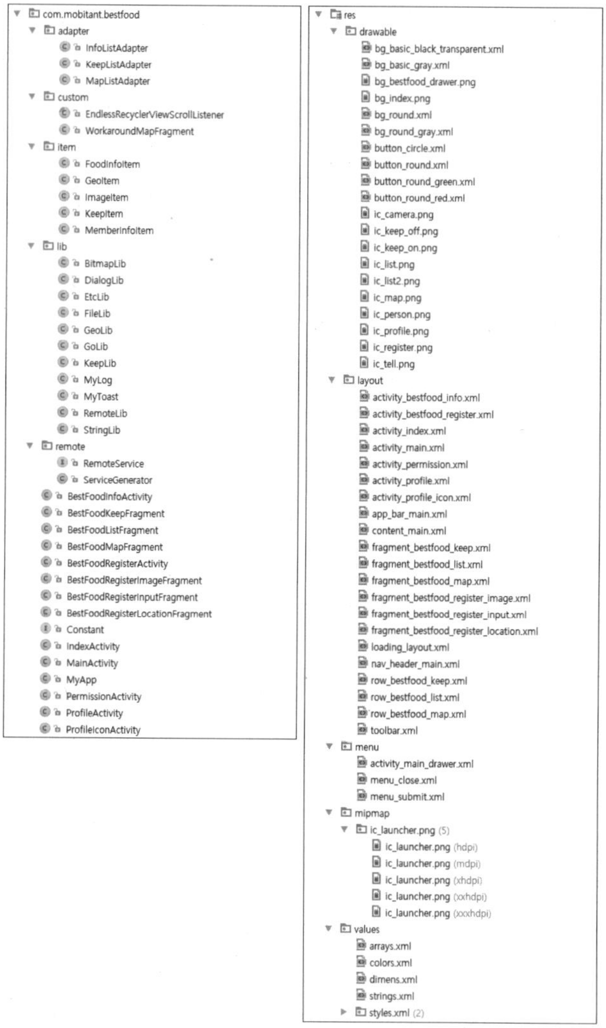

그림 A-1 안드로이드 자바와 리소스 파일 리스트

257

A.1 안드로이드 리소스

안드로이드는 리소스를 res 디렉터리 아래에 종류에 맞게 배치할 수 있도록 디렉터리가 이미 배정되어 있다. 이미지와 관련된 파일은 drawable 디렉터리, 레이아웃과 관련된 파일은 layout 디렉터리, 메뉴와 관련된 파일은 menu, 앱 아이콘은 mipmap, 문자열이나 색상 등은 values다. 그리고 mipmap은 앱이 설치되었을 때 보여주는 바로가기 아이콘을 배치하는 곳이다.

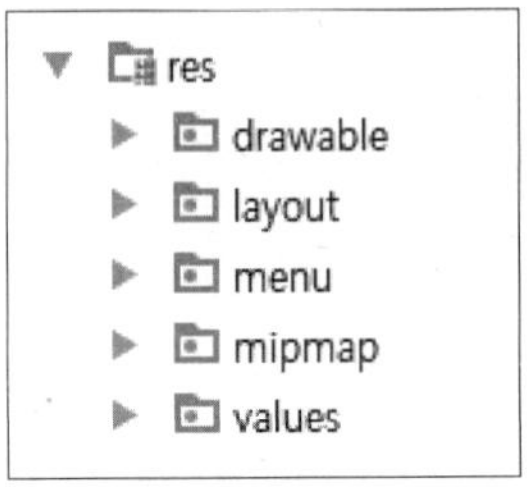

▼ ⬚ res
　　▶ 📁 drawable
　　▶ 📁 layout
　　▶ 📁 menu
　　▶ 📁 mipmap
　　▶ 📁 values

그림 A-2 **안드로이드 리소스**

drawable 리소스

드로어블(drawable) 리소스 디렉터리는 이미지를 저장하는 곳이다. 안드로이드는 JPG, PNG 등의 이미지 파일과 XML로 표현할 수 있는 이미지를 사용하고 있다. 베스트푸드 앱에서는 다음과 같은 파일을 사용한다. XML 파일 중에 bg로 시작하는 파일은 배경으로 사용될 이미지이며, button으로 시작하는 파일은 버튼의 배경으로 사용될 이미지다.

그림 A-3 **drawable 리소스 리스트**

그림 A-4 **drawable 리소스 이미지**

bg_basic_black_transparent.xml

bg_basic_black_transparent.xml은 투명한 검은색 배경으로 사용하기 위한 파일이다. 이 파일은 맛집 위치 등록 프래그먼트(BestFoodRegisterLocationFragment)의 레이아웃에서 구글 맵 상단의 주소를 보여주는 텍스트뷰(TextView)의 배경으로 사용한다.

사용 위치

· 맛집 위치 등록 프래그먼트 ⇒ fragment_bestfood_register_location.xml

코드 A-1 **/res/drawable/bg_basic_black_transparent.xml**

```xml
<?xml version="1.0" encoding="utf-8"?>
<selector xmlns:android="http://schemas.android.com/apk/res/android">
    <item>
        <shape android:shape="rectangle">
            <solid android:color="#88000000" />
            <corners android:radius="0dp" />
            <padding android:bottom="4dp" android:left="4dp"
                    android:right="4dp" android:top="4dp" />
        </shape>
```

```
        </item>
</selector>
```

이 코드는 모양(android:shape)이 직사각형(rectangle)이고 내부(solid) 색상(color)은 투명한(88) 검은색(000000)을 의미한다. 그리고 코너(coners)의 라운드는 없으며(0dp), 내부 공백(padding)은 아래(bottom) 4dp, 왼쪽(left) 4dp, 오른쪽(right) 4dp, 위(top) 4dp이다.

bg_basic_gray.xml

bg_basic_gray.xml은 회색 배경으로 사용하기 위한 파일이다. 이 파일은 맛집 정보 액티비티에서 이미지를 보여주는 영역의 배경으로 사용한다.

사용 위치

- 맛집 정보 액티비티 ⇒ activity_bestfood_info.xml

코드 A-2 /res/drawable/bg_basic_gray.xml

```
<?xml version="1.0" encoding="utf-8"?>
<selector xmlns:android="http://schemas.android.com/apk/res/android">
    <item>
        <shape android:shape="rectangle">
            <solid android:color="#EEEEEE" />
            <stroke android:width="1dp" android:color="#888888" />
            <corners android:radius="0dp" />
            <padding android:bottom="4dp" android:left="4dp"
                     android:right="4dp" android:top="4dp" />
        </shape>
    </item>
</selector>
```

이 코드는 모양(android:shape)이 직사각형(rectangle)이고, 내부(solid) 색상(color)은 연한 회색(EEEEEE)이며, 테두리(stroke) 두께(width)는 1dp이고, 테두리 색상(color)은 진한 회색(888888)을 의미한다. 그리고 코너(coners)의 라운드는 없으며(0dp), 내부 공백(padding)은 아래(bottom) 4dp, 왼쪽(left) 4dp, 오른쪽(right) 4dp, 위(top) 4dp다.

bg_round.xml

bg_round.xml은 흰색 배경에 회색 테두리 형태를 표현한다. 이 파일은 맛집 정보 액티비티와 맛집 정보 등록 프래그먼트 그리고 맛집 이미지 등록 프래그먼트에서 사용한다.

사용 위치

- 맛집 정보 액티비티 ⇒ activity_bestfood_info.xml
- 맛집 정보 등록 프래그먼트 ⇒ fragment_bestfood_register_input.xml
- 맛집 이미지 등록 프래그먼트 ⇒ fragment_bestfood_register_image.xml

코드 A-3 **/res/drawable/bg_round.xml**

```xml
<?xml version="1.0" encoding="utf-8"?>
<selector xmlns:android="http://schemas.android.com/apk/res/android">
    <item>
        <shape android:shape="rectangle">
            <solid android:color="#FFFFFF" />
            <stroke android:width="1dp" android:color="#AAAAAA" />
            <corners android:radius="4dp" />
            <padding android:bottom="4dp" android:left="4dp"
                     android:right="4dp" android:top="4dp" />
        </shape>
    </item>
</selector>
```

이 코드는 모양(android:shape)이 직사각형(rectangle)이고, 내부(solid) 색상(color)은 흰색(FFFFFF)이며, 테두리(stroke) 두께(width)는 1dp이고, 테두리 색상(color)은 진한 회색(AAAAAA)을 의미한다. 그리고 코너(coners)의 라운드는 약간 있으며(4dp), 내부 공백(padding)은 아래(bottom) 4dp, 왼쪽(left) 4dp, 오른쪽(right) 4dp, 위(top) 4dp다.

bg_round_gray.xml

bg_round_gray.xml은 흰색 배경에 회색 테두리 형태를 표현한다. 이 파일은 맛집 이미지 등록 프래그먼트에서 사용한다.

사용 위치

- 맛집 이미지 등록 프래그먼트 ⇒ fragment_bestfood_register_image.xml

코드 A-4 /res/drawable/bg_round_gray.xml

```xml
<?xml version="1.0" encoding="utf-8"?>
<selector xmlns:android="http://schemas.android.com/apk/res/android">
    <item>
        <shape android:shape="rectangle">
            <solid android:color="#EEEEEE" />
            <stroke android:width="1dp" android:color="#888888" />
            <corners android:radius="4dp" />
            <padding android:bottom="4dp" android:left="4dp"
                    android:right="4dp" android:top="4dp" />
        </shape>
    </item>
</selector>
```

이 코드는 모양(android:shape)이 직사각형(rectangle)이고, 내부(solid) 색상(color)은 연한 회색(EEEEEE)이며, 테두리(stroke) 두께(width)는 1dp이고, 테두리 색상(color)은 약간 진한 회색(888888)을 의미한다. 그리고 코너(coners)의 라운드는 약간 있으며(4dp), 내부 공백(padding)은 아래(bottom) 4dp, 왼쪽(left) 4dp, 오른쪽(right) 4dp, 위(top) 4dp다.

button_circle.xml

button_circle.xml은 사진을 찍을 때 카메라 아이콘을 표시하는 용도로 사용하는 XML이다. 기본적으로 흰색의 원형이 보이며, 클릭하면 투명한 검은색이 보인다.

사용 위치

- 프로필 액티비티 ⇒ activity_profile.xml
- 맛집 이미지 등록 프래그먼트 ⇒ fragment_bestfood_register_image.xml

state_pressed는 눌린 상태를 의미하며, oval은 원형 모형을 의미한다. 그리고 #44000000은 검은색(000000)에 투명도 44를 주어 투명한 검은색을 만들어 회색 느낌이 나게 만들기 위한 색상 값이다. #FFFFFF는 흰색을 의미한다. 이렇게 만들어진 xml은 이미지처럼 사용할 수 있다.

코드 A-5 **/res/drawable/button_circle.xml**

```xml
<?xml version="1.0" encoding="utf-8"?>
<selector xmlns:android="http://schemas.android.com/apk/res/android">
    <item android:state_pressed="true">
        <shape android:shape="oval">
            <solid android:color="#44000000" />
        </shape>
    </item>
    <item>
        <shape android:shape="oval">
            <solid android:color="#FFFFFF" />
        </shape>
    </item>
</selector>
```

이 코드에 사용된 state_pressed는 눌린 상태를 의미한다. 그래서 이 속성이 있는 아이템은 눌렸을 때의 모양을 나타내며, 속성이 없는 아이템은 눌리지 않았을 때의 모양을 나타낸다. oval은 원형 모형을 의미하고, #44000000은 검은색(000000)에 투명도 44를 주어 투명한 검은색을 만들기 위한 색상 값이다. #FFFFFF는 흰색을 의미한다.

button_round.xml

button_round.xml은 앱에서 버튼처럼 사용하기 위한 이미지 파일이다. 기본적으로는 회색 테두리의 흰색 버튼 형태이며, 사용자가 눌렀을 경우 회색의 검은 테두리가 있는 버튼 형태로 변경된다.

사용 위치

- 프로필 액티비티 ⇒ activity_profile.xml
- 맛집 위치 등록 프래그먼트 ⇒ fragment_bestfood_register_location.xml
- 맛집 정보 등록 프래그먼트 ⇒ fragment_bestfood_register_input.xml
- 맛집 이미지 등록 프래그먼트 ⇒ fragment_bestfood_register_image.xml

코드 A-6 **/res/drawable/button_round.xml**

```xml
<?xml version="1.0" encoding="utf-8"?>
<selector xmlns:android="http://schemas.android.com/apk/res/android">
    <item android:state_pressed="true">
        <shape android:shape="rectangle">
```

```xml
            <solid android:color="#88AAAAAA" />
            <stroke android:width="1dp" android:color="#000000" />
            <corners android:radius="4dp" />
            <padding android:bottom="4dp" android:left="4dp"
                    android:right="4dp" android:top="4dp" />
        </shape>
    </item>
    <item>
        <shape android:shape="rectangle">
            <solid android:color="#FFFFFF" />
            <stroke android:width="1dp" android:color="#AAAAAA" />
            <corners android:radius="4dp" />
            <padding android:bottom="4dp" android:left="4dp"
                    android:right="4dp" android:top="4dp" />
        </shape>
    </item>
</selector>
```

state_pressed가 선언된 아이템의 모양(android:shape)은 직사각형(rectangle)이고, 내부(solid) 색상(color)은 투명한(88) 회색(AAAAAA)이며, 테두리(stroke) 두께(width)는 1dp이고, 테두리 색상(color)은 검은색(000000)이다. 그리고 코너(coners)의 라운드는 약간 있으며(4dp), 내부 공백(padding)은 아래(bottom) 4dp, 왼쪽(left) 4dp, 오른쪽(right) 4dp, 위(top) 4dp다.

state_pressed가 선언되지 않은 아이템의 내부(solid) 색상(color)은 흰색(FFFFFF)이며, 테두리(stroke) 색상(color)이 회색(AAAAAA)인 것을 제외한 다른 코드는 위의 아이템과 동일하다.

button_round_green.xml

button_round_green.xml은 앱에서 버튼처럼 사용하기 위한 이미지 파일이다. 기본적으로는 녹색 테두리의 흰색 버튼 형태이며, 사용자가 눌렀을 경우 녹색 버튼 형태로 변경된다. 지도리스트 프래그먼트의 '목록보기' 버튼에서 사용한다.

사용 위치

- 지도리스트 프래그먼트 ⇒ fragment_bestfood_map.xml

코드 A-7 /res/drawable/button_round_green.xml

```xml
<?xml version="1.0" encoding="utf-8"?>
<selector xmlns:android="http://schemas.android.com/apk/res/android">
    <item android:state_pressed="true">
```

```
        <shape android:shape="rectangle">
            <solid android:color="#AA028A0D" />
            <stroke android:width="1dp" android:color="#028A0D" />
            <corners android:radius="4dp" />
            <padding android:bottom="4dp" android:left="4dp"
                    android:right="4dp" android:top="4dp" />
        </shape>
    </item>
    <item>
        <shape android:shape="rectangle">
            <solid android:color="#AAFFFFFF" />
            <stroke android:width="1dp" android:color="#028A0D" />
            <corners android:radius="4dp" />
            <padding android:bottom="4dp" android:left="4dp"
                    android:right="4dp" android:top="4dp" />
        </shape>
    </item>
</selector>
```

state_pressed가 선언된 아이템의 모양(android:shape)은 직사각형(rectangle)이고, 내부(solid) 색상(color)은 약간 투명한(AA) 녹색(028A0D)이며, 테두리(stroke) 두께(width)는 1dp이고, 테두리 색상(color)은 녹색(028A0D)이다. 그리고 코너(coners)의 라운드는 약간 있으며(4dp), 내부 공백(padding)은 아래(bottom) 4dp, 왼쪽(left) 4dp, 오른쪽(right) 4dp, 위(top) 4dp다.

state_pressed가 선언되지 않은 아이템의 내부(solid) 색상(color)은 약간 투명한(AA) 흰색(FFFFFF)인 것을 제외한 다른 코드는 동일하다.

button_round_red.xml

button_round_red.xml은 앱에서 버튼처럼 사용하기 위한 이미지 파일이다. 기본적으로는 적색 테두리의 흰색 버튼 형태이며, 사용자가 눌렀을 경우 적색 버튼 형태로 변경된다. 시작 액티비티에서 네트워크가 연결되지 않았을 경우 보이는 버튼에 사용된다.

사용 위치

- 시작 액티비티 ⇒ activity_index.xml

코드 A-8 /res/drawable/button_round_green.xml

```
<?xml version="1.0" encoding="utf-8"?>
<selector xmlns:android="http://schemas.android.com/apk/res/android">
```

```
    <item android:state_pressed="true">
        <shape android:shape="rectangle">
            <solid android:color="#AAFF4444" />
            <stroke android:width="2dp" android:color="#FF4444" />
            <corners android:radius="4dp" />
            <padding android:bottom="4dp" android:left="4dp"
                     android:right="4dp" android:top="4dp" />
        </shape>
    </item>
    <item>
        <shape android:shape="rectangle">
            <solid android:color="#AAFFFFFF" />
            <stroke android:width="2dp" android:color="#FF4444" />
            <corners android:radius="4dp" />
            <padding android:bottom="4dp" android:left="4dp"
                     android:right="4dp" android:top="4dp" />
        </shape>
    </item>
</selector>
```

state_pressed가 선언된 아이템의 모양(android:shape)은 직사각형(rectangle)이고, 내부(solid) 색상(color)은 약간 투명한(AA) 적색(FF4444)이며, 테두리(stroke) 두께(width)는 2dp이고, 테두리 색상(color)은 적색(FF4444)이다. 그리고 코너(coners)의 라운드는 약간 있으며(4dp), 내부 공백(padding)은 아래(bottom) 4dp, 왼쪽(left) 4dp, 오른쪽(right) 4dp, 위(top) 4dp다.

state_pressed가 선언되지 않은 아이템의 내부(solid) 색상(color)은 약간 투명한(AA) 흰색(FFFFFF)인 것을 제외한 다른 코드는 동일하다.

layout 리소스

레이아웃(layout) 리소스 디렉터리는 액티비티나 프래그먼트에서 화면에 보여줄 형태를 지정하는 레이아웃 파일들을 저장하는 곳이다. 대부분의 레이아웃 파일은 이미 살펴보았으니 여기서는 살펴보지 못한 loading_layout.xml 파일만 살펴보도록 하겠다.

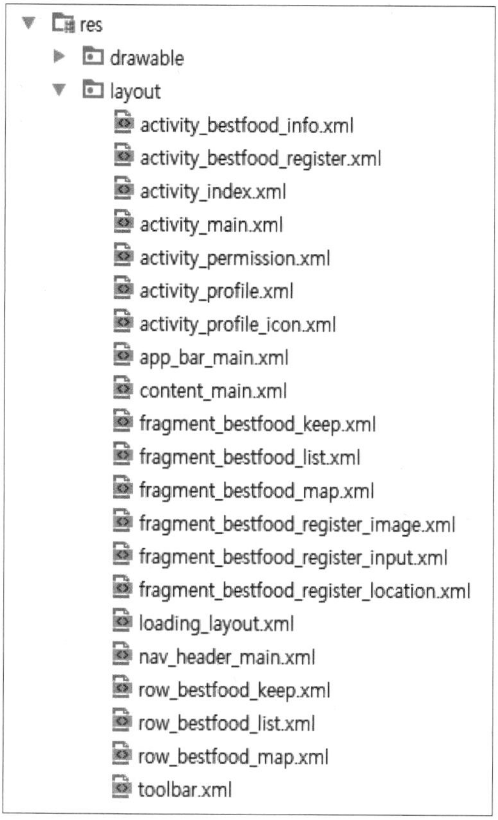

그림 A-5 **layout 리소스**

loading_layout.xml

loading_layout.xml은 맛집 정보 액티비티의 레이아웃 activity_bestfood_info.xml에서 사용하며, 맛집 정보를 보여주기 전에 미리 보여주는 레이아웃이다. 필요 없을 수도 있지만, 인터넷 상태가 일시적으로 느려질 수도 있고 이렇게 되면 맛집 정보를 가지고 오는 데 생각보다 오래 걸릴 수 있다. 따라서 임시 레이아웃을 먼저 보여줘야 사용자가 잠시나마 더 기다릴 수 있을 것이다.

코드 A-9 **/res/layout/loading_layout.xml**

```xml
<?xml version="1.0" encoding="utf-8"?>
<LinearLayout xmlns:android="http://schemas.android.com/apk/res/android"
    android:layout_width="match_parent"
    android:layout_height="match_parent"
    android:background="@color/bg_white"
```

```
        android:gravity="center"
        android:orientation="vertical">

    <TextView
        android:id="@+id/loading_text"
        android:layout_width="wrap_content"
        android:layout_height="wrap_content"
        android:drawablePadding="@dimen/spacing_small"
        android:drawableTop="@mipmap/ic_launcher"
        android:gravity="center"
        android:text="@string/loading" />
</LinearLayout>
```

menu 리소스

메뉴(menu) 리소스 디렉터리는 상단 툴바나 왼쪽에 배치
되는 내비게이션 뷰에 표시할 메뉴 파일을 저장하는 곳
이다.

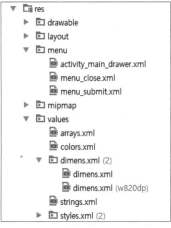

그림 A-6 **menu 리소스**

activity_main_drawer.xml

내비게이션 뷰에서 보여질 메뉴들을 설정한다. 두 개의 그룹(group)으로 구분할 것이며,
checkableBehavior 속성을 지정해서 사용자가 선택했을 때 표시될 수 있도록 한다. 그리고 메
뉴의 아이콘을 표시하기 위해 drawable 디렉터리의 아이콘을 지정하고 있으며, 메뉴 이름은
/values/strings.xml에 선언한 이름을 사용하고 있다.

코드 A-10 **/res/menu/activity_main_drawer.xml**

```
<?xml version="1.0" encoding="utf-8"?>
<menu xmlns:android="http://schemas.android.com/apk/res/android">
```

```
    <group
        android:id="@+id/g1"
        android:checkableBehavior="all">
        <item
            android:id="@+id/nav_list"
            android:icon="@drawable/ic_list"
            android:title="@string/nav_list" />
        <item
            android:id="@+id/nav_map"
            android:icon="@drawable/ic_map"
            android:title="@string/nav_map" />
        <item
            android:id="@+id/nav_keep"
            android:icon="@drawable/ic_keep_off"
            android:title="@string/nav_keep" />
        <item
            android:id="@+id/nav_register"
            android:icon="@drawable/ic_register"
            android:title="@string/nav_register" />
    </group>

    <group
        android:id="@+id/g2"
        android:checkableBehavior="all" >
        <item
            android:id="@+id/nav_profile"
            android:icon="@drawable/ic_profile"
            android:title="@string/nav_profile"/>
    </group>
</menu>
```

activity_main_drawer.xml은 메인 액티비티의 레이아웃인 activity_main.xml에 선언한 NavigationView의 app:menu 속성에 지정해야 한다. 이에 대해서는 activity_main.xml을 살펴 보기 바란다.

사용 위치

- 메인 액티비티 ⇒ activity_main.xml

menu_close.xml

menu_close.xml은 상단의 툴바 메뉴를 정의한다. /res/menu 디렉터리에 menu_close.xml 파일 을 생성하고 메뉴 아이템을 정의하면 된다. 이 메뉴는 '닫기' 이름을 가지며, 항상 텍스트와 함

께 표시될 수 있도록 showAsAction 속성을 "always|withText"로 설정할 것이다. '|'는 키보드의 엔터키 위에 있는 파이프라인이다. @string/close는 /values/strings.xml에 선언된 close 문자열을 의미한다.

코드 A-11 **/res/menu/menu_close.xml**

```xml
<?xml version="1.0" encoding="utf-8"?>
<menu xmlns:android="http://schemas.android.com/apk/res/android"
    xmlns:app="http://schemas.android.com/apk/res-auto">
    <item
        android:id="@+id/action_close"
        android:title="@string/close"
        app:showAsAction="always|withText"
        />
</menu>
```

사용 위치

- 맛집 정보 액티비티 ⇒ BestFoodInfoActivity
- 맛집 등록 액티비티 ⇒ BestFoodRegisterActivity
- 프로필 아이콘 액티비티 ⇒ ProfileIconActivity

menu_submit.xml

툴바에서 보여줄 확인 버튼을 정의한다. title 속성에 설정한 submit 문자열은 /values/strings. xml에 설정되어 있어야 하며, "always|withText" 속성은 메뉴 문자열이 항상 텍스트와 함께 표시되도록 한다.

코드 A-12 **/res/menu/menu_submit.xml**

```xml
<?xml version="1.0" encoding="utf-8"?>
<menu xmlns:android="http://schemas.android.com/apk/res/android"
    xmlns:app="http://schemas.android.com/apk/res-auto">
    <item
        android:id="@+id/action_submit"
        android:title="@string/submit"
        app:showAsAction="always|withText" />
</menu>
```

values 리소스

밸류스(values) 리소스 디렉터리는 색상, 문자열, 수치 등을 선언한 파일을 저장하는 곳이다. values 디렉터리에 작성되어 있는 각각의 파일을 살펴보도록 하겠다.

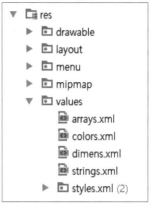

그림 A-7 values 리소스

arrays.xml

arrays.xml은 배열 정보를 저장하는 파일이다. <string-array>를 선언해서 배열을 지정할 수 있으며, 이를 자바 코드에서 사용할 수 있다.

코드 A-13 **/res/values/arrays.xml**

```xml
<?xml version="1.0" encoding="utf-8"?>
<resources>
    <string-array name="camera_album_category">
        <item>카메라</item>
        <item>앨범</item>
    </string-array>
</resources>
```

사용 위치

- 맛집 이미지 등록 프래그먼트 ⇒ BestFoodRegisterImageFragment.java

colors.xml

colors.xml은 색상 정보를 저장하는 파일이다. 앱에서 사용하는 색상 정보를 저장해서 일관된 색상으로 앱의 색상을 조정할 수 있다.

코드 A-14 **/res/values/colors.xml**

```xml
<?xml version="1.0" encoding="utf-8"?>
<resources>
    <color name="colorPrimary">#3F51B5</color>
    <color name="colorPrimaryDark">#303F9F</color>
    <color name="colorAccent">#FF4081</color>

    <color name="text_color_black">#000000</color>
    <color name="text_color_red">#aa0000</color>
    <color name="text_color_green">#2F9D27</color>
    <color name="text_color_dark_red">#880000</color>
    <color name="text_color_white">#FFF</color>
    <color name="text_color_gray">#888888</color>

    <color name="bg_default">#88EEEEEE</color>
    <color name="bg_white">#FFFFFF</color>
</resources>
```

dimens.xml

dimens.xml은 수치 정보를 저장하는 파일이다. 앱에서 사용하는 수치 정보를 저장해서 일관된 수치로 앱을 꾸밀 수 있다.

코드 A-15 **/res/values/dimens.xml**

```xml
<?xml version="1.0" encoding="utf-8"?>
<resources>
    <!-- Default screen margins, per the Android Design guidelines. -->
    <dimen name="nav_header_vertical_spacing">16dp</dimen>
    <dimen name="nav_header_height">160dp</dimen>
    <!-- Default screen margins, per the Android Design guidelines. -->
    <dimen name="activity_horizontal_margin">16dp</dimen>
    <dimen name="activity_vertical_margin">16dp</dimen>

    <dimen name="spacing_small">4dp</dimen>
    <dimen name="spacing_small2">8dp</dimen>
    <dimen name="spacing_medium">16dp</dimen>
    <dimen name="spacing_medium2">20dp</dimen>
    <dimen name="spacing_large">24dp</dimen>
    <dimen name="spacing_large2">28dp</dimen>
    <dimen name="spacing_xlarge">32dp</dimen>
    <dimen name="spacing_xlarge2">36dp</dimen>

    <dimen name="text_size_small">12sp</dimen>
    <dimen name="text_size_small2">14sp</dimen>
    <dimen name="text_size_medium">16sp</dimen>
```

```
    <dimen name="text_size_medium2">19sp</dimen>
    <dimen name="text_size_large">20sp</dimen>
    <dimen name="text_size_large2">22sp</dimen>

    <dimen name="cardview_round_basic">4dp</dimen>
</resources>
```

strings.xml

strings.xml은 레이아웃 파일과 자바 코드 파일에서 사용할 문자열을 정의하는 파일이다. 문자열을 각각의 파일에 직접 작성해도 되지만, 이렇게 할 경우 향후 글로벌 시장에 출시하기 위해서는 해당 문자열들을 모두 찾아서 strings.xml 파일에 다시 작성해야 하는 일이 생길 것이다. 하지만 처음부터 strings.xml 파일에 문자열 내용을 작성한다면 글로벌 진출을 하게 되더라도 /res/values-en/strings.xml이나 /res/values-es/strings.xml처럼 values 디렉터리 이름을 변경해서 해당 언어에 대한 strings.xml 파일만 작성하면 된다. 참고로, /res/values/strings.xml은 기본 언어에서 사용될 문자열을 의미한다.

코드 A-16 **/res/values/strings.xml**

```
<?xml version="1.0" encoding="utf-8"?>
<resources>
    <string name="app_name">BestFood</string>

    <string name="navigation_drawer_open">Open navigation drawer</string>
    <string name="navigation_drawer_close">Close navigation drawer</string>

    <string name="action_settings">Settings</string>

    <!-- 권한 화면 -->
    <string name="permission_checking">권한 확인중...</string>
    <string name="permission_setting_title">권한 설정</string>
    <string name="permission_setting_message">앱을 실행하기 위해서는 권한 설정을 해야 합니다!</
                                                                            string>
    <string name="permission_setting_restart">권한을 설정하고 다시 실행해 주세요!</string>

    <!-- 시작 화면 -->
    <string name="index_message">최고의 음식점\n모두 모아\n베스트푸드</string>
    <string name="delicious">Delicious</string>

    <string name="submit">확인</string>
    <string name="network_not_working">네크워크에 연결되어 있지 않습니다.\n확인 후 다시 실행해 주세요.
                                                                            </string>
```

```xml
<!-- 왼쪽 메뉴 -->
<string name="nav_list">맛집리스트</string>
<string name="nav_map">지도리스트</string>
<string name="nav_keep">즐겨찾기</string>
<string name="nav_register">맛집 등록</string>
<string name="nav_profile">프로필설정</string>

<!-- 공통 -->
<string name="skip_string">...</string>

<string name="close">닫기</string>
<string name="cancel">취소</string>
<string name="setting">설정</string>
<string name="prev">이전</string>
<string name="next">다음</string>
<string name="complete">완료</string>

<!-- 프로필 -->
<string name="profile_setting">프로필 설정</string>

<string name="profile_name">이름</string>
<string name="profile_sextype">성별</string>
<string name="profile_birth">생일</string>
<string name="profile_phone">전화</string>

<string name="sex_man">남자</string>
<string name="sex_woman">여자</string>

<string name="device_number">기기번호</string>
<string name="phone_number">전화번호</string>

<string name="name_need">이름을 설정해 주세요</string>
<string name="change_save">변경사항을 저장하시겠습니까?</string>

<string name="no_change">변경된 사항이 없습니다</string>
<string name="no_data">데이터가 없습니다</string>

<string name="member_insert_fail_message">사용자 등록에 실패하였습니다. 다시 시도해 주세요.
                                          </string>

<!-- 프로필 아이콘 -->
<string name="albumn">앨범</string>
<string name="camera">카메라</string>

<!-- 맛집 등록 -->
<string name="bestfood_register">맛집 등록</string>
<string name="input_bestfood_name">음식점이름을 입력해 주세요</string>
<string name="input_bestfood_address">주소를 입력해 주세요</string>
<string name="input_bestfood_tel">전화번호를 입력해 주세요</string>
<string name="input_bestfood_description">설명을 입력해 주세요</string>
```

```xml
    <string name="input_bestfood_image_memo">이미지 설명을 입력해 주세요(생략가능)</string>
    <string name="input_text_length">글자 수  :</string>
    <string name="input_text_max_length">/500</string>

    <string name="not_valid_tel_number">잘못된 번호입니다.</string>

    <!-- 맛집 이미지 등록 화면 -->
    <string name="title_bestfood_image_register">이미지 등록</string>
    <string name="no_image_ready">이미지를 준비중입니다. 잠시 후에 다시 시도해 주세요</string>
    <string name="no_image_selected">이미지를 먼저 선택해 주세요</string>

    <!-- 맛집리스트 화면 -->
    <string name="order_meter">거리순</string>
    <string name="order_favorite">인기순</string>
    <string name="order_recent">최근순</string>

    <!-- 지도리스트 화면 -->
    <string name="list_open">목록보기</string>
    <string name="list_close">목록닫기</string>
    <string name="no_list">현재 위치에는 조회할 데이터가 없습니다.</string>
    <string name="message_zoom_level_max_over">지도를 좀 더 확대해야 배너가 보입니다.</string>
    <string name="unit_m">m</string>
    <string name="unit_km">Km</string>

    <!-- DialogLib.java -->
    <string name="keep_insert">즐겨찾기 등록</string>
    <string name="keep_insert_message">즐겨찾기에 등록하시겠습니까?</string>

    <string name="keep_delete">즐겨찾기 삭제</string>
    <string name="keep_delete_message">즐겨찾기에서 삭제하시겠습니까?</string>

    <!-- 맛집 정보 화면 -->
    <string name="description">상세설명</string>
    <string name="map">지도</string>
    <string name="location">위치보기</string>
    <string name="no_text">없음</string>
    <string name="loading">잠시만 기다려주세요</string>
    <string name="loading_not">잠시 후에 다시 시도해 주세요</string>

    <!-- 즐겨찾기 -->
    <string name="no_keep">즐겨찾기에 등록된 음식점이 없습니다.</string>

</resources>
```

styles.xml

styles.xml은 스타일 정보를 저장하는 파일이다. 앱에서 사용하는 스타일 정보를 저장해서 일관된 스타일로 앱을 꾸밀 수 있다.

```xml
<?xml version="1.0" encoding="utf-8"?>
<resources>
    <!-- Base application theme. -->
    <style name="AppTheme" parent="Theme.AppCompat.Light.NoActionBar">
        <!-- Customize your theme here. -->
        <item name="colorPrimary">@color/colorPrimary</item>
        <item name="colorPrimaryDark">@color/colorPrimaryDark</item>
        <item name="colorAccent">@color/colorAccent</item>
    </style>

    <style name="AppTheme.NoActionBar">
        <item name="windowActionBar">false</item>
        <item name="windowNoTitle">true</item>
    </style>

    <style name="AppTheme.AppBarOverlay" parent="ThemeOverlay.AppCompat.Dark.
                                                              ActionBar" />

    <style name="AppTheme.PopupOverlay" parent="ThemeOverlay.AppCompat.Light" />

</resources>
```

참고로, AppTheme.AppBarOverlay와 AppTheme.PopupOverlay는 toolbar.xml에서 사용하며, AppTheme.NoActionBar는 AndroidManifest.xml에서 사용한다.

A.2 베스트푸드 아이템

아이템(item) 디렉터리에 작성되어 있는 클래스는 특정 정보를 표현하기 위한 클래스다. 다음 그림은 item 디렉터리에 작성된 아이템 클래스 목록을 보여준다. 참고로, 코드에서 사용한 Parcel은 파셀 라이브러리이며, 이에 대한 설명은 [부록](342페이지)에서 살펴볼 수 있다. 특별히 어려운 코드가 없으므로 코드 설명은 생략하기로 한다.

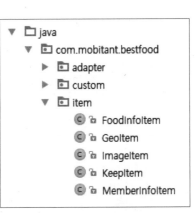

그림 A-8 item 패키지 디렉터리

FoodInfoItem.java

FoodInfoItem 클래스는 안드로이드 앱에서 맛집 정보를 저장하는 역할을 한다. 참고로, @SerializedName은 GSON 라이브러리에서 제공하는 어노테이션이며, 선언한 변수의 이름이 JSON의 키 이름과 다른 경우에 이를 매칭해 주는 기능을 한다. 그래서 member_seq 키의 값을 찾아서 memberSeq에 넣어주고 싶다면 아래 코드처럼 선언하면 된다. 만약 키 값과 변수 이름이 동일하다면 @SerializedName을 선언하지 않아도 된다.

코드 A-18 **/java/com.mobitant.bestfood/item/FoodInfoItem.java**

```java
package com.mobitant.bestfood.item;

import com.google.gson.annotations.SerializedName;

/**
 * 맛집 정보를 저장하는 객체
 */
@org.parceler.Parcel
public class FoodInfoItem {
    public int seq;
    @SerializedName("member_seq") public int memberSeq;
    public String name;
    public String tel;
    public String address;
    public double latitude;
    public double longitude;
    public String description;
    @SerializedName("reg_date") public String regDate;
    @SerializedName("mod_date") public String modDate;
    @SerializedName("user_distance_meter") public double userDistanceMeter;
    @SerializedName("is_keep") public boolean isKeep;
    @SerializedName("image_filename") public String imageFilename;

    @Override
    public String toString() {
        return "FoodInfoItem{" +
                "seq=" + seq +
                ", memberSeq=" + memberSeq +
                ", name='" + name + '\'' +
                ", tel='" + tel + '\'' +
                ", address='" + address + '\'' +
                ", latitude=" + latitude +
                ", longitude=" + longitude +
                ", description='" + description + '\'' +
                ", regDate='" + regDate + '\'' +
                ", modDate='" + modDate + '\'' +
                ", userDistanceMeter=" + userDistanceMeter +
```

```
            ", isKeep=" + isKeep +
            ", imageFilename='" + imageFilename + '₩'' +
            '}';
    }
}
```

GeoItem.java

GeoItem 클래스는 사용자의 위치 정보를 저장해서 사용자 근처의 맛집을 보여주는 데 사용된다. 만약 사용자가 GPS를 사용하지 않아 최근 위치 정보가 없다면, 기본적으로 서울 위치 정보를 반환할 수 있도록 getKnownLocation() 메소드를 작성해야 한다.

코드 A-19 /java/com.mobitant.bestfood/item/GeoItem.java

```
package com.mobitant.bestfood.item;

import com.google.android.gms.maps.model.LatLng;

/**
 * 위치 정보를 저장하는 객체
 */
public class GeoItem {
    public static double knownLatitude;
    public static double knownLongitude;

    /**
     * 사용자의 위도, 경도 객체를 반환한다. 만약 사용자의 위치를 알 수 없다면 서울 위치를 반환한다.
     * @return LatLng 위도, 경도 객체
     */
    public static LatLng getKnownLocation() {
        if (knownLatitude == 0 || knownLongitude == 0) {
            return new LatLng(37.566229, 126.977689);
        } else {
            return new LatLng(knownLatitude, knownLongitude);
        }
    }
}
```

ImageItem.java

ImageItem 클래스는 맛집 이미지 정보를 저장한다. 노드 서버에서 전달되는 JSON의 키 값이 변수 이름과 달라서 @SerializedName 어노테이션을 사용하고 있다.

```java
package com.mobitant.bestfood.item;

import com.google.gson.annotations.SerializedName;

/**
 * 맛집 이미지 정보를 저장하는 객체
 */
public class ImageItem {
    public int seq;
    @SerializedName("info_seq") public int infoSeq;
    @SerializedName("file_name") public String fileName;
    @SerializedName("image_memo") public String imageMemo;
    @SerializedName("reg_date") public String regDate;

    @Override
    public String toString() {
        return "ImageItem{" +
                "seq=" + seq +
                ", infoSeq=" + infoSeq +
                ", fileName='" + fileName + '\'' +
                ", imageMemo='" + imageMemo + '\'' +
                ", regDate='" + regDate + '\'' +
                '}';
    }
}
```

KeepItem.java

KeepItem 클래스는 즐겨찾기 정보를 저장하는 역할을 한다.

코드 A-21 /java/com.mobitant.bestfood/item/KeepItem.java

```java
package com.mobitant.bestfood.item;

import com.google.gson.annotations.SerializedName;

/**
 * 즐겨찾기 정보를 저장하는 객체
 */
public class KeepItem extends FoodInfoItem{
    @SerializedName("keep_seq") public String keepSeq;
    @SerializedName("keep_member_seq") public String keepMemberSeq;
    @SerializedName("keep_date") public String keepDate;

    @Override
    public String toString() {
```

```
        return "KeepItem{" +
                "keepSeq='" + keepSeq + '\'' +
                ", keepMemberSeq='" + keepMemberSeq + '\'' +
                ", keepDate='" + keepDate + '\'' +
                '}';
    }
}
```

MemberInfoItem.java

MemberInfoItem 클래스는 사용자 정보를 저장하는 역할을 한다.

코드 A-22 /java/com.mobitant.bestfood/item/MemberInfoItem.java

```
package com.mobitant.bestfood.item;

import com.google.gson.annotations.SerializedName;

/**
 * 사용자 정보를 저장하는 객체
 */
public class MemberInfoItem {
    public int seq;
    public String phone;
    public String name;
    public String sextype;
    public String birthday;
    @SerializedName("member_icon_filename") public String memberIconFilename;
    @SerializedName("reg_date") public String regDate;

    @Override
    public String toString() {
        return "MemberInfoItem{" +
                "seq=" + seq +
                ", phone='" + phone + '\'' +
                ", name='" + name + '\'' +
                ", sextype='" + sextype + '\'' +
                ", birthday='" + birthday + '\'' +
                ", memberIconFilename='" + memberIconFilename + '\'' +
                ", regDate='" + regDate + '\'' +
                '}';
    }
}
```

A.3 상태 저장을 위한 Application 클래스

Application 클래스는 애플리케이션의 상태를 저장하고 이를 어디서나 호출해서 사용할 수 있도록 해 주는 클래스다. 그래서 이 클래스를 상속해서 원하는 방식으로 사용할 수 있다. 이 책에서는 사용자 정보를 저장하고 애플리케이션 전역에서 사용자 정보를 사용할 수 있게끔 하였다.

MyApp.java

MyApp 클래스는 Application 클래스를 상속하고 있으며, 사용자 정보인 MemberInfoItem을 저장하고 반환하는 역할을 한다. 이를 통해 앱의 어디서나 사용자 정보에 접근할 수 있다.

코드 A-23 **/java/com.mobitant.bestfood/MyApp.java**

```java
package com.mobitant.bestfood;

import android.app.Application;
import android.os.StrictMode;

import com.mobitant.bestfood.item.FoodInfoItem;
import com.mobitant.bestfood.item.MemberInfoItem;

/**
 * 앱 전역에서 사용할 수 있는 클래스
 */
public class MyApp extends Application {
    private MemberInfoItem memberInfoItem;
    private FoodInfoItem foodInfoItem;

    @Override
    public void onCreate() {
        super.onCreate();

        // FileUriExposedException 문제를 해결하기 위한 코드
        // 관련 설명은 책의 [부록](335페이지) 참고
        StrictMode.VmPolicy.Builder builder = new StrictMode.VmPolicy.Builder();
        StrictMode.setVmPolicy(builder.build());
    }

    public MemberInfoItem getMemberInfoItem() {
        if (memberInfoItem == null) memberInfoItem = new MemberInfoItem();

        return memberInfoItem;
    }
```

```
    public void setMemberInfoItem(MemberInfoItem item) {
        this.memberInfoItem = item;
    }

    public int getMemberSeq() {
        return memberInfoItem.seq;
    }

    public void setFoodInfoItem(FoodInfoItem foodInfoItem) {
        this.foodInfoItem = foodInfoItem;
    }

    public FoodInfoItem getFoodInfoItem() {
        return foodInfoItem;
    }
}
```

Application 클래스는 애플리케이션이 시작할 때 다른 클래스보다 먼저 초기화되며, 이렇게 동작하게 하기 위해서는 AndroidManifest.xml의 application 태그에 android:name 속성에 MyApp을 지정해야 한다.

코드 A-24 **AndroidManifest.xml**

```xml
<?xml version="1.0" encoding="utf-8"?>
<manifest xmlns:android="http://schemas.android.com/apk/res/android"
    package="com.mobitant.bestfood">

    <application
        android:allowBackup="true"
        android:icon="@mipmap/ic_launcher"
        android:label="@string/app_name"
        android:supportsRtl="true"
        android:name=".MyApp"
        android:theme="@style/AppTheme">

        <activity
            android:name=".PermissionActivity"
            android:label="@string/app_name"
            android:theme="@style/AppTheme.NoActionBar">
            <intent-filter>
                <action android:name="android.intent.action.MAIN" />
                <category android:name="android.intent.category.LAUNCHER" />
            </intent-filter>
        </activity>
    </application>
</manifest>
```

이렇게 작성한 Application 클래스는 애플리케이션 어디에서든지 다음처럼 호출해서 사용할 수 있다.

```
((MyApp) getApplicationContext()).setMemberInfoItem(item);
```

A.4 베스트푸드 원격 서비스

리모트(remote) 디렉터리에는 노드 서버와 통신할 수 있는 레트로핏(retrofit) 관련 클래스를 작성하였다. ServiceGenerator는 원격 서버와 통신할 수 있게 해 주는 레트로핏과 관련된 설정을 하는 클래스이며, RemoteService는 원격 서버로 호출할 경로와 메소드를 선언한 클래스다.

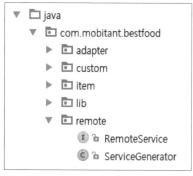

그림 A-9 remote 패키지 디렉터리

ServiceGenerator.java

ServiceGenerator 클래스는 createService( ) 메소드를 통해 서버와 통신하기 위한 레트로핏 객체를 생성할 수 있게 해 준다.

코드 A-25 /java/com.mobitant.bestfood/remote/ServiceGenerator.java

```
package com.mobitant.bestfood.remote;

import com.google.gson.Gson;
import com.google.gson.GsonBuilder;
import com.mobitant.bestfood.BuildConfig;

import okhttp3.OkHttpClient;
import okhttp3.logging.HttpLoggingInterceptor;
import retrofit2.Retrofit;
import retrofit2.converter.gson.GsonConverterFactory;

/**
 * 서버와 통신하기 위한 레트로핏을 사용하기 위한 클래스
```

```
    */
public class ServiceGenerator {
    /**
     * 원격 호출을 정의한 인터페이스 메소드를 호출할 수 있는 서비스를 생성
     * @param serviceClass 원격 호출 메소드를 정의한 인터페이스
     * @return 인터페이스 구현체
     */
    public static <S> S createService(Class<S> serviceClass) {
        HttpLoggingInterceptor logging = new HttpLoggingInterceptor();
        if (BuildConfig.DEBUG) {
            logging.setLevel(HttpLoggingInterceptor.Level.BODY);
        } else {
            logging.setLevel(HttpLoggingInterceptor.Level.NONE);
        }

        OkHttpClient.Builder httpClient = new OkHttpClient.Builder();
        httpClient.addInterceptor(logging);

        Gson gson = new GsonBuilder()
                .setLenient()
                .create();

        Retrofit retorfit = new Retrofit.Builder()
                .baseUrl(RemoteService.BASE_URL)
                .addConverterFactory(GsonConverterFactory.create(gson))
                .client(httpClient.build())
                .build();

        return retorfit.create(serviceClass);
    }
}
```

createService( ) 메소드는 원격 호출을 할 수 있게 해 주는 서비스 구현체를 반환하는 역할을 하며, 레트로핏은 원격 서버와 통신하기 위해 OkHttpClient를 사용한다. 그리고 Gson을 사용해서 JSON을 JAVA 객체로, JAVA 객체를 JSON으로 변경할 수 있게 하고 있다.

RemoteService.java

RemoteService 인터페이스는 노드 서버의 REST API를 호출하기 위한 메소드를 선언하는 곳이다.

코드 A-26 **/java/com.mobitant.bestfood/remote/RemoteService.java**

```
package com.mobitant.bestfood.remote;
```

```java
import com.mobitant.bestfood.item.FoodInfoItem;
import com.mobitant.bestfood.item.KeepItem;
import com.mobitant.bestfood.item.MemberInfoItem;

import java.util.ArrayList;

import okhttp3.MultipartBody;
import okhttp3.RequestBody;
import okhttp3.ResponseBody;
import retrofit2.Call;
import retrofit2.http.Body;
import retrofit2.http.DELETE;
import retrofit2.http.Field;
import retrofit2.http.FormUrlEncoded;
import retrofit2.http.GET;
import retrofit2.http.Multipart;
import retrofit2.http.POST;
import retrofit2.http.Part;
import retrofit2.http.Path;
import retrofit2.http.Query;

/**
 * 서버에 호출할 메소드를 선언하는 인터페이스
 */
public interface RemoteService {
    String BASE_URL = "http://192.168.1.188:3000";
    String MEMBER_ICON_URL = BASE_URL + "/member/";
    String IMAGE_URL = BASE_URL + "/img/";

    //사용자 정보
    @GET("/member/{phone}")
    Call<MemberInfoItem> selectMemberInfo(@Path("phone") String phone);

    @POST("/member/info")
    Call<String> insertMemberInfo(@Body MemberInfoItem memberInfoItem);

    @FormUrlEncoded
    @POST("/member/phone")
    Call<String> insertMemberPhone(@Field("phone") String phone);

    @Multipart
    @POST("/member/icon_upload")
    Call<ResponseBody> uploadMemberIcon(@Part("member_seq") RequestBody memberSeq,
                                        @Part MultipartBody.Part file);

    //맛집 정보
    @GET("/food/info/{info_seq}")
    Call<FoodInfoItem> selectFoodInfo(@Path("info_seq") int foodInfoSeq,
                                      @Query("member_seq") int memberSeq);
```

```java
@POST("/food/info")
Call<String> insertFoodInfo(@Body FoodInfoItem infoItem);

@Multipart
@POST("/food/info/image")
Call<ResponseBody> uploadFoodImage(@Part("info_seq") RequestBody infoSeq,
                                    @Part("image_memo") RequestBody imageMemo,
                                    @Part MultipartBody.Part file);

@GET("/food/list")
Call<ArrayList<FoodInfoItem>> listFoodInfo(@Query("member_seq") int memberSeq,
                                            @Query("user_latitude") double
                                                                    userLatitude,
                                            @Query("user_longitude") double
                                                                    userLongitude,
                                            @Query("order_type") String orderType,
                                            @Query("current_page") int
                                                                    currentPage);



//지도
@GET("/food/map/list")
Call<ArrayList<FoodInfoItem>> listMap(@Query("member_seq") int memberSeq,
                                        @Query("latitude") double latitude,
                                        @Query("longitude") double longitude,
                                        @Query("distance") int distance,
                                        @Query("user_latitude") double userLatitude,
                                        @Query("user_longitude") double
                                                                    userLongitude);


//즐겨찾기
@POST("/keep/{member_seq}/{info_seq}")
Call<String> insertKeep(@Path("member_seq") int memberSeq, @Path("info_seq") int
                                                                    infoSeq);

@DELETE("/keep/{member_seq}/{info_seq}")
Call<String> deleteKeep(@Path("member_seq") int memberSeq, @Path("info_seq") int
                                                                    infoSeq);

@GET("/keep/list")
Call<ArrayList<KeepItem>> listKeep(@Query("member_seq") int memberSeq,
                                    @Query("user_latitude") double userLatitude,
                                    @Query("user_longitude") double userLongitude);
}
```

RemoteService.java에 선언된 메소드는 이 책의 본문에서 모두 살펴보았으니 여기서는 생략하
겠다.

A.5 베스트푸드 라이브러리

이제는 베스트푸드 앱을 만들면서 자주 사용했던 자체
라이브러리에 대해서 살펴보겠다. lib 패키지에 모든 클
래스가 작성되어 있다. 앱을 만들 때마다 라이브러리를
개선한다면 어떤 앱을 만들더라도 개발을 좀 더 빠르게
할 수 있을 것이다. 모든 소스 코드에는 주석이 있으므
로 부연 설명이 필요한 코드에 대해서만 추가 설명을 하
도록 하겠다.

그림 A-10 **lib** 패키지 디렉터리

BitmapLib.java

BitmapLib 클래스는 안드로이드 앱에서 사용하는 이미지를 비트맵으로 저장하는 역할을
한다.

코드 A-27 **/java/com.mobitant.bestfood/lib/BitmapLib.java**

```java
package com.mobitant.bestfood.lib;

import android.graphics.Bitmap;
import android.os.Handler;

import java.io.File;
import java.io.FileOutputStream;

/**
 * 비트맵 관련 라이브러리
 */
public class BitmapLib {
    public static final String TAG = BitmapLib.class.getSimpleName();
    private volatile static BitmapLib instance;
```

```java
public static BitmapLib getInstance() {
    if (instance == null) {
        synchronized (BitmapLib.class) {
            if (instance == null) {
                instance = new BitmapLib();
            }
        }
    }
    return instance;
}

/**
 * 비트맵을 별도 스레드에서 파일로 저장한다.
 * @param handler 결과를 알려줄 핸들러
 * @param file 파일 객체
 * @param bitmap 비트맵 객체
 */
public void saveBitmapToFileThread(final Handler handler, final File file,
                                   final Bitmap bitmap) {

    new Thread() {
        @Override
        public void run() {
            saveBitmapToFile(file, bitmap);
            handler.sendEmptyMessage(0);
        }
    }.start();
}

/**
 * 비트맵을 파일에 저장한다.
 * @param file 파일 객체
 * @param bitmap 비트맵 객체
 * @return 파일 저장 성공 여부
 */
private boolean saveBitmapToFile(File file, Bitmap bitmap) {
    if (bitmap == null) return false;

    boolean save = false;

    FileOutputStream out = null;
    try {
        out = new FileOutputStream(file);

        bitmap.compress(Bitmap.CompressFormat.PNG, 90, out);
        save = true;
    } catch (Exception e) {
        save = false;
    } finally {
        try {
            out.close();
```

```
                } catch (Exception e) {
                }
            }
            return save;
        }
    }
```

DialogLib.java

DialogLib 클래스는 안드로이드 앱에서 보여주는 여러 다이얼로그를 모두 모아놓은 클래스다.

코드 A-28 /java/com.mobitant.bestfood/lib/DialogLib.java

```
package com.mobitant.bestfood.lib;

import android.app.AlertDialog;
import android.content.Context;
import android.content.DialogInterface;
import android.os.Handler;

import com.mobitant.bestfood.R;

/**
 * 다이얼로그와 관련된 메소드로 구성된 라이브러리
 */
public class DialogLib {
    public final String TAG = DialogLib.class.getSimpleName();
    private volatile static DialogLib instance;

    public static DialogLib getInstance() {
        if (instance == null) {
            synchronized (DialogLib.class) {
                if (instance == null) {
                    instance = new DialogLib();
                }
            }
        }
        return instance;
    }

    /**
     * 즐겨찾기 추가 다이얼로그 화면을 보여준다.
     * @param context 컨텍스트 객체
     * @param handler 핸들러 객체
     * @param memberSeq 사용자 일련번호
     * @param infoSeq 맛집 정보 일련번호
     */
```

```java
public void showKeepInsertDialog(Context context, final Handler handler,
                                 final int memberSeq, final int infoSeq) {
    new AlertDialog.Builder(context)
            .setTitle(R.string.keep_insert)
            .setMessage(R.string.keep_insert_message)
            .setNegativeButton(android.R.string.no, new DialogInterface.
                                                             OnClickListener() {

                @Override
                public void onClick(DialogInterface dialog, int which) {


                }
            })
            .setPositiveButton(android.R.string.yes, new DialogInterface.
                                                             OnClickListener() {

                @Override
                public void onClick(DialogInterface dialog, int which) {
                    KeepLib.getInstance().insertKeep(handler, memberSeq, infoSeq);
                }
            })
            .show();
}

/**
 * 즐겨찾기 삭제 다이얼로그 화면을 보여준다.
 * @param context 컨텍스트 객체
 * @param handler 핸들러 객체
 * @param memberSeq 사용자 일련번호
 * @param infoSeq 맛집 정보 일련번호
 */
public void showKeepDeleteDialog(Context context, final Handler handler,
                                 final int memberSeq, final int infoSeq) {
    new AlertDialog.Builder(context)
            .setTitle(R.string.keep_delete)
            .setMessage(R.string.keep_delete_message)
            .setNegativeButton(android.R.string.no, new DialogInterface.
                                                             OnClickListener() {

                @Override
                public void onClick(DialogInterface dialog, int which) {


                }
            })
            .setPositiveButton(android.R.string.yes, new DialogInterface.
                                                             OnClickListener() {

                @Override
                public void onClick(DialogInterface dialog, int which) {
                    KeepLib.getInstance().deleteKeep(handler, memberSeq, infoSeq);
                }
            })
            .show();
}
```

```
}
```

AlertDialog 클래스를 통해 다이얼로그를 보여주고 사용자가 선택을 하게 할 수 있다. 이때 setNegativeButton( ), setPositiveButton( )을 설정할 수 있으며, setNegativeButton( ) 메소드는 '아니오' 같은 부정적인 의미의 버튼을 생성하는 데 사용되며, setPositiveButton( ) 메소드는 '네' 와 같은 긍정적인 의미의 버튼을 생성하는 데 사용된다. 사용자가 어떤 버튼을 누르든지 다이 얼로그는 닫히는 것이 기본 동작이다.

EtcLib.java

EtcLib 클래스는 전화번호를 반환하거나 기기번호를 반환하는 등의 다양한 메소드가 선언되어 있으며, 향후 메소드가 더 많아질 경우 기능에 맞게 별도의 클래스 파일로 분리해야 한다.

코드 A-29 /java/com.mobitant.bestfood/lib/EtcLib.java

```java
package com.mobitant.bestfood.lib;

import android.content.Context;
import android.os.Build;
import android.provider.Settings;
import android.telephony.TelephonyManager;

import java.util.Locale;
import java.util.regex.Pattern;

/**
 * 기타 라이브러리
 */
public class EtcLib {
    public final String TAG = EtcLib.class.getSimpleName();
    private volatile static EtcLib instance;

    public static EtcLib getInstance() {
        if (instance == null) {
            synchronized (EtcLib.class) {
                if (instance == null) {
                    instance = new EtcLib();
                }
            }
        }
        return instance;
    }
```

```java
/**
 * 현재 기기의 전화번호를 반환한다(+82가 붙은 전화번호로 반환).
 * @param context 컨텍스트 객체
 * @return 전화번호 문자열
 */
public String getPhoneNumber(Context context) {
    TelephonyManager tm =
            (TelephonyManager) context.getSystemService(Context.TELEPHONY_SERVICE);
    String number = tm.getLine1Number();

    if (number != null && !number.equals("") && number.length() >= 8) {
        if (Locale.getDefault().getCountry().equals("KR")) {
            if (number.startsWith("82")) {
                number = "+" + number;
            }

            if (number.startsWith("0")) {
                number = "+82" + number.substring(1, number.length());
            }
        }

        MyLog.d(TAG, "number " + number);

    } else {
        number = getDeviceId(context);
    }

    return number;
}


/**
 * 전화번호가 없을 경우 기기 아이디를 반환한다.
 * @param context 컨텍스트 객체
 * @return 기기 아이디 문자열
 */
private String getDeviceId(Context context) {
    TelephonyManager tm =
            (TelephonyManager) context.getSystemService(Context.TELEPHONY_SERVICE);

    String tmDevice = tm.getDeviceId();
    String androidId =
            Settings.Secure.getString(context.getContentResolver(), Settings.
                                                    Secure.ANDROID_ID);
    String serial = null;
    if (Build.VERSION.SDK_INT > Build.VERSION_CODES.FROYO) serial = Build.SERIAL;

    if (tmDevice != null) return "01" + tmDevice;
    if (androidId != null) return "02" + androidId;
    if (serial != null) return "03" + serial;
```

```java
        return null;
    }


    /**
     * 전화번호가 유효한 자릿수를 가지고 있는지를 체크한다.
     * @param number 전화번호 문자열
     * @return 유효한 전화번호일 경우 true, 그렇지 않으면 false
     */
    public boolean isValidPhoneNumber(String number) {
        if (number == null) {
            return false;
        } else {
            if (Pattern.matches("\\d{2}-\\d{3}-\\d{4}", number)
                    || Pattern.matches("\\d{3}-\\d{3}-\\d{4}", number)
                    || Pattern.matches("\\d{3}-\\d{4}-\\d{4}", number)
                    || Pattern.matches("\\d{10}", number)
                    || Pattern.matches("\\d{11}", number) ) {
                return true;
            } else {
                return false;
            }
        }
    }


    /**
     * 전화번호에 '-'를 붙여서 반환한다.
     * @param number 전화번호 문자열
     * @return 변경된 전화번호 문자열
     */
    public String getPhoneNumberText(String number) {
        String phoneText = "";

        if (StringLib.getInstance().isBlank(number)) {
            return phoneText;
        }

        number = number.replace("-", "");

        int length = number.length();

        if (number.length() >= 10) {
            phoneText = number.substring(0, 3) + "-"
                    + number.substring(3, length-4) + "-"
                    + number.substring(length-4, length);
        }

        return phoneText;
    }
}
```

isValidPhoneNumber() 메소드에서는 전화번호의 유효성을 체크하고 있다. 일반전화나 휴대폰 전화가 모두 등록될 수 있고 "-" 문자열이 포함될 수 있으므로 이에 대해서는 Pattern 클래스로 체크해야 한다.

FileLib.java

FileLib 클래스는 파일을 저장할 위치를 반환하거나 파일 객체를 반환하는 등의 파일과 관련된 메소드가 작성되어 있는 곳이다.

코드 A-30 /java/com.mobitant.bestfood/lib/FileLib.java

```java
package com.mobitant.bestfood.lib;

import android.content.Context;
import android.os.Environment;

import java.io.File;

/**
 * 파일과 관련된 라이브러리
 */
public class FileLib {
    public static final String TAG = FileLib.class.getSimpleName();
    private volatile static FileLib instance;

    public static FileLib getInstance() {
        if (instance == null) {
            synchronized (FileLib.class) {
                if (instance == null) {
                    instance = new FileLib();
                }
            }
        }
        return instance;
    }

    /**
     * 파일을 저장할 수 있는 디렉터리 객체를 반환한다.
     * @param context 컨텍스트 객체
     * @return 파일 객체
     */
    private File getFileDir(Context context) {
        String state = Environment.getExternalStorageState();
        File filesDir;
```

```
        if (Environment.MEDIA_MOUNTED.equals(state)) {
            filesDir = context.getExternalFilesDir(null);
        } else {
            filesDir = context.getFilesDir();
        }

        return filesDir;
    }

    /**
     * 프로필 아이콘 파일을 저장할 파일 객체를 반환한다.
     * @param context 컨텍스트 객체
     * @param name 파일 이름
     * @return 파일 객체
     */
    public File getProfileIconFile(Context context, String name) {
        return new File(FileLib.getInstance().getFileDir(context), name + ".png");
    }

    /**
     * 이미지 파일 객체를 반환한다.
     * @param context 컨텍스트 객체
     * @param name 파일 이름
     * @return 파일 객체
     */
    public File getImageFile(Context context, String name) {
        return new File(FileLib.getInstance().getFileDir(context), name + ".png");
    }
}
```

GeoLib.java

GeoLib는 위치 정보와 관련된 라이브러리이며, 사용자의 위치를 반환하거나 주소 문자열을 반환하는 등의 메소드가 준비되어 있다.

코드 A-31 /java/com.mobitant.bestfood/lib/GeoLib.java

```
package com.mobitant.bestfood.lib;

import android.Manifest;
import android.content.Context;
import android.content.pm.PackageManager;
import android.location.Address;
import android.location.Geocoder;
import android.location.Location;
import android.location.LocationManager;
```

```java
import android.support.v4.content.ContextCompat;

import com.google.android.gms.maps.GoogleMap;
import com.google.android.gms.maps.model.LatLng;
import com.google.android.gms.maps.model.VisibleRegion;
import com.mobitant.bestfood.item.GeoItem;

import java.util.List;
import java.util.Locale;

/**
 * 위치 정보와 관련된 라이브러리
 */
public class GeoLib {
    public final String TAG = GeoLib.class.getSimpleName();
    private volatile static GeoLib instance;

    public static GeoLib getInstance() {
        if (instance == null) {
            synchronized (GeoLib.class) {
                if (instance == null) {
                    instance = new GeoLib();
                }
            }
        }
        return instance;
    }

    /**
     * 사용자의 현재 위도, 경도를 반환한다.
     * 실제로는 최근 측정된 위치 정보다.
     * @param context 컨텍스트 객체
     */
    public void setLastKnownLocation(Context context) {
        LocationManager locationManager
                = (LocationManager) context.getSystemService(Context.LOCATION_SERVICE);
        Location location = null;

        int result = ContextCompat.checkSelfPermission(context,
                Manifest.permission.ACCESS_FINE_LOCATION);
        if (result == PackageManager.PERMISSION_GRANTED) {
            location = locationManager.getLastKnownLocation(LocationManager.PASSIVE_
                                                                        PROVIDER);
        }

        if (location != null) {
            GeoItem.knownLatitude = location.getLatitude();
            GeoItem.knownLongitude = location.getLongitude();
        } else {
            //서울 설정
```

```
            GeoItem.knownLatitude = 37.566229;
            GeoItem.knownLongitude = 126.977689;
        }
    }

    /**
     * 지정된 위도, 경도 객체에 해당하는 주소 문자열을 반환한다.
     * @param context 컨텍스트 객체
     * @param latLng 위도, 경도 객체
     * @return Address 주소 객체
     */
    public Address getAddressString(Context context, LatLng latLng) {
        Geocoder geocoder = new Geocoder(context, Locale.getDefault());

        List<Address> list = null;

        try {
            list = geocoder.getFromLocation(latLng.latitude, latLng.longitude, 1);
        } catch (Exception e) {
            e.printStackTrace();
        }

        if (list != null && list.size() > 0) {
            return list.get(0);
        } else {
            return null;
        }
    }

    /**
     * Address 객체로부터 주소 문자열을 추출하여 반환한다.
     * @param address 주소 객체
     * @return 주소 문자열
     */
    public String getAddressString(Address address) {
        String address2 = "";
        if (address.getAddressLine(1) != null) {
            address2 = " " + address.getAddressLine(1);
        }
        return address.getAddressLine(0) + address2;
    }

    /**
     * 화면 중앙으로부터 화면 왼쪽까지의 거리를 반환한다.
     * @param map 구글 지도 객체
     * @return 거리(m)
     */
    public int getDistanceMeterFromScreenCenter(GoogleMap map) {
        VisibleRegion vr = map.getProjection().getVisibleRegion();
        double left = vr.latLngBounds.southwest.longitude;
```

```
        Location leftLocation = new Location("left");
        leftLocation.setLatitude(vr.latLngBounds.getCenter().latitude);
        leftLocation.setLongitude(left);

        Location center=new Location("center");
        center.setLatitude( vr.latLngBounds.getCenter().latitude);
        center.setLongitude( vr.latLngBounds.getCenter().longitude);
        return  (int) center.distanceTo(leftLocation);
    }
}
```

getAddressString(Context context, LatLng latLng) 메소드는 위도, 경도를 기반으로 주소 객체인 Address를 반환한다. Geocoder 클래스의 getFromLocation( ) 메소드를 사용하여 위도, 경도로 조회한 주소 리스트를 얻을 수 있다.

GoLib.java

GoLib 클래스는 프래그먼트를 이동하거나 액티비티를 보여주는 등 현재 화면에서 다른 화면을 보여주기 위한 메소드를 모아놓은 곳이다.

코드 A-32 /java/com.mobitant.bestfood/lib/GoLib.java

```
package com.mobitant.bestfood.lib;

import android.content.Context;
import android.content.Intent;
import android.support.v4.app.Fragment;
import android.support.v4.app.FragmentManager;

import com.mobitant.bestfood.BestFoodInfoActivity;
import com.mobitant.bestfood.BestFoodRegisterActivity;
import com.mobitant.bestfood.ProfileActivity;

/**
 * 액티비티나 프래그먼트 실행 라이브러리
 */
public class GoLib {
    public final String TAG = GoLib.class.getSimpleName();
    private volatile static GoLib instance;

    public static GoLib getInstance() {
        if (instance == null) {
            synchronized (GoLib.class) {
                if (instance == null) {
                    instance = new GoLib();
```

```
                }
            }
        }
        return instance;
    }


    /**
     * 프래그먼트를 보여준다.
     * @param fragmentManager 프래그먼트 매니저
     * @param containerViewId 프래그먼트를 보여줄 컨테이너 뷰 아이디
     * @param fragment 프래그먼트
     */
    public void goFragment(FragmentManager fragmentManager, int containerViewId,
                           Fragment fragment) {
        fragmentManager.beginTransaction()
                .replace(containerViewId, fragment)
                .commit();
    }


    /**
     * 뒤로가기를 할 수 있는 프래그먼트를 보여준다.
     * @param fragmentManager 프래그먼트 매니저
     * @param containerViewId 프래그먼트를 보여줄 컨테이너 뷰 아이디
     * @param fragment 프래그먼트
     */
    public void goFragmentBack(FragmentManager fragmentManager, int containerViewId,
                               Fragment fragment) {
        fragmentManager.beginTransaction()
                .replace(containerViewId, fragment)
                .addToBackStack(null)
                .commit();
    }


    /**
     * 이전 프래그먼트를 보여준다.
     * @param fragmentManager 프래그먼트 매니저
     */
    public void goBackFragment(FragmentManager fragmentManager) {
        fragmentManager.popBackStack();
    }


    /**
     * 프로파일 액티비티를 실행한다.
     * @param context 컨텍스트
     */
    public void goProfileActivity(Context context) {
        Intent intent = new Intent(context, ProfileActivity.class);
        intent.setFlags(Intent.FLAG_ACTIVITY_NEW_TASK);
        context.startActivity(intent);
```

```
    }

    /**
     * 맛집 정보 등록 액티비티를 실행한다.
     * @param context 컨텍스트
     */
    public void goBestFoodRegisterActivity(Context context) {
        Intent intent = new Intent(context, BestFoodRegisterActivity.class);
        intent.setFlags(Intent.FLAG_ACTIVITY_NEW_TASK);
        context.startActivity(intent);
    }


    /**
     * 맛집 정보 액티비티를 실행한다.
     * @param context 컨텍스트
     * @param infoSeq 맛집 정보 일련번호
     */
    public void goBestFoodInfoActivity(Context context, int infoSeq) {
        Intent intent = new Intent(context, BestFoodInfoActivity.class);
        intent.putExtra(BestFoodInfoActivity.INFO_SEQ, infoSeq);
        context.startActivity(intent);
    }
}
```

액티비티를 실행할 때 사용한 Intent.FLAG_ACTIVITY_NEW_TASK 플래그는 실행하는 액
티비티를 별도 태스크, 즉 별도 스택에 생성하라는 의미다. 이러한 플래그는 여러 종류가 있으
므로 인터넷이나 관련 서적을 통해 따로 학습할 필요가 있다.

KeepLib.java

KeepLib 클래스는 즐겨찾기에 추가하거나 삭제하는 역할을 하는 메소드를 작성하는 곳이다.

코드 A-33 **/java/com.mobitant.bestfood/lib/KeepLib.java**

```
package com.mobitant.bestfood.lib;

import android.os.Handler;

import com.mobitant.bestfood.remote.RemoteService;
import com.mobitant.bestfood.remote.ServiceGenerator;

import retrofit2.Call;
import retrofit2.Callback;
```

```java
import retrofit2.Response;

/**
 * 즐겨찾기 관련 라이브러리
 */
public class KeepLib {
    public final String TAG = KeepLib.class.getSimpleName();
    private volatile static KeepLib instance;

    public static KeepLib getInstance() {
        if (instance == null) {
            synchronized (KeepLib.class) {
                if (instance == null) {
                    instance = new KeepLib();
                }
            }
        }
        return instance;
    }

    /**
     * 즐겨찾기 추가를 서버에 요청한다.
     * @param handler 결과를 응답할 핸들러
     * @param memberSeq 사용자 일련번호
     * @param infoSeq 맛집 정보 일련번호
     */
    public void insertKeep(final Handler handler, int memberSeq, final int infoSeq) {
        RemoteService remoteService = ServiceGenerator.createService(RemoteService.
                                                                                class);

        Call<String> call = remoteService.insertKeep(memberSeq, infoSeq);
        call.enqueue(new Callback<String>() {
            @Override
            public void onResponse(Call<String> call, Response<String> response) {
                if (response.isSuccessful()) {
                    MyLog.d(TAG, "insertKeep " + response);
                    handler.sendEmptyMessage(infoSeq);
                } else { // 등록 실패
                    MyLog.d(TAG, "response error " + response.errorBody());
                }
            }

            @Override
            public void onFailure(Call<String> call, Throwable t) {
                MyLog.d(TAG, "no internet connectivity");
            }
        });
    }

    /**
```

```
 * 즐겨찾기 삭제를 서버에 요청한다.
 * @param handler 결과를 응답할 핸들러
 * @param memberSeq 사용자 일련번호
 * @param infoSeq 맛집 정보 일련번호
 */
public void deleteKeep(final Handler handler, int memberSeq, final int infoSeq) {
    RemoteService remoteService = ServiceGenerator.createService(RemoteService.
                                                                         class);

    Call<String> call = remoteService.deleteKeep(memberSeq, infoSeq);
    call.enqueue(new Callback<String>() {
        @Override
        public void onResponse(Call<String> call, Response<String> response) {
            if (response.isSuccessful()) {
                MyLog.d(TAG, "deleteKeep " + response);
                handler.sendEmptyMessage(infoSeq);
            } else { // 등록 실패
                MyLog.d(TAG, "response error " + response.errorBody());
            }
        }

        @Override
        public void onFailure(Call<String> call, Throwable t) {
            MyLog.d(TAG, "no internet connectivity");
        }
    });
}
}
```

즐겨찾기를 추가하거나 제거하는 insertKeep()과 deleteKeep() 메소드는 별도 라이브러리 클래
스로 작성했으며, 이렇게 하면 어느 곳에서나 메소드 호출만으로 즐겨찾기 처리를 할 수 있다.
물론, 서버와 통신하는 다른 메소드들도 이렇게 작성할 수 있다.

MyLog.java

MyLog 클래스는 안드로이드의 Log 클래스를 좀 더 편하게 사용하기 위해 작성한 클래스다.
BuildConfig.DEBUG 값을 통해 개발 시에만 로그를 남기고 운영 시에는 남기지 않게 되어 있
다. 또한, 자주 사용하는 d()나 e()만 선언되어 있으므로 제대로 사용하기 위해서는 i() 등 다
른 메소드도 선언하고, BuildConfig.DEBUG와 상관없이 운영 시에도 로그를 출력할 수도 있
도록 개선해야 한다.

```java
package com.mobitant.bestfood.lib;

import android.util.Log;

import com.mobitant.bestfood.BuildConfig;

/**
 * 로그 편의 클래스
 * 기존 로그를 좀 더 편하기 사용하기 위한 메소드로 구성
 * BuildConfig.DEBUG 값을 통해 개발 단계에서는 로그를 출력하고 마켓 런칭 단계에서는 로그 출력 안 함
 */
public class MyLog {
    private static boolean enabled = BuildConfig.DEBUG;

    public static void d(String tag, String text) {
        if (!enabled) return;

        Log.d(tag, text);
    }

    public static void d(String text) {
        if (!enabled) return;

        Log.d("tag", text);
    }

    public static void d(String tag, Class<?> cls, String text) {
        if (!enabled) return;

        Log.d(tag, cls.getName() + "." + text);
    }

    public static void e(String tag, String text) {
        if (!enabled) return;

        Log.e(tag, text);
    }
}
```

MyToast.java

MyToast 클래스는 안드로이드 Toast 클래스를 좀 더 편하게 사용하기 위한 클래스다. 그래서 show() 메소드를 호출하지 않아도 되므로 기존보다 조금 더 편하게 사용할 수 있다.

```java
package com.mobitant.bestfood.lib;

import android.content.Context;
import android.widget.Toast;

/**
 * 토스트 편의 클래스
 * 토스트를 좀 더 편하게 사용하기 위한 메소드로 구성
 */
public class MyToast {
    public static void s(Context context, int id) {
        Toast.makeText(context, id, Toast.LENGTH_SHORT).show();
    }

    public static void s(Context context, String text) {
        Toast.makeText(context, text, Toast.LENGTH_SHORT).show();
    }

    public static void l(Context context, int id) {
        Toast.makeText(context, id, Toast.LENGTH_LONG).show();
    }

    public static void l(Context context, String text) {
        Toast.makeText(context, text, Toast.LENGTH_LONG).show();
    }
}
```

RemoteLib.java

RemoteLib 클래스는 네크워크가 연결되어 있는지를 확인하는 메소드와 원격 서버에 파일을
업로드하는 메소드가 작성되어 있는 클래스다.

코드 A-36 /java/com.mobitant.bestfood/lib/RemoteLib.java

```java
package com.mobitant.bestfood.lib;

import android.content.Context;
import android.net.ConnectivityManager;
import android.net.NetworkInfo;
import android.os.Handler;

import com.mobitant.bestfood.remote.RemoteService;
import com.mobitant.bestfood.remote.ServiceGenerator;
```

```java
import java.io.File;

import okhttp3.MediaType;
import okhttp3.MultipartBody;
import okhttp3.RequestBody;
import okhttp3.ResponseBody;
import retrofit2.Call;
import retrofit2.Callback;
import retrofit2.Response;

/**
 * 네트워크와 서버와 관련된 라이브러리
 */
public class RemoteLib {
    public static final String TAG = RemoteLib.class.getSimpleName();

    private volatile static RemoteLib instance;

    public static RemoteLib getInstance() {
        if (instance == null) {
            synchronized (RemoteLib.class) {
                if (instance == null) {
                    instance = new RemoteLib();
                }
            }
        }
        return instance;
    }

    /**
     * 네트워크 연결 여부를 반환한다.
     * @param context 컨텍스트
     * @return 네트워크 연결 여부
     */
    public boolean isConnected(Context context) {
        try {
            ConnectivityManager cm =
                    (ConnectivityManager) context.getSystemService(Context.
                                                    CONNECTIVITY_SERVICE);
            NetworkInfo info = cm.getActiveNetworkInfo();

            if (info != null) {
                return true;
            } else {
                return false;
            }
        } catch (Exception e) {
            return false;
        }
```

```
}

/**
 * 사용자 프로필 아이콘을 서버에 업로드한다.
 * @param memberSeq 사용자 일련번호
 * @param file 파일 객체
 */
public void uploadMemberIcon(int memberSeq, File file) {
    RemoteService remoteService = ServiceGenerator.createService(RemoteService.
                                                                    class);

    RequestBody requestFile =
            RequestBody.create(MediaType.parse("multipart/form-data"), file);

    MultipartBody.Part body =
            MultipartBody.Part.createFormData("file", file.getName(), requestFile);

    RequestBody memberSeqBody =
            RequestBody.create(
                    MediaType.parse("multipart/form-data"), "" + memberSeq);

    Call<ResponseBody> call =
            remoteService.uploadMemberIcon(memberSeqBody, body);
    call.enqueue(new Callback<ResponseBody>() {
        @Override
        public void onResponse(Call<ResponseBody> call,
                               Response<ResponseBody> response) {
            MyLog.d(TAG, "uploadMemberIcon success");
        }

        @Override
        public void onFailure(Call<ResponseBody> call, Throwable t) {
            MyLog.e(TAG, "uploadMemberIcon fail");
        }
    });
}

/**
 * 맛집 이미지를 서버에 업로드한다.
 * @param infoSeq 맛집 정보 일련번호
 * @param imageMemo 이미지 설명
 * @param file 파일 객체
 * @param handler 처리 결과를 응답할 핸들러
 */
public void uploadFoodImage(int infoSeq, String imageMemo, File file, final
                                                        Handler handler) {
    RemoteService remoteService = ServiceGenerator.createService(RemoteService.
                                                                    class);

    RequestBody requestFile =
```

```
                  RequestBody.create(MediaType.parse("multipart/form-data"), file);

          MultipartBody.Part body =
                  MultipartBody.Part.createFormData("file", file.getName(), requestFile);

          RequestBody infoSeqBody =
                  RequestBody.create(
                          MediaType.parse("multipart/form-data"), "" + infoSeq);
          RequestBody imageMemoBody =
                  RequestBody.create(
                          MediaType.parse("multipart/form-data"), imageMemo);

          Call<ResponseBody> call =
                  remoteService.uploadFoodImage(infoSeqBody, imageMemoBody, body);
          call.enqueue(new Callback<ResponseBody>() {
              @Override
              public void onResponse(Call<ResponseBody> call,
                                      Response<ResponseBody> response) {
                  MyLog.d(TAG, "uploadFoodImage success");
                  handler.sendEmptyMessage(0);
              }

              @Override
              public void onFailure(Call<ResponseBody> call, Throwable t) {
                  MyLog.e(TAG, "uploadFoodImage fail");
              }
          });
      }
  }
```

StringLib.java

StringLib 클래스는 문자열과 관련된 메소드를 작성하는 곳이다. 현재는 문자열이 공백인지를
판단하는 메소드와 문자열을 자르는 메소드만이 선언되어 있다.

코드 A-37 **/java/com.mobitant.bestfood/lib/StringLib.java**

```
package com.mobitant.bestfood.lib;

import android.content.Context;

import com.mobitant.bestfood.R;

/**
 * 문자열 관련 라이브러리
 */
```

```java
public class StringLib {
    public final String TAG = StringLib.class.getSimpleName();
    private volatile static StringLib instance;

    protected StringLib() {
    }

    public static StringLib getInstance() {
        if (instance == null) {
            synchronized (StringLib.class) {
                if (instance == null) {
                    instance = new StringLib();
                }
            }
        }
        return instance;
    }

    /**
     * 문자열이 null이거나 ""인지를 파악한다.
     * @param str 문자열 객체
     * @return null이거나 ""이라면 true, 아니라면 false
     */
    public boolean isBlank(String str) {
        if (str == null || str.equals("")) {
            return true;
        } else {
            return false;
        }
    }

    /**
     * 문자열를 지정된 길이로 잘라서 반환한다.
     * @param context 컨텍스트
     * @param str 문자열 객체
     * @param max 최대 문자열 길이
     * @return 변경된 문자열 객체
     */
    public String getSubString(Context context, String str, int max) {
        if (str != null && str.length() > max) {
            return str.substring(0, max) + context.getResources().getString(R.string.
                                                                     skip_string);
        } else {
            return str;
        }
    }
}
```

A.6 베스트푸드 커스텀 클래스

custom 패키지에는 EndlessRecyclerViewScrollListener.java와 WorkaroundMapFragment.java 클래스가 있다. EndlessRecyclerViewScrollListener는 리사이클러뷰에서 아이템을 계속해서 로딩할 수 있게 해 주는 클래스다. WorkaroundMapFragment는 스크롤뷰 내에서 구글 맵을 스크롤할 수 있게 해 주는 클래스다. 자세한 설명은 코드에 적었으니 해당 코드를 살펴보기 바란다.

그림 A-11 **custom 패키지 디렉터리**

EndlessRecyclerViewScrollListener.java

EndlessRecyclerViewScrollListener 클래스는 리사이클러뷰에서 스크롤할 때 데이터를 추가적으로 가지고 올 수 있도록 해 주는 추상 클래스다.

코드 A-38 **/java/com.mobitant.bestfood/custom/EndlessRecyclerViewScrollListener.java**

```
package com.mobitant.bestfood.custom;

import android.support.v7.widget.GridLayoutManager;
import android.support.v7.widget.LinearLayoutManager;
import android.support.v7.widget.RecyclerView;
import android.support.v7.widget.StaggeredGridLayoutManager;

/**
 * 리사이클러뷰에서 스크롤할 때 데이터를 추가적으로 가지고 올 수 있도록 해 주는 추상 클래스
 */
public abstract class EndlessRecyclerViewScrollListener extends RecyclerView.
                                                        OnScrollListener {
    // 새로운 아이템을 로드하기 위한 현재 스크롤 위치 하단의 아이템 개수
    private int visibleThreshold = 5;
    // 로딩할 페이지 인덱스
    private int currentPage = 0;
    // 최근 로딩 후의 전체 아이템 개수
```

```
private int previousTotalItemCount = 0;
// 로딩하고 있는 중인지에 대한 상태
private boolean loading = true;
// 시작 페이지 인덱스
private int startingPageIndex = 0;

RecyclerView.LayoutManager layoutManager;

/**
 * LinearLayoutManager를 위한 생성자
 * @param layoutManager LinearLayoutManager
 */
public EndlessRecyclerViewScrollListener(LinearLayoutManager layoutManager) {
    this.layoutManager = layoutManager;
}

/**
 * GridLayoutManager를 위한 생성자
 * @param layoutManager GridLayoutManager
 */
public EndlessRecyclerViewScrollListener(GridLayoutManager layoutManager) {
    this.layoutManager = layoutManager;
    visibleThreshold = visibleThreshold * layoutManager.getSpanCount();
}

/**
 * StaggeredGridLayoutManager를 위한 생성자
 * @param layoutManager StaggeredGridLayoutManager
 */
public EndlessRecyclerViewScrollListener(StaggeredGridLayoutManager layoutManager) {
    this.layoutManager = layoutManager;
    visibleThreshold = visibleThreshold * layoutManager.getSpanCount();
}

/**
 * 현재 화면의 여러 스팬 중에서 가장 마지막에 보이는 아이템의 위치를 반환한다.
 * @param lastVisibleItemPositions 마지막에 보이는 아이템의 포지션 값들
 * @return 가장 마지막 아이템 위치
 */
public int getLastVisibleItemPosition(int[] lastVisibleItemPositions) {
    int maxSize = 0;
    for (int i = 0; i < lastVisibleItemPositions.length; i++) {
        if (i == 0) {
            maxSize = lastVisibleItemPositions[i];
        }
        else if (lastVisibleItemPositions[i] > maxSize) {
            maxSize = lastVisibleItemPositions[i];
        }
    }
    return maxSize;
```

```
}

/**
 * 스크롤된 후에 호출되는 콜백 메소드이며, 아이템을 추가로 로딩해야 하는지를 체크한다.
 * @param view 리사이클러뷰
 * @param dx 수평으로 스크롤된 양
 * @param dy 수직으로 스크롤된 양
 */
@Override
public void onScrolled(RecyclerView view, int dx, int dy) {
    int lastVisibleItemPosition = 0;
    int totalItemCount = layoutManager.getItemCount();

    if (layoutManager instanceof StaggeredGridLayoutManager) {
        int[] lastVisibleItemPositions =
                ((StaggeredGridLayoutManager) layoutManager).findLastVisibleItemP
                                                              ositions(null);
        lastVisibleItemPosition = getLastVisibleItemPosition(lastVisibleItemPosit
                                                             ions);
    } else if (layoutManager instanceof GridLayoutManager) {
        lastVisibleItemPosition =
                ((GridLayoutManager) layoutManager).findLastVisibleItemPosition();
    } else if (layoutManager instanceof LinearLayoutManager) {
        lastVisibleItemPosition =
                ((LinearLayoutManager) layoutManager).findLastVisibleItemPosition();
    }

    // 새로 로딩한 전체 아이템 개수가 이전에 설정된 전체 아이템 개수보다 작을 경우
    // 상태를 초기화한다. 이런 경우는 리사이클러뷰의 데이터가 초기화된 경우에 발생한다.
    if (totalItemCount < previousTotalItemCount) {
        this.currentPage = this.startingPageIndex;
        this.previousTotalItemCount = totalItemCount;
        if (totalItemCount == 0) {
            this.loading = true;
        }
    }

    // 현재 로딩 중인 상태이고 새로 로딩한 전체 아이템 개수가 이전에 저장한 전체 아이템 개수보다
    // 크다면 로딩이 완료한 것으로 간주한다.
    if (loading && (totalItemCount > previousTotalItemCount)) {
        loading = false;
        previousTotalItemCount = totalItemCount;
    }

    // 로딩 중이 아니고 화면에 보이는 마지막 아이템 위치에 visibleThreshold를 더한 값이
    // totalItemCount보다 큰 경우 새로 로딩할 아이템이 있는 것으로 간주한다.
    // 이때 onLoadMore() 메소드가 호출된다.
    if (!loading && (lastVisibleItemPosition + visibleThreshold) > totalItemCount) {
        currentPage++;
        onLoadMore(currentPage, totalItemCount, view);
```

```
            loading = true;
        }
    }

    /**
     * 아이템을 더 로딩하기 위한 메소드로서 해당 메소드를 직접 작성해야 한다.
     * @param page 로딩할 페이지
     * @param totalItemsCount 전체 아이템 개수
     * @param view 리사이클러뷰
     */
    public abstract void onLoadMore(int page, int totalItemsCount, RecyclerView view);

}
```

WorkaroundMapFragment.java

WorkaroundMapFragment 클래스는 스크롤뷰(ScrollView)에 포함된 구글 맵의 스크롤을 정상
적으로 동작시키기 위한 커스텀 클래스다.

코드 A-39 /java/com.mobitant.bestfood/custom/WorkaroundMapFragment.java

```
package com.mobitant.bestfood.custom;

import android.content.Context;
import android.os.Bundle;
import android.support.v4.content.ContextCompat;
import android.view.LayoutInflater;
import android.view.MotionEvent;
import android.view.View;
import android.view.ViewGroup;
import android.widget.FrameLayout;

import com.google.android.gms.maps.SupportMapFragment;

/**
 * 스크롤에 포함된 구글 맵의 스크롤을 정상적으로 동작시키기 위한 커스텀 클래스
 */
public class WorkaroundMapFragment extends SupportMapFragment {
    private OnTouchListener mListener;

    /**
     * 뷰를 생성해서 반환한다.
     * @param layoutInflater 레이아웃 인플레이터 객체
     * @param viewGroup 뷰그룹
     * @param savedInstance 번들 객체
     * @return 생성한 뷰 객체
```

```java
    */
    @Override
    public View onCreateView(LayoutInflater layoutInflater, ViewGroup viewGroup,
                                                    Bundle savedInstance) {
        View layout = super.onCreateView(layoutInflater, viewGroup, savedInstance);

        TouchableWrapper frameLayout = new TouchableWrapper(getActivity());

        int bgColor = ContextCompat.getColor(getActivity(), android.R.color.
                                                            transparent);

        frameLayout.setBackgroundColor(bgColor);

        ((ViewGroup) layout).addView(frameLayout,
                new ViewGroup.LayoutParams(ViewGroup.LayoutParams.MATCH_PARENT,
                        ViewGroup.LayoutParams.MATCH_PARENT));

        return layout;
    }

    /**
     * 터치 리스너를 설정한다.
     * @param listener
     */
    public void setListener(OnTouchListener listener) {
        mListener = listener;
    }

    /**
     * 터치 리스너 인터페이스
     */
    public interface OnTouchListener {
        void onTouch();
    }

    /**
     * 터치 가능한 영역을 처리하기 위한 래퍼 클래스
     */
    public class TouchableWrapper extends FrameLayout {

        public TouchableWrapper(Context context) {
            super(context);
        }

        @Override
        public boolean dispatchTouchEvent(MotionEvent event) {
            switch (event.getAction()) {
                case MotionEvent.ACTION_DOWN:
                    mListener.onTouch();
                    break;
```

```
                    case MotionEvent.ACTION_UP:
                        mListener.onTouch();
                        break;
                }
                return super.dispatchTouchEvent(event);
            }
        }
    }
```

A.7 베스트푸드 상수

Constant.java는 앱에서 사용하는 상숫값을 모아놓은 인터페이스다. 상수가 여러 곳에 분산되어 있으면 관리하기가 힘들므로 한곳에 모아 관리하면 여러모로 편하다.

Constant.java

Constant 인터페이스는 안드로이드 앱에서 사용하는 상수들을 모아놓은 곳이다.

코드 A-40 /java/com.mobitant.bestfood/Constant.java

```java
package com.mobitant.bestfood;

public interface Constant {
    int MAX_LENGTH_DESCRIPTION = 50;

    int MAP_MAX_ZOOM_LEVEL = 10;
    int MAP_ZOOM_LEVEL_DETAIL = 13;

    String ORDER_TYPE_METER = "";
    String ORDER_TYPE_FAVORITE = "keep_cnt";
    String ORDER_TYPE_RECENT = "reg_date";
}
```

A.8 베스트푸드 AndroidManifest.xml

AndroidManifest.xml은 앱에 대한 정보를 저장하는 XML 파일이다. 앱에서 사용하는 권한과 액티비티 등의 정보를 작성할 수 있으며, 작성하지 않으면 해당 권한을 사용할 수 없거나 액티비티를 인식하지 못하는 일이 발생

그림 A-12 AndroidManifest.xml

할 수 있다. 이 파일은 안드로이드 스튜디오의 왼쪽 프로젝트 리스트의 manifests를 클릭해서
살펴볼 수 있다.

AndroidManifest.xml

AndroidManifest.xml 파일은 안드로이드 앱에 대한 설정과 구성 요소를 선언하는 곳이다. 그
래서 안드로이드 앱에서 사용할 권한과 activity들이 선언되어 있다. 만약 여기에 선언하지 않
은 activity를 호출하면 에러가 발생하므로 주의해야 한다. 또한, meta-data의 속성에 '직접 입
력'이라고 되어 있는 부분은 [부록](338페이지)을 참고해서 구글 API 키를 입력해야 한다.

코드 A-41 AndroidManifest.xml

```xml
<?xml version="1.0" encoding="utf-8"?>
<manifest xmlns:android="http://schemas.android.com/apk/res/android"
    package="com.mobitant.bestfood">

    <uses-permission android:name="android.permission.CAMERA" />
    <uses-permission android:name="android.permission.READ_PHONE_STATE" />
    <uses-permission android:name="android.permission.ACCESS_FINE_LOCATION" />

    <uses-feature
        android:glEsVersion="0x00020000"
        android:required="true"/>

    <application
        android:allowBackup="true"
        android:icon="@mipmap/ic_launcher"
        android:label="@string/app_name"
        android:supportsRtl="true"
        android:name=".MyApp"
        android:theme="@style/AppTheme">
        <meta-data
            android:name="com.google.android.geo.API_KEY"
            android:value="직접 입력" />

        <activity
            android:name=".PermissionActivity"
            android:label="@string/app_name"
            android:theme="@style/AppTheme.NoActionBar">
            <intent-filter>
                <action android:name="android.intent.action.MAIN" />
                <category android:name="android.intent.category.LAUNCHER" />
            </intent-filter>
        </activity>
        <activity android:name=".IndexActivity" />
```

```
        <activity android:name=".MainActivity" />


        <activity android:name=".BestFoodInfoActivity" />
        <activity android:name=".BestFoodRegisterActivity" />

        <activity android:name=".ProfileActivity" />
        <activity android:name=".ProfileIconActivity" />
    </application>

</manifest>
```

A.9 베스트푸드 build.gradle

build.gradle 파일은 프로젝트 내에 두 개의 파일이
존재한다. 한 개는 C:₩bestfood₩android에 존재
하며, 다른 한 개는 C:₩bestfood₩android₩app
에 존재한다. 우리는 app 아래에 있는 build.gradle
(Module: app)만 살펴볼 것이다.

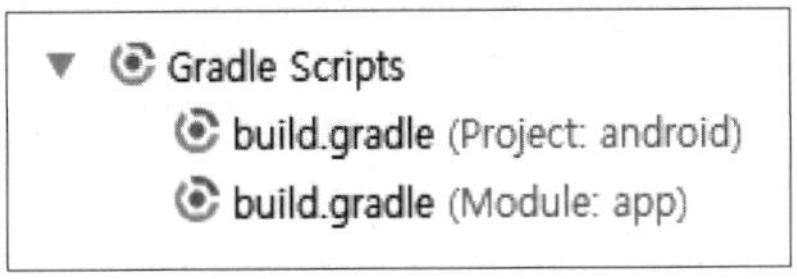

```
▼ ⓒ Gradle Scripts
     ⓒ build.gradle (Project: android)
     ⓒ build.gradle (Module: app)
```

그림 A-13 **build.gradle**

build.gradle(Module: app)

compileSdkVersion 버전은 컴파일에 사용된 안드로이드 버전을 의미하며, 여기서는 25이고
이는 Android 7.1.1(Nougat)을 의미한다. minSdkVersion 버전은 앱을 사용할 수 있는 최소 버
전을 의미하며, targetSdkVersion 버전은 앱을 사용할 수 있는 적정 버전을 의미한다. 23은
Android 6.0(Marshmallow)을 의미한다.

코드 A-42 **build.gradle**

```
apply plugin: 'com.android.application'

android {
    compileSdkVersion 25
    buildToolsVersion '25.0.3'

    defaultConfig {
        applicationId "com.mobitant.bestfood"
        minSdkVersion 23
        targetSdkVersion 25
        versionCode 1
```

```
            versionName "1.0"
        }
    buildTypes {
        release {
            minifyEnabled false
            proguardFiles getDefaultProguardFile('proguard-android.txt'), 'proguard-
                                                                    rules.pro'
        }
    }
}

dependencies {
    compile fileTree(dir: 'libs', include: ['*.jar'])
    testCompile 'junit:junit:4.12'
    compile 'com.android.support:appcompat-v7:25.3.1'
    compile 'com.android.support:design:25.3.1'

    compile 'com.android.support:support-v4:25.3.1'
    compile 'com.android.support:recyclerview-v7:25.3.1'
    compile 'com.android.support:cardview-v7:25.3.1'

    compile 'com.squareup.retrofit2:retrofit:2.1.0'
    compile 'com.squareup.retrofit2:converter-gson:2.1.0'
    compile 'com.squareup.okhttp3:logging-interceptor:3.3.1'
    compile 'com.squareup.okhttp3:okhttp:3.3.1'

    compile 'org.parceler:parceler:1.0.0'

    compile 'com.google.code.gson:gson:2.7'
    compile 'de.hdodenhof:circleimageview:2.1.0'
    compile 'com.squareup.picasso:picasso:2.5.2'
    compile 'com.google.android.gms:play-services-base:10.2.6'
    compile 'com.google.android.gms:play-services-maps:10.2.6'
}
```

dependencies에 선언된 라이브러리 버전은 계속 변경될 수 있다. 만약 여기서 선언된 버전보다 최신 버전이 존재한다면, 안드로이드 스튜디오의 버전 쪽이 노란색으로 표시될 것이다. 이때 마우스를 올려놓으면 최신 버전이 보이므로 수정하면 된다.

B

안드로이드 Tip & Tech, 라이브러리

B.1 안드로이드 Tip & Tech

안드로이드 스튜디오에서 액티비티 클래스와 레이아웃 추가 방법

안드로이드 초보자를 위해 액티비티 클래스와 레이아웃을 추가하는 방법을 간단히 살펴보겠다.

1. 액티비티 클래스 추가하기

프로젝트를 생성했다면 왼쪽의 프로젝트 화면에서 패키지명에 마우스 오른쪽 버튼을 클릭하고 New ➡ Java Class를 클릭한다.

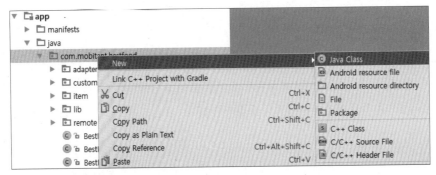

그림 B-1 **자바 클래스 추가**

그리고 액티비티 이름을 넣어서 파일을 생성한다. 그리고 원하는 코드를 작성하면 되는데, import는 실제로 작성할 필요가 없다. 안드로이드 스튜디오에서는 실시간으로 임포트를 자동으로 해 주는 기능이 있으므로 이를 활용하거나, 필요하다면 임포트되지 않은 클래스에 마우스 포인터를 두고 ALT + ENTER를 해서 수동으로 임포트하면 된다. 자동으로 임포트해 주는 기능은 약간의 설정이 필요하므로 이 책의 [부록](324페이지)을 참고하기 바란다.

코드 B-1 /java/com.mobitant.bestfood/IndexActivity.java

```java
package com.mobitant.bestfood;

import android.os.Bundle;
import android.support.v7.app.AppCompatActivity;

public class IndexActivity extends AppCompatActivity {
    @Override
    protected void onCreate(Bundle savedInstanceState) {
        super.onCreate(savedInstanceState);
        setContentView(R.layout.activity_index);
    }
}
```

2. 레이아웃 XML 파일 추가하기

액티비티 클래스를 추가했으니 이제 레이아웃 파일(activity_index)을 추가해 보자. 왼쪽 프로젝트 화면의 /res/layout에서 마우스 오른쪽 버튼을 클릭해서 New ➡ Layout resource file을 선택해 레이아웃 파일을 생성한다.

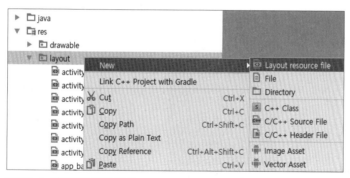

그림 B-2 레이아웃 파일 생성

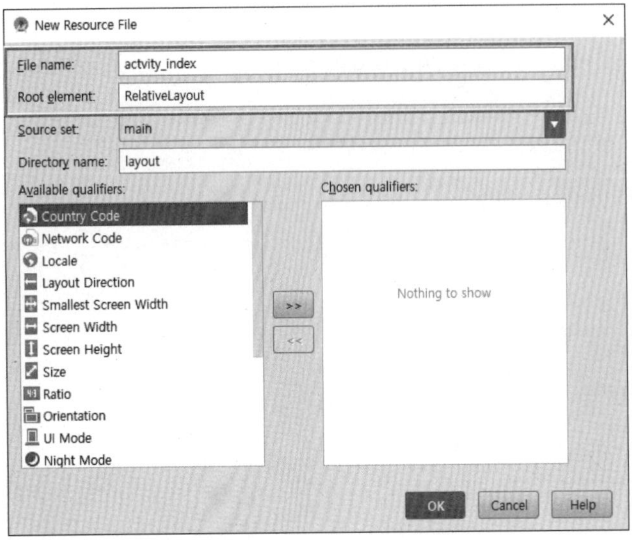

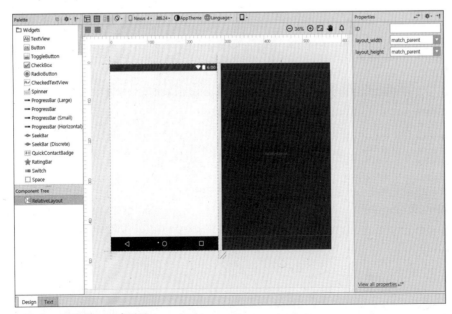

그림 B-3 레이아웃 파일 추가

레이아웃 파일을 추가하면 다음과 같은 화면을 볼 수 있다. 레이아웃은 '디자인(Design)' 화면과 '텍스트(Text)' 화면에서 수정할 수 있으며, 디자인 화면은 위젯을 화면에 놓는 방식으로 구성하고 싶을 때 사용할 수 있으며, 텍스트 화면은 직접 XML을 수정해서 구성하고 싶을 때 사용할 수 있다.

그림 B-4 디자인(Design) 화면

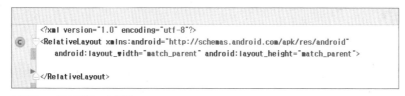

```
<?xml version="1.0" encoding="utf-8"?>
<RelativeLayout xmlns:android="http://schemas.android.com/apk/res/android"
    android:layout_width="match_parent" android:layout_height="match_parent">

</RelativeLayout>
```

그림 B-5 텍스트(Text) 화면

안드로이드 스튜디오에서 에뮬레이터 실행 방법

안드로이드 개발은 실제 안드로이드 기기로 개발하는 것이 가장 좋다. 하지만 만약 보유하고 있지 않거나 보유한 기기와는 다른 버전이나 다른 크기의 기기에서 개발해야 하는 경우라면 안드로이드 스튜디오에서 제공하는 가상기기(에뮬레이터)가 많은 도움이 될 것이다.

1. 안드로이드 스튜디오 상단 툴바에서 AVD Manager 실행

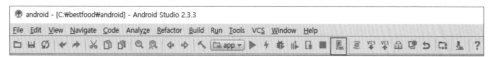

그림 B-6 안드로이드 스튜디오의 AVD Manager 아이콘

2. Create Virtual Device 클릭

그림 B-7 안드로이드 스튜디오 가상기기 추가

3. 원하는 기기를 선택

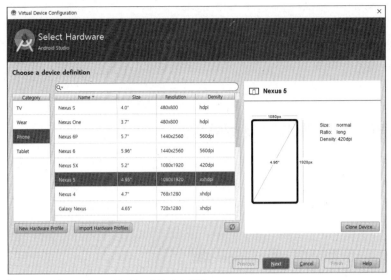

그림 B-8 안드로이드 스튜디오 가상기기 선택

4. 안드로이드 버전을 선택(다운로드하지 않았다면 다운로드 먼저 진행)

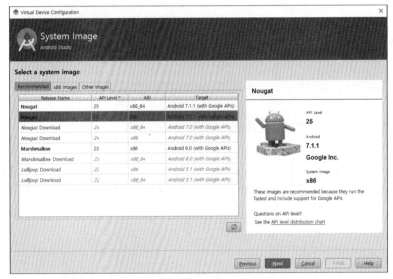

그림 B-9 안드로이드 스튜디오 가상기기 버전 선택

5. 기기 이름을 정하고 Finish 버튼 클릭하여 기기 생성

그림 B-10 안드로이드 스튜디오 가상기기 생성

6. 해당 기기의 오른쪽 녹색 플레이 버튼을 클릭해서 기기 실행

그림 B-11 안드로이드 스튜디오 가상기기 리스트

안드로이드 스튜디오 자동 임포트(Auto Import)

안드로이드 개발 툴은 이클립스에서 안드로이드 스튜디오로 변경되었다. 이클립스에서는 CTRL+SHIFT+O를 누르면 필요한 클래스를 자동으로 임포트해 주는 기능이 있었다. 하지만 안드로이드 스튜디오에는 이런 기능이 존재하지 않아 많이 당황했을 것이다.

안드로이드 스튜디오에는 이렇게 단축키를 눌러서 임포트하는 기능은 없지만, 자동으로 임포트하는 기능은 있다. 안드로이드 스튜디오에서 File ➡ Settings ➡ Editor ➡ General ➡ Auto Import를 누른다. 그리고 'Optimize imports on the fly'와 'Add unambiguous imports on the fly'를 체크하면 클래스에서 필요로 하는 임포트가 자동으로 되는 걸 확인할 수 있다.

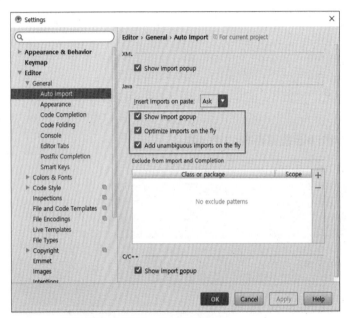

그림 B-12 안드로이드 스튜디오 자동 임포트 설정

참고로, 이 기능을 사용하지 않았을 경우에는 붉은 밑줄이 간 클래스에서 ALT+ENTER를 눌러 해당 클래스를 임포트할 수 있다.

안드로이드 스튜디오 단축키

안드로이드 스튜디오는 개발 편의를 위해 많은 단축키를 가지고 있다. 이 중에서 자주 사용하는 단축키를 정리하면 다음과 같다.

편집

단축키 (Window/Linux)	단축키 (Mac)	설명
CTRL + SPACE	CTRL + SPACE	코드 완성
CTRL + Q	CTRL + J	빠른 문서 보기
CTRL + 코드에 마우스 오버	CTRL + 코드에 마우스 오버	클래스나 메소드의 간단한 설명 보기
CTRL + O	CTRL + O	메소드 오버라이드
CTRL + I	CTRL + I	메소드 구현
CTRL + ALT + T	CMD + OPTION + T	if-else, try-catch 등의 코드 자동 완성
CTRL + /	CMD + /	라인 주석
CTRL + SHIFT + /	CMD + SHIFT + /	블럭 주석
CTRL + W	OPTION + UP	블럭 선택
CTRL + ALT + L	CMD + OPTION + L	코드 포매팅
CTRL + ALT + O	CMD + OPTION + O	임포트 최적화
CTRL + ALT + I	CMD + OPTION + I	라인 들여쓰기
CTRL + D	CMD + D	라인 복제
CTRL + Y	CMD + BACKSPACE	라인 삭제

검색/치환

단축키 (Window/Linux)	단축키 (Mac)	설명
SHIFT, SHIFT	SHIFT, SHIFT	전체 검색
CTRL + F	CTRL + F	검색
F3	CMD + G	다음 검색
SHIFT + F3	CMD + SHIFT + G	이전 검색
CTRL + R	CMD + R	치환
CTRL + SHIFT + F	CMD + SHIFT + F	경로에서 검색
CTRL + SHIFT + R	CMD + SHIFT + R	경로에서 치환
SHIFT + F6	SHIFT + F6	이름 치환

이외의 더 많은 단축키를 알고 싶다면 다음 링크를 참고하기 바란다.

URL https://developer.android.com/studio/intro/keyboard-shortcuts.html

참고로, 안드로이드 스튜디오에서는 단축키를 원하는 설정으로 변경할 수 있다(CTRL+ALT+S).

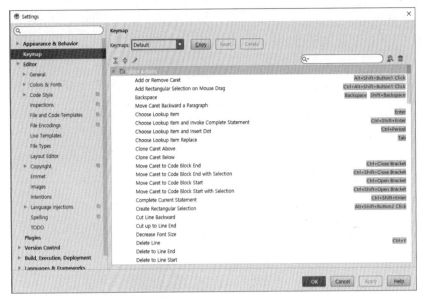

그림 B-13 안드로이드 스튜디오 단축키 설정

리사이클러뷰(RecyclerView) 소개

리사이클러뷰(RecyclerView)는 기존 ListView나 GridView의 고정적인 뷰 형태를 벗어나 다양한
형태의 뷰를 만들 수 있도록 고안된 위젯이다.

리사이클러뷰 특징

- 안드로이드 5.0(API 21)에 도입되었음
- ListView나 GridView의 성능 문제를 개선하였음
- 다양한 커스터마이징이 가능함
- 레이아웃을 지정하여 다양한 모양을 표현할 수 있음

리사이클러뷰는 레이아웃 매니저를 통해 아이템을 보여주는 형태를 정의하며, 어댑터를 통해 데이터를 표시한다. 레이아웃 매니저에는 아이템을 수직이나 수평으로 배치할 수 있는 LinearLayoutManager, 격자 모양으로 배치하는 GridLayoutManager, 높이가 불규칙한 격자 모양으로 배치하는 StaggeredGridLayoutManager가 있다.

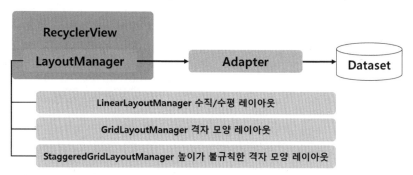

그림 B-14 **리사이클러뷰**

리사이클러뷰는 커스텀을 쉽게 할 수 있게 구성되어 있어서 관련된 클래스가 여러 개 준비되어 있다. 이를 정리하면 다음과 같다.

리사이클러뷰(RecyclerView)의 주요 클래스

- Adapter 클래스

  데이터 집합을 관리하며 각각의 아이템 뷰를 생성

- ViewHolder 클래스

  현재 아이템에 대한 관련 뷰를 관리

- LayoutManager 클래스

  정해진 형태로 아이템을 배치

- ItemDecoration 클래스

  각 아이템에 따라 뷰를 꾸며주는 역할

- ItemAnimator 클래스

  아이템이 추가되고, 제거되며, 재정렬될 때의 애니메이션을 담당

리사이클러뷰를 사용하기 위해서는 build.gradle에 다음과 같은 설정을 해야 한다. 라이브러리 버전은 계속 증가하므로 이 책과 같지 않을 수 있다.

build.gradle(app) 설정

```
dependencies {
    compile 'com.android.support:recyclerview-v7:25.+'
}
```

다음은 세 개의 레이아웃 모양을 정리한 것이다.

레이아웃 모양

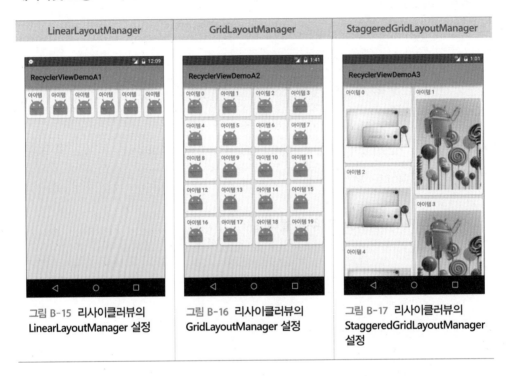

LinearLayoutManager	GridLayoutManager	StaggeredGridLayoutManager
그림 B-15 리사이클러뷰의 LinearLayoutManager 설정	그림 B-16 리사이클러뷰의 GridLayoutManager 설정	그림 B-17 리사이클러뷰의 StaggeredGridLayoutManager 설정

카드뷰(CardView) 소개

카드뷰(CardView)는 카드 형태의 모양으로 일관되게 내용을 표현할 수 있는 위젯이다.

그림 B-18 **카드뷰**

카드뷰 특징

- 내용을 카드 형태로 보여줌
- 그림자와 코너 라운드 속성을 가지고 있음
- 안드로이드 5.0(API 21)에 도입된 위젯

카드뷰는 기본적으로 카드 코너 라운드, 백그라운드, 그림자를 설정할 수 있게 되어 있다. 이를 통해 카드 모양이 변경될 수 있으므로 개발하는 서비스에 맞게 적절히 수정해야 한다. 이러한 설정은 레이아웃에서도 할 수 있고 자바 코드에서도 할 수 있다. 다음은 이를 정리한 것이다.

항목	방법
카드 코너 라운드 설정	레이아웃: card_view:cardCornerRadius 자바코드: CardView.setRadius(float)
카드 백그라운드 설정	레이아웃: card_view:cardBackgroundColor 자바코드: CardView.setCardBackgroundColor(int)
카드 그림자 설정	레이아웃: card_view:cardElevation 자바코드: CardView.setMaxCardElevation(float)

카드뷰를 사용하기 위해서는 build.gradle에 다음과 같은 설정을 해야 한다. 라이브러리 버전은 계속 증가하므로 이 책의 내용과 다를 수 있다.

build.gradle(app) 설정

```
dependencies {
    compile 'com.android.support:cardview-v7:25.+'
}
```

이 책에서는 리사이클러뷰와 카드뷰를 함께 사용하고 있다. 실제 코드는 이 책의 본문을 참고하기 바란다.

안드로이드 6.0 런타임 권한 체크

안드로이드 6.0부터는 런타임 권한 체크가 추가되었다. 그래서 AndroidManifest.xml에 권한을 추가하고 런타임에, 즉 사용자가 앱을 사용하는 도중에 권한을 추가적으로 체크해야 권한을 사용할 수 있게 된다. 좀 더 정확히 말하면, 안드로이드 기기가 Android 6.0(API 레벨 23) 이상을 실행하고 앱의 targetSdkVersion이 23 이상인 경우 앱은 런타임에 사용자로부터 권한을 요청한다. 이 경우의 권한 처리 순서를 정리하면 다음과 같다.

안드로이드 6.0 권한 처리

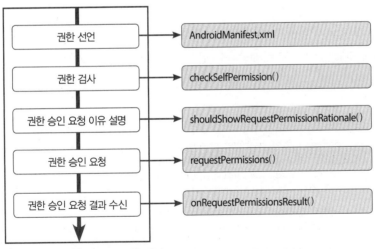

그림 B-19 **안드로이드 6.0 권한 처리**

런타임 권한을 처리하는 코드는 이 책에서 실제로 작성했으므로 책의 52페이지를 살펴보기 바란다. 여기서는 '권한 요청'과 '권한 요청 결과 수신'과 관련된 코드만 살펴보도록 하겠다.

권한 요청

```
if (ContextCompat.checkSelfPermission(thisActivity,
            Manifest.permission.READ_CONTACTS)
     != PackageManager.PERMISSION_GRANTED) {

    if (ActivityCompat.shouldShowRequestPermissionRationale(thisActivity,
          Manifest.permission.READ_CONTACTS)) {

    } else {
        ActivityCompat.requestPermissions(thisActivity,
                new String[]{Manifest.permission.READ_CONTACTS},
                MY_PERMISSIONS_REQUEST_READ_CONTACTS);
    }
}
```

권한 요청 결과 수신

```
@Override
public void onRequestPermissionsResult(int requestCode,
        String permissions[], int[] grantResults) {
    switch (requestCode) {
        case MY_PERMISSIONS_REQUEST_READ_CONTACTS: {
            if (grantResults.length > 0
                && grantResults[0] == PackageManager.PERMISSION_GRANTED) {

            } else {

            }
            return;
        }
    }
}
```

위에 작성된 코드는 대략적인 코드만을 보여주고 있다. 일반적으로 대부분의 앱은 여러 개의 권한이 필요하므로 다중 권한 처리가 필요하다. 이에 대해서는 이 책의 52페이지에 나와 있으므로 살펴보기 바란다. 그리고 다음에 나열된 링크에서 런타임 권한 처리에 대해서 좀 더 살펴볼 수 있을 것이다.

URL https://developer.android.com/guide/topics/security/permissions.html

URL https://developer.android.com/training/permissions/requesting.html?hl=ko

안드로이드 버전 및 버전 코드

사용자가 사용하는 안드로이드 폰의 안드로이드 버전은 Build.VERSION.SDK_INT로 알 수 있으며, 안드로이드의 특정 버전은 Build.VERSION_CODES.M처럼 지정할 수 있다. 그러므로 특정 버전에 따라 동작을 서로 다르게 하고 싶다면 코드를 다음처럼 작성해야 한다.

```
if (Build.VERSION.SDK_INT < 23) {
    goIndexActivity();
} else {
}
```

다음은 안드로이드 API 버전과 그에 따른 이름과 안드로이드 버전을 보여준다.

API 버전	안드로이드 코드 이름	안드로이드 버전
1	BASE	Android 1.0
2	BASE_1_1	Android 1.1
3	CUPCAKE	Android 1.5
4	DONUT	Android 1.6
5	ECLAIR	Android 2.0
6	ECLAIR_0_1	Android 2.0.1
7	ECLAIR_MR1	Android 2.1
8	FROYO	Android 2.2
9	GINGERBREAD	Android 2.3
10	GINGERBREAD_MR1	Android 2.3.3
11	HONEYCOMB	Android 3.0
12	HONEYCOMB_MR1	Android 3.1
13	HONEYCOMB_MR2	Android 3.2
14	ICE_CREAM_SANDWICH	Android 4.0
15	ICE_CREAM_SANDWICH_MR1	Android 4.0.3
16	JELLY_BEAN	Android 4.1
17	JELLY_BEAN_MR1	Android 4.2
18	JELLY_BEAN_MR2	Android 4.3
19	KITKAT	Android 4.4
20	KITKAT_WATCH	Android 4.4W

API 버전	안드로이드 코드 이름	안드로이드 버전
21	LOLLIPOP	Android 5.0
22	LOLLIPOP_MR1	Android 5.1
23	M	Android 6.0
24	N	Android 7.0
25	N_MR1	Android 7.1

런처 아이콘 쉽게 만들기

앱을 설치했을 때 바탕화면에 보이는 런처 아이콘을 쉽게 만들고 싶다면 다음 링크를 참고하기 바란다.

URL https://romannurik.github.io/AndroidAssetStudio/index.html

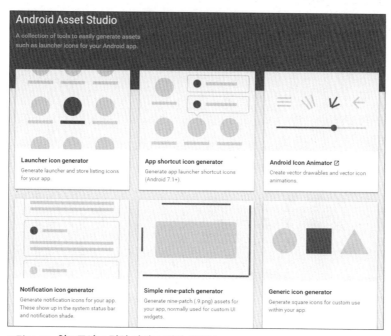

그림 B-20 안드로이드 런처 아이콘 제작 사이트

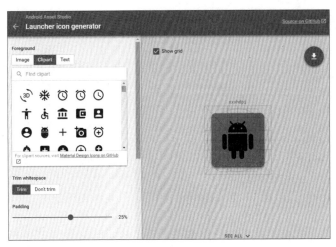

그림 B-21 안드로이드 런처 아이콘 제작

무료 이미지 다운로드 사이트

머티리얼 디자인 아이콘을 다운로드할 수 있는 사이트다. 다양한 아이콘이 준비되어 있으며, 원하는 크기와 색상으로 다운로드할 수도 있다.

그림 B-22 머티리얼 디자인 아이콘 다운로드 사이트

URL https://materialdesignicons.com

인텐트에 파일 경로를 지정했을 때 FileUriExposedException 발생하는 경우

안드로이드의 build.gradle(app)의 targetSdkVersion이 24(누가, 안드로이드 7.0) 이상
인 경우에는 인텐트에 파일 경로(file://)를 지정하여 startActivity( ) 메소드를 호출하면
FileUriExposedException이 발생하면서 앱이 다운되는 문제가 생긴다.

```
Intent intent = new Intent(MediaStore.ACTION_IMAGE_CAPTURE);
intent.putExtra(MediaStore.EXTRA_OUTPUT,
        Uri.fromFile(profileIconFile));
startActivityForResult(intent, PICK_FROM_CAMERA);
```

에러는 다음과 같이 발생한다.

```
12-01 11:13:17.102 21032-21032/com.mobitant.bestfood E/AndroidRuntime: FATAL
                                                              EXCEPTION:
main Process: com.mobitant.bestfood, PID: 21032

android.os.FileUriExposedException:
file:///storage/emulated/0/Android/data/com.mobitant.bestfood/files/32_1480558397089.
                         png exposed beyond app through ClipData.Item.getUri()
```

이를 해결하는 방법은 세 가지가 있다.

1. build.gradle(app)의 targetSdkVersion을 23 이하로 변경
2. VmPolicy를 설정하여 문제 회피
3. FileProvider를 설정해서 문제 해결

첫 번째 방법은 단순히 숫자만 변경해서 해결할 수 있으므로 두 번째와 세 번째 방법에 대해
서 살펴보도록 하겠다.

VmPolicy를 설정하여 문제를 회피하는 방법

이 방법은 많은 코드를 작성하지 않으면서 빠르게 해당 문제를 해결할 수 있는 방법이다. 그
래서 StrictMode.VmPolicy와 같은 코드를 적당한 곳에 위치시키면 되는데, 가장 좋은 곳은
Application을 상속하는 클래스의 onCreate( ) 메소드에 작성하는 것이다. 이렇게 작성하면 앱
이 실행되면서 onCreate( ) 메소드가 호출되고 해당 코드가 자동으로 실행될 것이다.

```
public class MyApp extends Application {
    @Override
    public void onCreate() {
        super.onCreate();

        StrictMode.VmPolicy.Builder builder = new StrictMode.VmPolicy.Builder();
        StrictMode.setVmPolicy(builder.build());
    }
}
```

이렇게 하기 위해서는 AndroidManifest.xml의 <application> 태그 내에 android:name 속성을
지정해서 Application 클래스를 상속한 MyApp을 지정해 줘야 한다.

코드 B-2 **AndroidManifest.xml**

```
...
<application
    android:allowBackup="true"
    android:icon="@mipmap/ic_launcher"
    android:label="@string/app_name"
    android:supportsRtl="true"
    android:name=".MyApp"
    android:theme="@style/AppTheme">
...
```

FileProvider를 설정해서 문제를 해결하는 방법

이 방법은 작성할 코드가 많다. 가장 먼저 AndroidManifest.xml에 FileProvider를 선언해야
한다.

코드 B-3 **AndroidManifest.xml**

```
<?xml version="1.0" encoding="utf-8"?>
<manifest xmlns:android="http://schemas.android.com/apk/res/android"
    ...
    <application
        ...
        <provider
            android:name="android.support.v4.content.FileProvider"
            android:authorities="${applicationId}.provider"
            android:exported="false"
            android:grantUriPermissions="true">
            <meta-data
                android:name="android.support.FILE_PROVIDER_PATHS"
                android:resource="@xml/provider_paths"/>
```

```
        </provider>
    </application>
</manifest>
```

그리고 provider_paths.xml을 다음처럼 작성해야 한다.

코드 B-4 res/xml/provider_paths.xml

```
<?xml version="1.0" encoding="utf-8"?>
<paths xmlns:android="http://schemas.android.com/apk/res/android">
    <external-path name="external_files" path="."/>
</paths>
```

그리고 파일 경로를 다음처럼 작성해서 이를 인텐트에 설정해야 한다.

```
Uri fileURI = FileProvider.getUriForFile(this,
        BuildConfig.APPLICATION_ID + ".provider",
        profileIconFile);

Intent intent = new Intent(MediaStore.ACTION_IMAGE_CAPTURE);
intent.putExtra(MediaStore.EXTRA_OUTPUT, fileURI);
startActivityForResult(intent, PICK_FROM_CAMERA);
```

위젯의 gravity 속성 중에서 left, right 속성이 사용 중지된 이유

안드로이드에서 위젯의 위치를 지정하는 속성에는 top, bottom, left, right가 있다. 그런데 어느 순간부터 left와 right를 사용하지 말 것을 권장하고 있다. 그 이유는 대부분의 언어가 왼쪽에서 오른쪽으로 글을 쓰는 반면에 히브리어나 아랍어는 오른쪽에서 왼쪽으로 글을 쓰기 때문에 혼동의 여지가 있다. 그래서 앱에서 여러 언어를 지원할 때 제대로 속성이 적용되게 하기 위해서는 기존 방법으로는 되지 않으므로 left를 start로, right를 end로 변경하게 된 것이다. 그래서 한국어에서 start는 기존의 left와 동일한 속성이 되며, 아랍어에서 start는 right와 동일한 속성이 된다.

안드로이드 구글 지도 구성 방법

안드로이드에서 구글 지도를 사용하기 위해서는 설정해야 하는 것들이 있다. 하지만 2016년 하반기부터 이 절차를 좀 더 쉽게 진행할 수 있는 방법이 생겼다. 이 방법은 키를 제한사항 없이 사용하도록 하는 설정이며, 이로 인해 도용이 발생할 수 있으므로 안전한 방법은 아니다. 하지만 일단 쉽게 등록해서 사용할 수 있으므로 여기서는 이에 대한 방법을 설명하려고 한다.

안드로이드용 구글 API 키 발급 방법 및 설정 방법은 아래 링크를 참고하기 바란다.

URL https://developers.google.com/maps/documentation/android-api/config
URL https://developers.google.com/maps/documentation/android-api/signup

Android 애플리케이션에 지도를 추가하는 방법

1. Google Play 서비스 SDK 설치

    SDK에는 Google Maps Android API가 포함되어 있다.

2. 구글 맵 API 키 생성

    Google Developers Console에 프로젝트를 등록하고 앱의 서명 인증서를 찾아서 API 키를 생성해야 한다.

3. 관련 설정 및 권한 추가

이제 각 단계에 대해서 자세히 살펴보도록 하겠다.

1. Google Play 서비스 SDK 설치

❶ 상단 툴바에서 SDK Manager 아이콘을 클릭한다.

그림 B-23 안드로이드 스튜디오 SDK 설치 아이콘

❷ Google Play services를 설치한다.

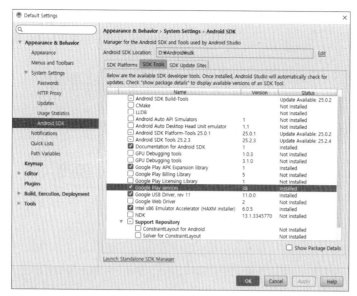

그림 B-24 **Google Play 서비스 SDK 설치**

2. 구글 맵 API 키 생성

❶ 브라우저에서 https://console.developers.google.com 페이지로 이동

❷ 라이브러리 메뉴에서 Google Maps Android API 선택 및 약관 동의

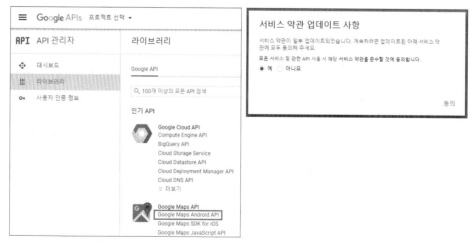

그림 B-25 **Google APIs 화면**

❸ '프로젝트 만들기'를 클릭한 후에 '사용 설정' 클릭하기

그림 B-26 Google Maps Android API 사용 설정

❹ '사용자 인증 정보' 메뉴에서 '사용자 인증 정보 만들기' 클릭한 후에 API 키 선택하기

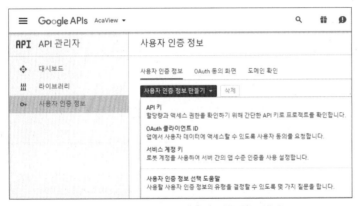

그림 B-27 Google Maps Android API 사용자 인증 정보 생성

❺ 생성된 키 복사하기

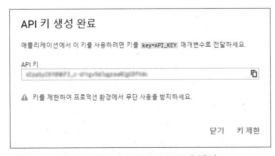

그림 B-28 Google Maps Android API 키 생성

3. 관련 설정 및 권한 추가

이제 애플리케이션 매니페스트(AndroidManifest.xml) 파일에 관련 설정 및 권한을 추가해야 한다.

❶ Google Play 서비스 버전 번호 추가

AndroidManifest.xml의 <application> 요소에 다음처럼 API_KEY를 추가한다.

```
<meta-data
    android:name="com.google.android.geo.API_KEY"
    android:value="발급받은 API키 작성" />
```

❷ OpenGL ES 버전 2 지정

Google Maps Android API는 OpenGL ES 버전 2를 사용하여 지도를 렌더링하기 때문에 OpenGL ES 버전 2가 설치되지 않으면 지도가 나타나지 않는다. AndroidManifest.xml에서 아래의 코드를 <manifest>의 하위 요소로 추가해야 한다.

```
<uses-feature
    android:glEsVersion="0x00020000"
    android:required="true"/>
```

❸ 접근 권한 추가

애플리케이션이 내 위치(MyLocation) 기능을 활성화하여 사용자의 현재 위치에 액세스하는 경우에는 다음과 같은 권한을 <manifest> 태그 내에 추가해야 한다.

```
<uses-permission android:name="android.permission.ACCESS_FINE_LOCATION" />
```

위치 권한에는 ACCESS_FINE_LOCATION과 ACCESS_COARSE_LOCATION이 있으며, 이 중 하나를 선언해야 사용할 수 있다.

- android.permission.ACCESS_COARSE_LOCATION – Wi-Fi 또는 이동통신 데이터(또는 모두)를 사용하여 기기의 위치를 판별해야 하는 경우 사용. 위치 반환 시 도시 블록 한 개 정도의 오차가 발생할 수 있다.
- android.permission.ACCESS_FINE_LOCATION – 이용 가능한 위치 제공자에서 최대한 정확한 위치를 판별해야 하는 경우 사용. 위치 제공자에는 GPS(Global Positioning System)와 Wi-Fi, 이동통신 데이터가 포함된다.

B.2 안드로이드 라이브러리

Parcelable을 쉽게 구현하는 라이브러리 Parceler

안드로이드에서는 액티비티나 서비스 같은 컴포넌트 간에 자바 객체를 전달하기 위해서는 직렬화하는 과정을 거쳐야 한다. 이렇게 하기 위해서는 직렬화하고자 하는 자바 클래스가 android.os.Parcelable 인터페이스를 구현해야 한다. 다음에 작성된 MyMember 클래스가 이러한 코드를 보여준다.

MyMember 클래스에서 직렬화하는 변수는 name만 존재하기 때문에 코드가 복잡해 보이지 않지만, 변수가 조금만 더 많아지면 작성하기도 번거롭고 코드 자체도 복잡해지는 경향이 있다. 그래서 이러한 문제를 쉽게 해결하기 위해서는 Parceler 라이브러리를 사용해야 한다.

```
public class MyMember implements Parcelable {
    private int name;

    public int describeContents() {
        return 0;
    }

    public void writeToParcel(Parcel out, int flags) {
        out.writeInt(name);
    }

    public static final Parcelable.Creator<MyMember> CREATOR
            = new Parcelable.Creator<MyMember>() {
        public MyMember createFromParcel(Parcel in) {
            return new MyMember(in);
        }

        public MyMember[] newArray(int size) {
            return new MyMember[size];
        }
    };

    private MyMember(Parcel in) {
        name = in.readInt();
    }
}
```

Parceler를 사용하면 더 이상 writeToParcel, createFromParcel, CREATOR 등의 코드를 작성하지 않아도 된다. 다음은 Parceler 사용 방법을 보여준다.

build.gradle(app) 설정

```
dependencies {
    compile 'org.parceler:parceler:1.0.0'
}
```

사용 방법

```
@Parcel
public class MyMember {
    String name;

    public MyMember() {}

    public MyMember(String name) {
        this.name = name;
    }

    public String getName() { return name; }

}
```

이렇게 작성한 클래스의 객체는 다른 컴포넌트에 전달할 때 다음과 같이 작성해서 전달할 수 있다.

```
//래핑
Parcelable wrapped = Parcels.wrap(new MyMember("gildong"));

//언래핑
MyMember member = Parcels.unwrap(wrapped);
member.getName(); // gildong
```

물론, 액티비티에서 다른 액티비티로 객체를 전달할 때도 사용할 수 있다.

```
//액티비티 A
MyMember member = new MyMember("gildong");

Bundle bundle = new Bundle();
bundle.putParcelable("member", Parcels.wrap(member));

//액티비티 B
Example example = Parcels.unwrap(getIntent().getParcelableExtra("member"));
```

Parceler에 대한 자세한 설명은 다음 링크를 참고하기 바란다.

URL http://parceler.org

JAVA 객체를 JSON 표현식으로 변환하는 Gson

지슨(Gson) 라이브러리는 JAVA 객체를 JSON 표현식으로 변환하거나 반대로 변환해 주는 라이브러리다.

build.gradle(app) 설정

```
dependencies {
  compile 'com.google.code.gson:gson:2.7'
}
```

기본적인 사용법

```
class Member {
  String name = "gildong";
}

Member member = new Member();
Gson gson = new Gson();

//java object -> json
String json = gson.toJson(member);
// json 문자열은 {"name", "gildong"}

Member member2 = gson.fromJson(json, Member.class);
// member2 객체는 member와 동일
```

이 책에서는 Gson을 레트로핏(Retrofit)에 설정하여 사용하고 있다. Gson에 대한 추가적인 내용은 다음 링크를 참고하기 바란다.

URL https://github.com/google/gson

커스텀 폰트 Typekit

안드로이드에서 폰트를 변경하는 라이브러리들은 많이 있으며, 그중에서 대부분의 라이브러리는 특정 뷰의 폰트를 변경하는 등의 기능만을 가지고 있다. 하지만 우리가 만든 앱의 전체 폰트를 변경하고 싶은 경우가 있는데, 이런 경우에 사용할 수 있는 것이 Typekit이라는 폰트 라이브러리다. 이 라이브러리를 사용하면 앱의 전체 폰트를 변경할 수 있으며, 볼드(bold), 이탤릭(Italic) 등에 폰트를 각각 지정할 수도 있다.

사용하는 방법을 정리하면 다음과 같다.

❶ 폰트를 src/main/assets에 추가한다. assets는 기본으로 생성되어 있지 않기 때문에 직접 생성해야 한다.

그림 B-29 **커스텀 폰트 위치**

❷ build.gradle(app)의 dependencies에 Typekit를 선언한다.

```
dependencies {
    compile 'com.tsengvn:typekit:1.0.1'
}
```

❸ Application 클래스를 상속한 커스텀 클래스의 onCreate()에 사용할 폰트를 설정한다.

```
public class MyApplication extends Application {
    @Override
    public void onCreate() {
        super.onCreate();
        Typekit.getInstance()
            .addNormal(Typekit.createFromAsset(this, "font1.ttf"))
            .addBold(Typekit.createFromAsset(this, " font2.ttf"))
            .addItalic(Typekit.createFromAsset(this, " font3.ttf"))
            .addBoldItalic(Typekit.createFromAsset(this, "font4.ttf"))
            .addCustom1(Typekit.createFromAsset(this, "font5.ttf"))
            .addCustom2(Typekit.createFromAsset(this, "font6.ttf"))
    }
}
```

addNormal( ), addBold( ), addBoldItalic( )은 앱 전체에 적용되는 폰트를 의미하며, addCustom1( ), addCustom2( )는 레이아웃 XML에 적용해서 사용할 수 있는 폰트를 의미한다.

addCustom1()부터 addCustom9()까지 사용할 수 있으며, 레이아웃 XML에서는 custom1처럼 사용하면 된다.

❹ AndroidManifest.xml의 application 태그에 android:name 속성 추가

```
<application
    android:name=".MyApplication"
```

MyApplication은 ❸번 항목에서 작성한 Application 클래스를 상속한 클래스이며, 이렇게 선언해야 앱에서 사용할 수 있게 된다.

❺ 모든 액티비티에 적용할 수 있도록 BaseActivity를 생성

```
public class BaseActivity extends AppCompatActivity {
    @Override
    protected void attachBaseContext(Context newBase) {
        super.attachBaseContext(TypekitContextWrapper.wrap(newBase));
    }
}
```

참고로, 특정 액티비티에만 폰트를 적용하고 싶다면 해당 액티비티에서 attachBaseContext() 메소드만 오버라이드하면 된다.

모든 작업이 완료되었으므로 전체 액티비티에 폰트가 적용된 것을 확인할 수 있다. 만약 특정 레이아웃에서 커스텀 폰트(custom1, custom2, …)를 사용하고 싶다면 적용하고 싶은 레이아웃 XML에서 다음처럼 선언하면 된다.

```
1) 루트 노드에 xmlns:app 선언
xmlns:app="http://schemas.android.com/apk/res-auto"

2) 뷰에 다음 속성 추가
app:font="custom1"
```

이미지 라이브러리 Picasso 소개

이미지 라이브러리에는 여러 가지가 있지만, 그중에서 가장 많이 사용하는 라이브러리인 피카소(Picasso)에 대해서 살펴보겠다. 피카소는 Okhttp, Retrofit 등의 라이브러리를 만든 회사인 Square에서 만든 라이브러리이며, 직관적이고 쉬운 사용법으로 많은 사용자로부터 인기를

누리고 있다.

피카소를 사용하기 위해서는 가장 먼저 build.gradle(app)에 그라이드를 선언해야 한다.

build.gradle(app) 설정

```
dependencies {
    compile 'com.squareup.picasso:picasso:2.5.2'
}
```

기본적인 사용법

```
ImageView imageView = (ImageView) findViewById(R.id.imageView);
String url = "http://i.imgur.com/img.png";

Picasso.with(context)
    .load(url)
    .into(imageView);
```

with( ) 메소드에는 context를 지정해야 하며, 액티비티에서는 this를 사용해도 된다. load( ) 메소드는 로딩할 이미지를 지정하는 곳이며, url이나 file 등을 지정할 수 있다. into( ) 메소드는 로딩한 이미지를 보여줄 이미지뷰를 지정하는 곳이다.

자주 사용하는 기능

```
//이미지 크기 변경
Picasso.with(context)
    .load(http://i.imgur.com/img.png)
    .resize(300, 200)
    .into(imageView);

//이미지 센터 중심으로 잘라내기
Picasso.with(context)
    .load(http://i.imgur.com/img.png)
    .centerCrop()
    .into(imageView);

//이미지 모양 변경
Picasso.with(context)
    .load(http://i.imgur.com/img.png)
    .transform(new CircleTransform())
```

```
        .into(imageView);

//이미지 로딩시 미리 보여주거나 에러가 났을 때 보여줄 이미지 지정
Picasso.with(context)
    .load(http://i.imgur.com/img.png)
    .placeholder(R.drawable.placeholder)
    .error(R.drawable.imagenotfound)
    .into(imageView);
```

이미지 모양을 변경하기 위해서는 transform() 메소드를 사용하면 되며, 이때 CircleTransform 처럼 이미지 변형을 담당하는 클래스는 직접 작성해야 한다. 물론, CircleTransform과 같이 원형으로 이미지를 변경하는 클래스는 인터넷에서 검색만 하면 쉽게 찾을 수 있을 것이다.

피카소에 대해서 더 살펴보고 싶다면 다음 링크를 참고하기 바란다.

URL http://square.github.io/picasso/

이미지 라이브러리 Glide 소개

그라이드(Glide)는 피카소보다 늦게 공개되었지만 다양한 기능과 빠른 처리 속도로 인해 현재 피카소와 더불어 많은 인기를 누리고 있다. 구글이 인수한 Bump 앱에서 사용하던 이미지 라이브러리를 공개한 것이 현재의 그라이드다.

그라이드는 다음과 같은 특징을 가진다.

> 1) 미디어 디코딩
>
> 2) 메모리와 디스크 캐싱
>
> 3) 리소스 풀링
>
> 4) 사용하기 쉽고 단순한 인터페이스
>
> 5) 움직이는 이미지(gif) 지원

그라이드를 사용하기 위해서는 가장 먼저 build.gradle(app)에 그라이드를 선언해야 한다.

build.gradle(app)에 설정

```
dependencies {
    compile 'com.github.bumptech.glide:glide:4.0.0-RC0'
```

```
        compile 'com.android.support:support-v4:25.3.1'
    }
```

기본적인 사용법

```
Glide.with(context).load("http://i.imgur.com/img.png").into(imageView);
```

with() 메소드에는 context를 지정해야 하며, 액티비티에서는 this를 사용해도 된다. load() 메
소드는 로딩할 이미지를 지정하는 곳이며, url이나 file 등을 지정할 수 있다. into() 메소드는
로딩한 이미지를 보여줄 이미지뷰를 지정하는 곳이다.

자주 사용하는 기능

```
//이미지 크기 변경
Glide.with(context)
    .load(http://i.imgur.com/img.png)
    .override(300, 200)
    .into(imageView);

//이미지 센터 중심으로 잘라내기
Glide.with(context)
    .load(http://i.imgur.com/img.png)
    .centerCrop()
    .into(imageView);

//이미지 모양 변경
Glide.with(context)
    .load(http://i.imgur.com/img.png)
    .transform(new CircleTransform(context))
    .into(imageView);

//이미지 로딩시 미리 보여주거나 에러가 났을 때 보여줄 이미지 지정
Glide.with(context)
    .load(http://i.imgur.com/img.png)
    .placeholder(R.drawable.placeholder)
    .error(R.drawable.imagenotfound)
    .into(imageView);

//움직이는 GIF 이미지 로딩
Glide.with(context)
    .load(http://i.imgur.com/img.png)
    .asGif()
    .into(imageView);
```

※ 움직이는 GIF 이미지 로딩 시에 로딩이 느리다면 .diskCacheStrategy(DiskCacheStrategy.SOURCE)를 추가한다.

그라이드에 대해서 더 살펴보고 싶다면 다음 링크를 참고하기 바란다.

URL https://github.com/bumptech/glide/

그라이드 이미지 변형

그라이드에서 이미지 변경을 하기 위해서는 위의 코드처럼 CircleTransform을 직접 만들어야 한다. 아주 특별한 모양이라면 직접 만드는 것이 좋지만, 일반적인 모양이라면 이를 제공해 주는 라이브러리를 사용하는 것도 좋은 방법이다.

URL 그라이드 변형 라이브러리 https://github.com/wasabeef/glide-transformations

build.gradle(app) 설정

```
dependencies {
    compile 'jp.wasabeef:glide-transformations:2.0.1'
    // GPU Filters를 사용하고 싶다면
    compile 'jp.co.cyberagent.android.gpuimage:gpuimage-library:1.3.0'
}
```

기본적인 사용 방법

```
Glide.with(this).load(R.drawable.demo)
    .bitmapTransform(new BlurTransformation(context))
    .into((ImageView) findViewById(R.id.image));
```

여러 개의 변형을 동시에 적용하고 싶을 때

```
Glide.with(this).load(R.drawable.demo)
    .bitmapTransform(new BlurTransformation(context, 25), new CropCircleTransformation(
                                                                            context))
    .into((ImageView) findViewById(R.id.image));
```

변형(Transformation)의 종류

종류	클래스
Crop	CropTransformation CropCircleTransformation, CropSquareTransformation RoundedCornersTransformation
Color	ColorFilterTransformation GrayscaleTransformation
Blur	BlurTransformation
Mask	MaskTransformation
GPU Filter	ToonFilterTransformation SepiaFilterTransformation ContrastFilterTransformation InvertFilterTransformation PixelationFilterTransformation SketchFilterTransformation SwirlFilterTransformation BrightnessFilterTransformation KuwaharaFilterTransformation VignetteFilterTransformation

네트워크 라이브러리 Retrofit2

레트로핏(Retrofit)은 네트워크 통신을 쉽게 할 수 있게 해 주는 라이브러리다. Square에서 개발한 라이브러리이며, 전 세계적으로 많이 사용하고 있는 라이브러리이기도 하다. 자바와 안드로이드에서 사용할 수 있으며, 특히 안드로이드에서 많이 사용하고 있다.

개발사에서 정의하고 있는 레트로핏 설명은 다음과 같다.

"A type-safe HTTP client for Android and Java"

레트로핏은 HTTP로 통신하기 위한 다양한 기능들을 가지고 있다. 그중에서 몇 가지 특징을 정리하면 다음과 같다.

1) 파일 업로드

2) 자바 객체 전송

3) 다양한 요청 메소드 처리

4) 동기식, 비동기식 호출 가능

레트로핏을 사용하는 기본적인 절차는 다음과 같다.

build.gradle(app) 설정

```
dependencies {
    compile 'com.squareup.retrofit2:retrofit:2.1.0'
}
```

일반적으로 다음과 같은 라이브러리를 함께 사용한다. converter-gson은 자바 객체를 gson으로 변환하거나 반대로 변환할 수 있는 라이브러리이고, logging-interceptor는 로깅을 처리하며, okhttp는 네트워크 통신을 위한 라이브러리다.

```
compile 'com.squareup.retrofit2:converter-gson:2.1.0'
compile 'com.squareup.okhttp3:logging-interceptor:3.3.1'
compile 'com.squareup.okhttp3:okhttp:3.3.1'
```

서비스 인터페이스 선언

```
public interface GitHubService {
  @GET("users/{user}/repos")
  Call<List<Repo>> listRepos(@Path("user") String user);
}
```

원격 서버에서 호출하고자 하는 URL 주소와 메소드를 선언한다. 이때 GET 방식으로 호출하고 싶다면 @GET으로, POST로 호출하고 싶다면 @POST로 하면 된다. 그리고 {user}는 메소드 호출 시 지정된 값으로 치환되는 가변 인자다.

서비스 인터페이스 구현체 생성

```
Retrofit retrofit = new Retrofit.Builder()
    .baseUrl("https://api.github.com/")
    .build();

GitHubService service = retrofit.create(GitHubService.class);
```

원격 서버에 HTTP 요청

```
Call<List<Repo>> repos = service.listRepos("octocat");
```

이제 레트로핏의 기본적인 사용 방법에 대해서 살펴보도록 하겠다.

요청 메소드(Request Method)

HTTP 통신 시 사용할 수 있는 GET, POST, PUT, DELETE 등을 레트로핏에서도 호출할 수 있으며, 어노테이션 형태로 지정하면 된다.

```
@GET("users/list")
@PUT("users/list")
```

URL 조작

URL에 {id}처럼 가변 인자를 지정하고 groupList() 메소드 인자로 들어온 groupId를 {id}에 치환하는 방법이다.

```
@GET("group/{id}/users")
Call<List<User>> groupList(@Path("id") int groupId);
```

sort를 URL에 추가하는 방법이며, 실제로는 "group/groupId 인자값/users?sort=sort 인자값" 형태로 호출된다.

```
@GET("group/{id}/users")
Call<List<User>> groupList(@Path("id") int groupId, @Query("sort") String sort);
```

Map을 지정하여 url에 다양한 인자값을 지정하는 방법이며, "group/groupId 값/users?map_key1=map_value1&map_key2=map_value2" 형태로 호출된다.

```
@GET("group/{id}/users")
Call<List<User>> groupList(@Path("id") int groupId, @QueryMap Map<String, String>
                                                                      options);
```

레트로핏에 대해서 더 살펴보고 싶다면 다음 링크를 참고하기 바란다.

URL http://square.github.io/retrofit/

원형 이미지뷰, CircleImageView

서클이미지뷰(CircleImageView)는 프로필 이미지를 원형으로 표시할 수 있게 해 주는 라이브러리다. 이를 통해 이미지를 쉽게 원형으로 변형할 수 있다.

그림 B-30 원형 이미지뷰, CircleImageView

build.grdle(app) 설정

```
dependencies {
    compile 'de.hdodenhof:circleimageview:2.1.0'
}
```

레이아웃에서 CircleImageView 선언

```
<de.hdodenhof.circleimageview.CircleImageView
    xmlns:app="http://schemas.android.com/apk/res-auto"
    android:id="@+id/profile_image"
    android:layout_width="96dp"
    android:layout_height="96dp"
```

```
        android:src="@drawable/profile"
        app:civ_border_width="2dp"
        app:civ_border_color="#FF000000"/>
```

CircleImageView에 대해서 더 살펴보고 싶다면 다음 링크를 참고하기 바란다.

URL https://github.com/hdodenhof/CircleImageView

코딩을 손쉽게, Butter Knife

버터 나이프(Butter Knife)는 XML 선언된 뷰를 findViewById( ) 메소드를 호출하지 않고 어노테이션만으로 쉽게 바인딩할 수 있는 라이브러리다. 게다가 클릭 이벤트를 바인딩하여 특정 메소드가 호출되게 할 수도 있다.

버터 나이프를 사용하기 위해서는 build.gradle에 다음과 같이 설정해야 한다.

build.gradle(app) 설정

```
dependencies {
    compile 'com.jakewharton:butterknife:8.5.1'
    annotationProcessor 'com.jakewharton:butterknife-compiler:8.5.1'
}
```

이제 기본적인 사용 방법을 살펴보겠다.

뷰 id를 사용해서 뷰를 자바 멤버 변수에 자동 바인딩하는 방법

```
class ExampleActivity extends Activity {
  @BindView(R.id.title) TextView title;
  @BindView(R.id.subtitle) TextView subtitle;
  @BindView(R.id.footer) TextView footer;

  @Override public void onCreate(Bundle savedInstanceState) {
    super.onCreate(savedInstanceState);
    setContentView(R.layout.simple_activity);
    ButterKnife.bind(this);
    // TODO Use fields...
  }
}
```

리소스를 자동으로 바인딩하는 방법

```
class ExampleActivity extends Activity {
  @BindString(R.string.title) String title;
  @BindDrawable(R.drawable.graphic) Drawable graphic;
  @BindColor(R.color.red) int red; // int or ColorStateList field
  @BindDimen(R.dimen.spacer) Float spacer; // int (for pixel size) or float (for
                                                        exact value) field

  // ...
}
```

프래그먼트에서 바인딩하는 방법

```
public class FancyFragment extends Fragment {
  @BindView(R.id.button1) Button button1;
  @BindView(R.id.button2) Button button2;

  @Override
  public View onCreateView(LayoutInflater inflater, ViewGroup container, Bundle
                                                        savedInstanceState) {
    View view = inflater.inflate(R.layout.fancy_fragment, container, false);
    ButterKnife.bind(this, view);
    // TODO Use fields...
    return view;
  }
}
```

버튼 리스너에 바인딩하는 방법

❶ 메소드 인자 View 타입을 지정하는 방법

```
@OnClick(R.id.submit)
public void submit(View view) {
  // TODO submit data to server...
}
```

❷ 메소드에 인자를 지정하지 않는 방법

```
@OnClick(R.id.submit)
public void submit() {
  // TODO submit data to server...
}
```

❸ 메소드에 원하는 타입을 지정하는 방법

```java
@OnClick(R.id.submit)
public void sayHi(Button button) {
  button.setText("Hello!");
}
```

바인딩을 해지하는 방법

프래그먼트를 사용할 때는 바인딩을 한 후에 바인딩을 해지해야 한다. onCreateView( )에서 바인딩하고 onDestoryView( )에서 바인딩을 해지하면 된다.

```java
public class FancyFragment extends Fragment {
  @BindView(R.id.button1) Button button1;
  @BindView(R.id.button2) Button button2;
  private Unbinder unbinder;

  @Override
  public View onCreateView(LayoutInflater inflater,
                           ViewGroup container, Bundle savedInstanceState) {
    View view = inflater.inflate(R.layout.fancy_fragment, container, false);
    unbinder = ButterKnife.bind(this, view);
    // TODO Use fields...
    return view;
  }

  @Override
  public void onDestroyView() {
    super.onDestroyView();
    unbinder.unbind();
  }
}
```

외부 레이아웃 파일에서 바인딩하는 방법

자동으로 형 변환을 해 주기 때문에 기본 제공되는 findViewById보다 편하게 사용할 수 있다.

```java
View view = LayoutInflater.from(context).inflate(R.layout.thing, null);
TextView firstName = ButterKnife.findById(view, R.id.first_name);
TextView lastName = ButterKnife.findById(view, R.id.last_name);
ImageView photo = ButterKnife.findById(view, R.id.photo);
```

버터 나이프에 대해서 자세히 살펴보고 싶다면 다음 링크를 살펴보기 바란다.

http://jakewharton.github.io/butterknife/

다양한 안드로이드 애니메이션, Android View Animations

안드로이드 뷰에 효과를 넣을 수 있는 라이브러리다. 이 라이브러리를 사용하면 뷰에 애니메이션 효과를 쉽게 넣을 수 있다.

build.gradle(app) 설정

```
dependencies {
        compile 'com.android.support:support-compat:25.1.1'
        compile 'com.daimajia.easing:library:2.0@aar'
        compile 'com.daimajia.androidanimations:library:2.2@aar'
}
```

사용 방법

```
YoYo.with(Techniques.Tada)
    .duration(700)
    .repeat(5)
    .playOn(findViewById(R.id.edit_area));
```

with 함수에 Tada를 지정한 것처럼 원하는 효과를 지정하면 된다.

사용할 수 있는 효과

효과	종류
Attension	Flash, Pulse, RubberBand, Shake, Swing, Wobble, Bounce, Tada, StandUp, Wave
Special	Hinge, RollIn, RollOut,Landing,TakingOff,DropOut
Bounce	BounceIn, BounceInDown, BounceInLeft, BounceInRight, BounceInUp
Fade	FadeIn, FadeInUp, FadeInDown, FadeInLeft, FadeInRight FadeOut, FadeOutDown, FadeOutLeft, FadeOutRight, FadeOutUp
Flip	FlipInX, FlipOutX, FlipOutY
Rotate	RotateIn, RotateInDownLeft, RotateInDownRight, RotateInUpLeft, RotateInUpRight RotateOut, RotateOutDownLeft, RotateOutDownRight, RotateOutUpLeft, RotateOutUpRight

Slide	SlideInLeft, SlideInRight, SlideInUp, SlideInDown SlideOutLeft, SlideOutRight, SlideOutUp, SlideOutDown
Zoom	ZoomIn, ZoomInDown, ZoomInLeft, ZoomInRight, ZoomInUp ZoomOut, ZoomOutDown, ZoomOutLeft, ZoomOutRight, ZoomOutUp

추가적인 설명은 다음 링크에서 살펴볼 수 있다.

URL https://github.com/daimajia/AndroidViewAnimations

SQLite를 좀 더 쉽게 사용할 수 있게 SQLBrite

에스큐엘브라이트(SQLBrite)는 SQLiteOpenHelper를 좀 더 쉽게 사용할 수 있게 해 주는 래퍼 클래스들로 구성되어 있다. 그래서 안드로이드 SQLite를 좀 더 편하게 사용할 수 있게 해 준다.

build.gradle(app) 설정

```
dependencies {
    compile 'com.squareup.sqlbrite:sqlbrite:1.1.1'
}
```

사용 방법

```
SqlBrite sqlBrite = new SqlBrite.Builder().build();
BriteDatabase db = sqlBrite.wrapDatabaseHelper(openHelper, Schedulers.io());

Observable<Query> users = db.createQuery("users", "SELECT * FROM users");
users.subscribe(new Action1<Query>() {
  @Override public void call(Query query) {
    Cursor cursor = query.run();
    // 데이터 처리
  }
});
```

이 라이브러리에 대해서 궁금하다면 다음 링크를 살펴보기 바란다.

URL https://github.com/square/sqlbrite

C

베스트푸드 노드 코드

이제 서버 쪽 노드 코드 중에서 직접 작성하거나 수정한 파일들을 정리할 것이다. 코드와 관련된 내용은 이미 책의 본문에서 설명했으니 여기에 나온 코드들은 참고 용도로 살펴보기 바란다.

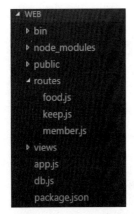

그림 C-1 **노드 프로젝트 구성**

C.1 기본 파일

package.json

package.json은 노드 프로젝트 정보와 프로그램에서 사용하고 있는 모듈에 대한 정보가 나와 있는 파일이다. 그래서 다른 프로젝트에서 이 파일을 가져다가 npm install을 실행하면 관련 모듈들이 모두 설치된다.

```json
{
  "name": "web",
  "version": "0.0.0",
  "private": true,
  "scripts": {
    "start": "node ./bin/www"
  },
  "dependencies": {
    "body-parser": "~1.17.1",
    "cookie-parser": "~1.4.3",
    "debug": "~2.6.3",
    "ejs": "~2.5.6",
    "express": "~4.15.2",
    "formidable": "^1.1.1",
    "morgan": "~1.8.1",
    "mysql": "^2.13.0",
    "serve-favicon": "~2.4.2"
  }
}
```

app.js

app.js 는 노드 서버를 구성하기 위해 필요한 모듈과 관련 설정들이 선언되어 있는 파일이다. 이에 대한 자세한 설명은 35페이지를 참고하기 바란다.

코드 C-2 **/app.js**

```javascript
var express = require('express');
var path = require('path');
var favicon = require('serve-favicon');
var logger = require('morgan');
var cookieParser = require('cookie-parser');
var bodyParser = require('body-parser');
var db = require('./db');

var app = express();

// view engine setup
app.set('views', path.join(__dirname, 'views'));
app.set('view engine', 'ejs');

db.connect(function(err) {
  if (err) {
    console.log('Unable to connect to MySQL.')
    process.exit(1)
```

```
  }
});

// uncomment after placing your favicon in /public
//app.use(favicon(path.join(__dirname, 'public', 'favicon.ico')));
app.use(logger('dev'));
app.use(bodyParser.json());
app.use(bodyParser.urlencoded({ extended: false }));
app.use(cookieParser());
app.use(express.static(path.join(__dirname, 'public')));

app.use('/member', require('./routes/member'));
app.use('/food', require('./routes/food'));
app.use('/keep', require('./routes/keep'));

// catch 404 and forward to error handler
app.use(function(req, res, next) {
  var err = new Error('Not Found');
  err.status = 404;
  next(err);
});

// error handler
app.use(function(err, req, res, next) {
  // set locals, only providing error in development
  res.locals.message = err.message;
  res.locals.error = req.app.get('env') === 'development' ? err : {};

  // render the error page
  res.status(err.status || 500);
  res.render('error');
});

module.exports = app;
```

db.js

db.js는 MySQL 데이터베이스에 연결하기 위한 기본 정보를 가지고 커넥션 풀을 생성하는
connect 함수와 풀을 반환하는 get 함수가 선언되어 있는 파일이다.

코드 C-3 /db.js

```
var mysql = require('mysql');

var pool;
```

```
exports.connect = function(done) {
    pool = mysql.createPool({
        connectionLimit: 100,
        host     : 'localhost',
        user     : 'root',
        password : 'bestfood',
        database : 'bestfood'
    });
}

exports.get = function() {
  return pool;
}
```

C.2 라우팅 파일

라우팅 파일은 안드로이드 요청을 처리하기 위한 라우팅 함수가 작성되어 있는 파일이다. /routes 디렉터리에 작성하면 되며, member.js, food.js, keep.js를 작성할 것이다. member.js는 사용자 정보를 처리하는 파일이며, food.js는 맛집 정보를 처리하는 파일이다. 그리고 keep.js는 즐겨찾기를 처리하는 파일이다. 이러한 파일들에 작성된 각각의 함수에 관한 설명은 이미 이 책의 본문에서 했으므로 여기서는 전체 파일 코드가 어떻게 되어 있는지만 살펴보기 바란다.

/routes/member.js

member.js는 안드로이드에서 레트로핏을 통해 요청한 사용자 정보를 처리하는 클래스다. 이에 대한 자세한 설명은 본문을 참고하기 바란다.

코드 C-4 **/routes/member.js**

```
var express = require('express');
var formidable = require('formidable');
var db = require('../db')
var router = express.Router();

//member/:phone
router.get('/:phone', function(req, res, next) {
  var phone = req.params.phone;

  var sql = "select * " +
            "from bestfood_member " +
            "where phone = ? limit 1;";
```

```
        console.log("sql : " + sql);

    db.get().query(sql, phone, function (err, rows) {
        console.log("rows : " + JSON.stringify(rows));
        console.log("row.length : " + rows.length);
        if (rows.length > 0) {
          res.json(rows[0]);
        } else {
          res.sendStatus(400);
        }
    });
});

//member/phone
router.post('/phone', function(req, res) {
  var phone = req.body.phone;

  var sql_count = "select count(*) as cnt " +
          "from bestfood_member " +
          "where phone = ?;";
  console.log("sql_count : " + sql_count);

  var sql_insert = "insert into bestfood_member (phone) values(?);";

  db.get().query(sql_count, phone, function (err, rows) {
    console.log(rows);
    console.log(rows[0].cnt);

    if (rows[0].cnt > 0) {
      return res.sendStatus(400);
    }

    db.get().query(sql_insert, phone, function (err, result) {
      console.log(err);
      if (err) return res.sendStatus(400);
      res.status(200).send('' + result.insertId);
    });
  });
});

//member/info
router.post('/info', function(req, res) {
  var phone = req.body.phone;
  var name = req.body.name;
  var sextype = req.body.sextype;
  var birthday = req.body.birthday;

  console.log({name, sextype, birthday, phone});

  var sql_count = "select count(*) as cnt " +
```

```
             "from bestfood_member " +
             "where phone = ?;";

  var sql_insert = "insert into bestfood_member (phone, name, sextype, birthday)
                                                  values(?, ?, ?, ?);";
  var sql_update = "update bestfood_member set name = ?, sextype = ?, birthday = ?
                                                  where phone = ?; ";
  var sql_select = "select seq from bestfood_member where phone = ?; ";

  db.get().query(sql_count, phone, function (err, rows) {
    if (rows[0].cnt > 0) {
      console.log("sql_update : " + sql_update);

      db.get().query(sql_update, [name, sextype, birthday, phone], function (err,
                                                                    result) {
        if (err) return res.sendStatus(400);
        console.log(result);

        db.get().query(sql_select, phone, function (err, rows) {
          if (err) return res.sendStatus(400);

          res.status(200).send('' + rows[0].seq);
        });
      });
    } else {
      console.log("sql_insert : " + sql_insert);

      db.get().query(sql_insert, [phone, name, sextype, birthday], function (err,
                                                                    result) {
        if (err) return res.sendStatus(400);

        res.status(200).send('' + result.insertId);
      });
    }
  });
});

//member/icon_upload
router.post('/icon_upload', function (req, res) {
  var form = new formidable.IncomingForm();

  form.on('fileBegin', function (name, file){
    file.path = './public/member/' + file.name;
  });

  form.parse(req, function(err, fields, files) {
    var sql_update = "update bestfood_member set member_icon_filename = ? where seq =
                                                                    ?;";

    db.get().query(sql_update, [files.file.name, fields.member_seq], function (err,
```

```
                                                                    rows) {
      res.sendStatus(200);
    });
  });
});


module.exports = router;
```

/routes/food.js

food.js는 안드로이드에서 레트로핏을 통해 요청한 맛집 정보를 처리하는 클래스다. 이에 대한 자세한 설명은 본문을 참고하기 바란다.

코드 C-5 **/routes/food.js**

```
var express = require('express');
var formidable = require('formidable');
var db = require('../db')
var router = express.Router();

var LOADING_SIZE = 20;
var DEFAULT_USER_LATITUDE = 37.566229;
var DEFAULT_USER_LONGITUDE = 126.977689;

//food/info
router.post('/info', function(req, res, next) {
  if (!req.body.member_seq) {
    return res.sendStatus(400);
  }

  var member_seq = req.body.member_seq;
  var name = req.body.name;
  var tel = req.body.tel;
  var address = req.body.address;
  var latitude = req.body.latitude;
  var longitude = req.body.longitude;
  var description = req.body.description;


  var sql_insert =
    "insert into bestfood_info (member_seq, name, tel, address, latitude, longitude,
                                                                description) " +
    "values(?, ?, ?, ?, ?, ?, ?); ";

  console.log(sql_insert);
```

```
    var params = [member_seq, name, tel, address, latitude, longitude, description];

    db.get().query(sql_insert, params, function (err, result) {
      console.log(result.insertId);
      res.status(200).send('' + result.insertId);
    });
});


//food/info/image
router.post('/info/image', function (req, res) {
  var form = new formidable.IncomingForm();

  form.on('fileBegin', function (name, file){
    file.path = './public/img/' + file.name;
  });

  form.parse(req, function(err, fields, files) {
    var sql_insert = "insert into bestfood_info_image (info_seq, filename, image_
                                                memo) values (?, ?, ?);";

    db.get().query(sql_insert, [fields.info_seq, files.file.name, fields.image_memo],
                                                function (err, rows) {
      res.sendStatus(200);
    });
  });
});

//food/info/:seq
router.get('/info/:seq', function(req, res, next) {
  var seq = req.params.seq;
  var member_seq = req.query.member_seq;

  var sql =
    "select a.*, " +
    " '0' as user_distance_meter, " +
    " if( exists(select * from bestfood_keep where member_seq = ? and a.seq = info_
                                        seq), 'true', 'false') as is_keep, " +
    " (select filename from bestfood_info_image where info_seq = a.seq order by seq
                                        limit 1) as image_filename " +
    "from bestfood_info as a " +
    "where seq = ? ; ";
  console.log("sql : " + sql);

  db.get().query(sql, [member_seq, seq], function (err, rows) {
      if (err) return res.sendStatus(400);;

      console.log("rows : " + JSON.stringify(rows));
      res.json(rows[0]);
  });
```

```javascript
});

//food/list
router.get('/list', function(req, res, next) {
  var member_seq = req.query.member_seq;
  var user_latitude = req.query.user_latitude || DEFAULT_USER_LATITUDE;
  var user_longitude = req.query.user_longitude || DEFAULT_USER_LONGITUDE;
  var order_type = req.query.order_type;
  var current_page = req.query.current_page || 0;

  if (!member_seq) {
    return res.sendStatus(400);
  }

  var order_add = '';

  if (order_type) {
    order_add = order_type + ' desc, user_distance_meter';
  } else {
    order_add = 'user_distance_meter';
  }

  var start_page = current_page * LOADING_SIZE;

  var sql =
    "select a.*, " +
    " (( 6371 * acos( cos( radians(?) ) * cos( radians( latitude ) ) * cos( radians(
                                          longitude ) - radians(?) ) " +
    " + sin( radians(?) ) * sin( radians( latitude ) ) ) ) * 1000) AS user_distance_
                                                                meter, " +
    " if( exists(select * from bestfood_keep where member_seq = ? and info_seq =
                                    a.seq), 'true', 'false') as is_keep, " +
    " (select filename from bestfood_info_image where info_seq = a.seq) as image_
                                                              filename " +
    "from bestfood_info as a " +
    "order by  " + order_add + " " +
    "limit ? , ? ; ";
  console.log("sql : " + sql);
  console.log("order_add : " + order_add);

  var params = [user_latitude, user_longitude, user_latitude, member_seq, start_page,
                                                              LOADING_SIZE];

  db.get().query(sql, params, function (err, rows) {
      if (err) return res.sendStatus(400);

      console.log("rows : " + JSON.stringify(rows));
      res.status(200).json(rows);
  });
```

```
});

//food/map/list
router.get('/map/list', function(req, res, next) {
  var member_seq = req.query.member_seq;
  var latitude = req.query.latitude;
  var longitude = req.query.longitude;
  var distance = req.query.distance;
  var user_latitude = req.query.user_latitude || DEFAULT_USER_LATITUDE;
  var user_longitude = req.query.user_longitude || DEFAULT_USER_LONGITUDE;

  if (!member_seq || !latitude || !longitude) {
      return res.sendStatus(400);
  }

  var sql =
    "select a.*, " +
    " (( 6371 * acos( cos( radians(?) ) * cos( radians( latitude ) ) * cos( radians(
                                      longitude ) - radians(?) ) " +
    " + sin( radians(?) ) * sin( radians( latitude ) ) ) ) * 1000) AS distance_
                                                              meter," +
    " (( 6371 * acos( cos( radians(?) ) * cos( radians( latitude ) ) * cos( radians(
                                      longitude ) - radians(?) ) " +
    " + sin( radians(?) ) * sin( radians( latitude ) ) ) ) * 1000) AS user_distance_
                                                              meter," +
    " if(exists (select * from bestfood_keep where member_seq = ? and a.seq = info_
                                      seq), 'true', 'false') as is_keep," +
    " (select filename from bestfood_info_image where info_seq = a.seq) as image_
                                                              filename " +
    "from bestfood_info as a " +
    "having distance_meter <= ? " +
    "order by user_distance_meter ";
  console.log("sql : " + sql);

  var params = [latitude, longitude, latitude, user_latitude, user_longitude, user_
                                      latitude, member_seq, distance];

  db.get().query(sql, params, function (err, rows) {
      if (err) return res.sendStatus(400);

      console.log("rows : " + JSON.stringify(rows));
      res.status(200).json(rows);
  });
});

module.exports = router;
```

/routes/keep.js

food.js는 안드로이드에서 레트로핏을 통해 요청한 즐겨찾기 정보를 처리하는 클래스다. 이에 대한 자세한 설명은 본문을 참고하기 바란다.

코드 C-6 **/routes/keep.js**

```
var express = require('express');
var db = require('../db')
var router = express.Router();

//keep/list
router.get('/list', function(req, res, next) {
  var member_seq = req.query.member_seq;
  var user_latitude = req.query.user_latitude;
  var user_longitude = req.query.user_longitude;

  console.log(member_seq);

  if (!member_seq) {
      return res.sendStatus(400);
  }

  var sql =
    "select a.seq as keep_seq, a.member_seq as keep_member_seq, a.reg_date as keep_
                                                              date, " +
    " b.*, " +
    " (( 6371 * acos( cos( radians(?) ) * cos( radians( latitude ) ) * cos( radians(
                                      longitude ) - radians(?) ) " +
    " + sin( radians(?) ) * sin( radians( latitude ) ) ) ) * 1000) AS user_distance_
                                                              meter, " +
    " 'true' as is_keep, " +
    " (select filename from bestfood_info_image where info_seq = a.info_seq) as
                                                  image_filename " +
    "from bestfood_keep as a left join bestfood_info as b " +
    " on (a.info_seq = b.seq) " +
    "where a.member_seq = ? " +
    "order by a.reg_date desc ";
  console.log("sql : " + sql);

  db.get().query(sql, [user_latitude, user_longitude, user_latitude, member_seq],
                                                  function (err, rows) {
      if (err) return res.sendStatus(400);
      res.status(200).json(rows);
  });
});

//keep/:member_seq/:info_seq
router.post('/:member_seq/:info_seq', function(req, res, next) {
    var member_seq = req.params.member_seq;
```

```
        var info_seq = req.params.info_seq;

    console.log(member_seq);
    console.log(info_seq);

    if (!member_seq || !info_seq) {
        return res.sendStatus(400);
    }

    var sql_select = "select count(*) as cnt from bestfood_keep where member_seq = ?
                                                and info_seq = ?;";
    var sql_insert = "insert into bestfood_keep (member_seq, info_seq) values(?, ?);";
    var sql_update = "update bestfood_info set keep_cnt = keep_cnt+1 where seq = ? ";

    db.get().query(sql_select, [member_seq, info_seq], function (err, rows) {
        if (rows[0].cnt > 0) {
            return res.sendStatus(400);
        }

        db.get().query(sql_insert, [member_seq, info_seq], function (err, rows) {
            db.get().query(sql_update, info_seq, function (err, rows) {
                if (err) return res.sendStatus(400);
                res.sendStatus(200);
            });
        });
    });
});

//keep/:member_seq/:info_seq
router.delete('/:member_seq/:info_seq', function(req, res, next) {
    var member_seq = req.params.member_seq;
    var info_seq = req.params.info_seq;

    console.log(member_seq);
    console.log(info_seq);

    if (!member_seq || !info_seq) {
        return res.sendStatus(400);
    }

    var sql_delete = "delete from bestfood_keep where member_seq = ? and info_seq = ? ";
    var sql_update = "update bestfood_info set keep_cnt = keep_cnt-1 where seq = ? ";

    db.get().query(sql_delete, [member_seq, info_seq], function (err, rows) {
        db.get().query(sql_update, info_seq, function (err, rows) {
            if (err) return res.sendStatus(400);
            res.sendStatus(200);
        });
    });
});

module.exports = router;
```

APPENDIX

D

노드 Tip & Tech, 모듈

D.1 노드 Tip & Tech

노드(Node.js) 살펴보기

노드는 라이언 달(Ryan Dahl)에 의해 개발되었으며, 자바스크립트 V8 엔진을 활용하여 비동기식 IO 기능을 사용할 수 있도록 되어 있다. 또한, 자체적으로 포함된 모듈 시스템인 npm을 사용하여 외부 모듈을 자유롭게 사용할 수 있다. 노드는 기본적으로 단일 스레드로 동작하며, 인스턴스 확장을 통해서 멀티 스레드의 성능을 발휘한다. 게다가 다양한 플랫폼에서 사용할 수 있으며, MySQL, MariaDB, Oracle 등 다양한 관계형 데이터베이스와 NoSQL인 MongoDB 등을 지원한다.

그림 D-1 노드 홈페이지

노드는 두 가지 버전이 있다. LTS 버전과 Current 버전이다. LTS 버전은 안정적인 버전이며, Current 버전은 노드의 현재 버전으로서 새로운 기능들을 바로 사용해 볼 수 있는 버전이다.

v6.11.0 LTS	V8.1.0 Current
안정적인 버전 (Long Term Support)	새로운 기능들이 반영되는 버전

URL https://nodejs.org/ko/

익스프레스(Express.js) 살펴보기

익스프레스는 노드 기반에서 웹 애플리케이션 개발을 지원하는 프레임워크이며, TJ 할로웨이척(TJ Holowaychuk)이 루비에 기반을 둔 프레임워크인 시나트라(Sinatra)에 영감을 받아 만들었다.

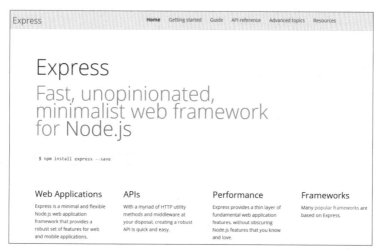

그림 D-2 익스프레스 홈페이지

익스프레스에 대해 정리하면 다음과 같다.

익스프레스의 특징

- Node.js 핵심 모듈인 http와 Connect(http://www.senchalabs.org/connect/) 컴포넌트를 기반으로 하는 웹 프레임워크

- 컴포넌트들을 미들웨어라고 하며, '규약보다는 설정'이라는 철학을 가짐(다양한 라이브러리를 자유롭게 설정 가능)
- 익스프레스 첫 버전 1.0.0은 2010년 11월 릴리즈
- 2014년 7월, 할로웨이척은 익스프레스 소유권을 노드 스타트업 회사인 스트롱루프에 넘김
- 익스프레스는 마이스페이스, Apiary.io, 고스트, 페르소나, 모질라 기반 로그인 시스템 등에서 사용되고 있으며, 페이팔의 오픈 소스 크라켄JS(KrakenJS) 프레임워크의 기반으로 사용됨

익스프레스는 라우트, 라우터, 미들웨어를 핵심 구성 요소로 구성되어 있다. 라우트는 요청 경로를 의미하며, 라우터는 요청 처리를 담당한다. 그리고 미들웨어는 익스프레스에서 사용하는 모듈을 의미한다. 미들웨어는 모듈, 라이브러리 등의 이름으로 불린다.

익스프레스 핵심 구성 요소

- 라우트(Route)
- 라우터(Router)
- 미들웨어(Middleware)

익스프레스를 사용하지 않고 개발을 하면 다음과 같은 처리를 모두 해야 하므로 개발 시간이 늘어나고 복잡한 문제가 생길 수 있다. 익스프레스를 사용하면 개발을 좀 더 편하게 할 수 있으며, 다양한 기능이 준비되어 있어 개발 시간을 단축하는 효과를 얻을 수 있다. 다음은 익스프레스를 사용하지 않을 경우, 직접 개발해야 하는 영역을 정리한 것이다.

익스프레스를 사용하지 않고 노드로만 개발할 때 추가로 개발해야 하는 기능

- HTTP 요청 바디 파싱
- 쿠키 파싱
- 세션 관리
- 라우트 설정을 위해 경로와 HTTP 요청 메소드를 기반으로 한 복잡한 if문 작성
- 데이터 타입을 기반으로 적절한 응답 헤더 결정

익스프레스를 사용하면 다음과 같이 작성하는 것만으로도 3000번 포트에 서버를 실행할 수 있다. 물론, 80번 포트로 변경하면 URL에 포트 번호를 지정하지 않고 접근하게도 할 수 있다.

익스프레스 기본 사용

```javascript
var express = require('express');
var app = express();

app.get('/', function (req, res) {
    res.send('Hello World!')
});
app.listen(3000, function() {
    console.log('Example app listening on port 3000!');
});
```

익스프레스에서 사용하는 미들웨어 함수는 다음 코드에서 function()으로 선언된 부분이다.

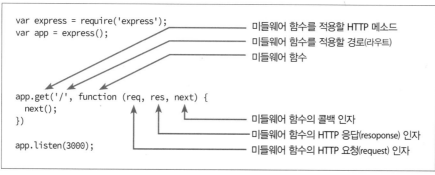

그림 D-3 **익스프레스 미들웨어 함수**

미들웨어 함수는 다음처럼 직접 만들 수도 있다. myLogger 함수가 미들웨어 함수이며, 이 함수가 다른 함수를 실행하기 전에 먼저 실행되게 할 수 있다. 이때 next()를 호출해야 다음 미들웨어 함수를 호출하게 된다.

```javascript
var express = require('express');
var app = express();

var myLogger = function (req, res, next) {
  console.log('LOGGED');
  next();
}

app.use(myLogger);

app.get('/', function (req, res) {
  res.send('Hello World!');
});
```

```
app.listen(3000);
```

URL http://expressjs.com/

MEAN 스택 살펴보기

MEAN 스택은 서버를 MongoDB, Express, Angular, Node.js로 구성하는 것을 말하며, 이 구성 요소가 모두 자바스크립트 기반으로 동작한다. 그러므로 자바스크립트 언어를 잘 하면 MEAN 스택을 자유롭게 다룰 수 있다.

- MongoDB(몽고DB) 데이터베이스
- Express(익스프레스) 웹프레임워크
- Angular(앵귤러) 프론트엔드 프레임워크
- Node.js(노드) 서버 플랫폼

참고로, 프론트엔드부터 서버 그리고 데이터베이스까지 모두 다룰 수 있는 자바스크립트 개발자를 풀스택(Full-stack) 개발자라고 칭하기도 한다. MEAN 스택을 사용하여 개발할 수 있게 해 주는 MEAN.JS도 있다. 이에 대해서 살펴보고 싶다면 다음 링크를 참고하기 바란다.

URL http://meanjs.org/

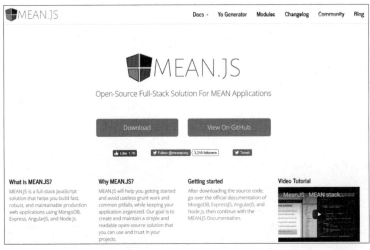

그림 D-4 **MEAN.JS 홈페이지**

좀 더 사용하기 좋은 윈도우 콘솔

윈도우 환경에서 노드를 개발하기 위해서는 윈도우의 '명령 프롬프트(cmd)'를 사용해야 한다. 하지만 기본으로 제공되는 이 프로그램은 사용하기가 불편해서 별도 프로그램을 사용하는 것이 좋다. 무료로 사용할 수 있는 윈도우용 명령 프롬프트에는 ConEmu가 있다. ConEmu는 여러 탭을 통해 작업을 할 수 있으며, 설정도 다양하게 할 수 있다.

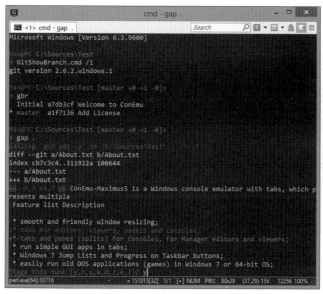

그림 D-5 **ConEmu 콘솔**

ConEmu에 대한 자세한 설명은 아래 링크를 참고하기 바란다.

URL https://conemu.github.io/

노드 개발 도구 소개

노드를 개발할 때 사용할 수 있는 개발 도구에는 여러 종류가 있다. 일반적으로 많은 개발자들이 무료 도구로 개발을 하고 있다. 그만큼 무료 도구도 개발하는 데 큰 불편함이 없음을 뜻하며, 필자도 무료 도구 중 하나인 '비주얼 스튜디오 코드'로 개발을 진행하고 있다. 다음은 노드로 개발할 때 사용할 수 있는 개발 도구를 정리한 것이다. 개발자마다 도구를 선택하는 기준이 다르므로 다음 도구 중에서 마음에 드는 것을 직접 선택하기 바란다. 참고로, WebStorm은 유료이며, 안드로이드 스튜디오를 개발한 JetBrain에서 만든 것이라서 인터페이스가 매우 친근할 것이다. 또한, 개발 편의성도 상당히 좋으므로 여건이 된다면 사용해 보기를 권장한다.

Sublime Text

URL http://www.sublimetext.com

그림 D-6 **Sublime Text**

Atom

URL https://atom.io

그림 D-7 **Atom**

Aptana Studio 3

URL http://www.aptana.com

그림 D-8 Aptana Studio 3

WebStorm

URL https://www.jetbrains.com/webstorm

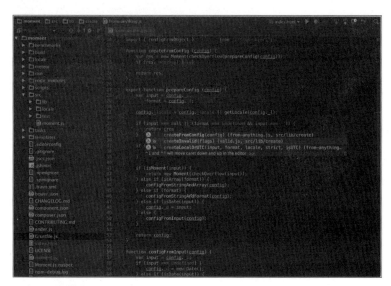

그림 D-9 WebStorm

Visual Studio Code

URL https://code.visualstudio.com

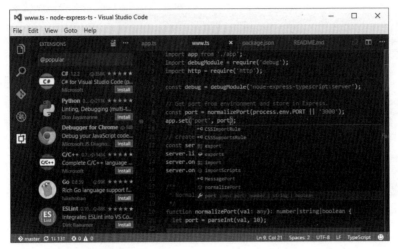

그림 D-10 **Visual Studio Code**

익스프레스의 라우팅과 HTTP 요청 메소드의 종류

라우팅(Routing)은 클라이언트의 요청을 URI(경로)와 HTTP 요청 메소드에 따라 애플리케이션
이 응답하는 방법을 정의하는 것을 의미한다. 이를 위해서는 라우트 함수를 정의해야 한다.

app.METHOD(PATH, HANDLER)

- app은 express의 인스턴스
- METHOD는 HTTP 요청 메소드(get, post, put, delete)
- PATH는 서버에서의 경로
- HANDLER는 라우트가 일치할 때 실행되는 함수(핸들러 함수)

다음은 HTTP 요청 메소드를 서로 다르게 작성한 라우트 함수 종류다. 다음의 예제 코드는
라우트 경로와 HTTP 메소드를 서로 다르게 작성하는 방법을 보여주는 것이며, 실제로는 핸
들러 함수 내에 더 많은 코드가 작성될 것이다.

❶ 라우트 경로가 /이면서 GET 요청이면 'Hello World!'로 응답

```
app.get('/', function (req, res) {
  res.send('Hello World!');
});
```

❷ 라우트 경로가 /이면서 POST 요청이면 'POST request'로 응답

```
app.post('/', function (req, res) {
  res.send('POST request');
});
```

❸ 라우트 경로가 /user이면서 PUT 요청이면 'PUT request'로 응답

```
app.put('/user', function (req, res) {
  res.send(' PUT request');
});
```

❹ 라우트 경로가 /user이면서 DELETE 요청이면 'DELETE request'로 응답

```
app.delete('/user', function (req, res) {
  res.send('DELETE request');
});
```

참고로, HTTP 요청 메소드는 다음과 같은 의미를 가진다.

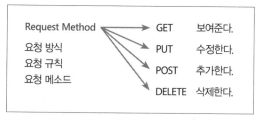

그림 D-11 **HTTP 요청 메소드**

HTTP 요청 메소드는 영어 단어로는 Request Method이며, 우리말로는 요청 방식, 요청 규칙
등으로도 불린다.

노드에서 데이터를 전달받는 방식 세 가지(라우트 매개변수, 쿼리스트링, 요청 바디)

노드에서는 세 가지 방식(라우트 매개변수, 쿼리 스트링, 요청 바디)으로 클라이언트로부터 데이터를 받을 수 있다. 라우트 매개변수와 쿼리스트링은 요청 URL에 데이터를 전달하는 방식이며, 요청 바디는 HTTP BODY를 통해 데이터를 전달하는 방식이다.

방식	예시

라우트 매개변수	호출) /member/01012341234
	router.get('/member/:phone', function(req, res, next) {
	    var phone = req.params.phone;
	});

쿼리 스트링	호출) /member/info?member_seq=123
	router.get('/member/info', function(req, res, next) {
	    var member_seq = req.query.member_seq;
	});

요청 바디	호출) /member/phone
	router.post('/member/phone', function(req, res) {
	    var phone = req.body.phone;
	});

라우트 매개변수와 쿼리 스트링은 URL의 정보를 req.params나 req.query로 받아올 수 있으며, 요청 바디의 내용은 req.body를 통해 받아올 수 있다. req.body를 사용하기 위해서는 반드시 body-parser가 선언되어 있어야 한다. 이에 대해서는 이 책의 [부록](395페이지)의 body-parser 소개 부분을 살펴보기 바란다.

노드에서 개발 시에 필요한 환경 변숫값을 저장하는 방법

익스프레스에는 개발 시에 필요한 환경 변숫값을 설정할 수 있는 함수가 준비되어 있다.

- app.set() 설정을 저장하는 함수
- app.get() 저장한 설정을 얻어오는 함수

우리가 생성한 프로젝트에서도 이러한 함수를 사용하는 코드를 살펴볼 수 있다. express-generator를 사용하여 기본으로 생성된 파일 중에서 bin 디렉터리에 www 파일을 열어 보면 다음과 같은 코드가 있다. 이 코드는 환경 설정에 설정된 process.env.PORT가 있다면 이를

port로 설정하고, 그렇지 않다면 3000으로 설정한다.

```
var port = normalizePort(process.env.PORT || '3000');
app.set('port', port);
```

app.set( ) 함수로 저장한 값은 app.get( ) 함수로 읽어올 수 있다. 참고로, 서버를 시작하면서 특정 포트를 지정하고 싶다면 다음처럼 설정하면 된다. 다음은 리눅스와 윈도우 환경에서 'PORT' 값을 변경하는 방법을 보여준다.

리눅스(임시)	PORT=1234 node start.js
유닉스(영구)	export PORT=1234 $ node start.js
윈도우	set PORT=1234 node start.js
윈도우 파워셸	set PORT=1234 node start.js

익스프레스의 라우트 메소드

익스프레스에서는 다양한 라우팅 메소드를 처리할 수 있다. 기본적인 형태는 다음과 같다.

app.METHOD(path, callback [, callback ...])

자주 사용하는 메소드 종류와 예제를 정리하면 다음과 같다.

app.METHOD 종류

메소드 종류	예제

GET	`app.get('/', function (req, res) {`
	`    res.send('GET request to the homepage');`
	`});`

POST	`app.post('/', function (req, res) {`
	`    res.send('POST request to the homepage');`
	`});`

메소드 종류	예제
DELETE	app.delete('/', function (req, res) { res.send('POST request to the homepage'); });
PUT	app.put('/', function (req, res) { res.send('POST request to the homepage'); });

참고로, 이러한 라우팅 메소드는 다음과 같은 여러 HTTP 메소드를 처리할 수 있게 준비되어 있다.

checkout	mkcol	put
copy	move	report
delete	m-search	search
get	notify	subscribe
head	options	trace
lock	patch	unlock
merge	post	unsubscribe
mkactivity	purge	

GET, POST, PUT, DELETE 등의 라우트를 처리하는 라우트 메소드는 다음과 같은 특징을 가진다.

라우트 메소드 특징

- 경로와 함수를 매개변수로 받는다.
- 대소문자를 구분하지 않는다.
- 맨 뒤의 슬래시를 무시한다.
- 매칭할 때는 쿼리 스트링을 무시한다.
- 와일드카드를 지원한다.

이러한 특징으로 인해 다음과 같은 라우트는 모두 동일한 라우트가 된다.

- /about

- /About

- /about/

- /about?foo=bar

- /about/?foo=bar

노드와 익스프레스의 기본적인 차이

익스프레스를 사용하지 않고도 웹 개발을 할 수 있다. 하지만 익스프레스는 웹을 처리하기 위한 기본적인 기능들을 가지고 있기 때문에 웹 개발을 더 편하게 할 수 있게 도와준다. 다음은 HTTP 응답을 처리하는 코드를 노드와 익스프레스로 각각 작성한 것이다.

Node	Express
```function write(req, res, text) { res.writeHead(404, { 'Content-Type': 'text/plain' }); res.end(text);}```	```app.use(function(req, res, next){ res.type('text/plain') res.status('404'); res.send('404 – Not Found');});```
res.writeHead(200, { 'Content-Type': 'text/plain' });	res.type('text/plain') res.status('200');
res.end();	res.send();

물론, 이 밖에도 많은 차이가 있으므로 익스프레스를 제대로 살펴볼 필요가 있다. 관련 사이트에서 기본적인 기능들을 살펴보면 개발하는 데 많은 도움이 될 것이다.

익스프레스에서 지원하는 템플릿 엔진

익스프레스에서 사용할 수 있는 템플릿 엔진은 매우 많고 현재도 계속 증가하는 추세다. 하지만 각각의 템플릿 엔진마다 장단점이 있으므로 제대로 알지 못하고 사용하면 프로젝트에 여러 모로 악영향을 줄 수 있으므로 신중히 결정해야 한다.

템플릿 엔진 종류

- JadeZ • Haml.js • EJS • hbs • h4e • hulk-hogan • combyne.js • swig • Nunjucks • marko
- whiskers • Blade • Haml-Coffee • Webfiller • express-hbs • express-handlebars
- express-views-dom • rivets-server • Exbars

템플릿 엔진을 선택하기 위해서는 고려해야 할 것이 많은데, 이를 위해 모든 템플릿 엔진을 대상에 올려놓고 분석할 시간은 없을 것이다. 그래서 템플릿 엔진을 필요 용도에 따라 선택할 수 있는 사이트를 하나 소개하고자 한다. Template-Engine-Chooser! 사이트다. 이 사이트에서는 고려사항 중심으로 선택하면 지정한 조건에 맞는 템플릿 엔진을 추려준다. 참고용으로만 살펴보기 바란다.

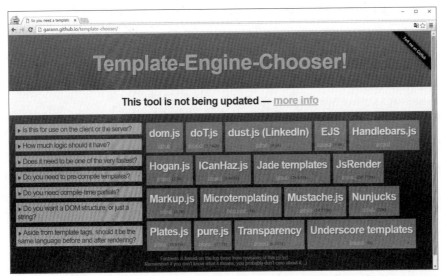

그림 D-12 Template-Engine-Chooser! 사이트(URL http://garann.github.io/template-chooser/)

MySQL 질의문으로 두 지점의 거리 구하는 방법

지구 위에서 두 지점의 거리를 잇는 것은 평면 위에서 두 지점의 거리를 잇는 것과는 다르다. 그래서 이를 위해 참고할 수 있는 것이 Haversine formula다. Haversine formula를 사용해도 지구의 반지름은 6356.752km부터 6378.137km까지 다양하므로 정확하게 구하는 것이 쉽지 않다. 만약 조금 더 정확한 값을 원한다면 Vincenty's formulae를 사용해야 한다.

- https://en.wikipedia.org/wiki/Haversine_formula
- https://en.wikipedia.org/wiki/Vincenty%27s_formulae
- https://en.wikipedia.org/wiki/Spherical_law_of_cosines

하지만 프로그램에서 지도를 다룰 때는 위치에 대한 값을 정교하게 가지고 있으므로 Spherical law of cosines를 사용해서 두 지점의 거리를 구하는 것이 일반적이다. 다음 코드가 MySQL에서 두 지점의 거리를 계산하는 코드이며, 결괏값은 km를 의미한다.

```
6371 *
acos( cos( radians( userLat ) ) * cos( radians( otherLat ) ) * cos( radians( otherLng
                                                  ) - radians( userng ) )
+ sin( radians( userLat ) ) * sin( radians( otherLat ) ) )
```

D.2 노드 모듈

서브 도메인을 처리하는 express-subdomain

노드에서 서브 도메인을 처리할 수 있는 모듈이다.

설치

- npm install express-subdomain --save

사용 방법

다음은 기본적인 사용 방법을 보여준다. 주요 코드를 제외하고는 생략하였다. subdomain()으로 원하는 라우터 파일을 지정하여 서브 도메인으로 처리할 수 있다.

코드 D-1 **app.js**

```
var subdomain = require('express-subdomain');
var express = require('express');
var app = express();

...
app.use(subdomain('api', require('./routes/user') ));

app.get('/', function(req, res) {
    res.send('Homepage');
```

```
});
...
```

코드 D-2 **user.js**

```
var router = express.Router();

//api specific routes
router.get('/', function(req, res) {
    res.send('Welcome to our API!');
});

router.get('/users', function(req, res) {
    res.json([
        { name: "gildong" }
    ]);
});
```

살펴본 방법 외에도 여러 처리를 할 수 있으므로 다음 링크를 참고하기 바란다.

URL https://www.npmjs.com/package/express-subdomain

노드의 콜백 문제를 해결해 주는 async

어싱크(async)는 자바스크립트의 콜백 문제를 해결해 주는 모듈이다. 70여 개의 함수를 가지고 있으며, 직관적이고 편하게 사용할 수 있는 다양한 비동기 제어 흐름(parallel, series, waterfall 등)을 제공한다.

설치

- npm install async --save

사용 방법

```
async.map(['file1','file2','file3'], fs.stat, function(err, results) {

});

async.filter(['file1','file2','file3'], function(filePath, callback) {
  fs.access(filePath, function(err) {
    callback(null, !err);
```

```
    });
}, function(err, results) {

});

async.parallel([
    function(callback) { ... },
    function(callback) { ... }
], function(err, results) {
    // optional callback
});

async.series([
    function(callback) { ... },
    function(callback) { ... }
]);
```

어싱크는 자바스크립트로 개발하는 데 많은 도움을 줄 것이다. 하지만 다른 모듈처럼 단순하지 않기 때문에 어느 정도 학습이 필요하다. 다음 링크를 참고하기 바란다.

URL http://caolan.github.io/async/

웹스크래핑을 위한 cheerio

치리오(cheerio)는 웹스크래핑을 위한 모듈이다. 그래서 HTML 페이지의 다양한 값을 원하는 대로 추출하고 조작할 수 있는 기능을 가지고 있다.

설치

· npm install cheerio --save

사용 방법

```
var cheerio = require('cheerio');
$ = cheerio.load('<h2 class="title">Hello world</h2>');

$('h2.title').text('Hello there!');
$('h2').addClass('welcome');

$.html();
```

request.js를 사용하여 원격의 HTML 페이지를 로딩한 후에 원하는 정보를 cheerio.js를 사용하여 추출할 수 있다. 치리오에 대해서 더 살펴보고 싶다면 다음 링크를 참고하기 바란다.

URL https://www.npmjs.com/package/cheerio

보안 설정을 위한 helmet

헬멧(helmet)은 HTTP 헤더를 설정하여 보안성을 높여주는 11개의 모듈을 포함하고 있는 모듈이다. 다양한 보안 설정을 해 주지만, 이 모듈이 만능은 아니므로 추가적인 보안 처리를 통해 개발한 프로그램을 안전하게 지켜야 한다.

설치

- npm install helmet --save

사용 방법

```
var express = require('express');
var helmet = require('helmet');

var app = express();
app.use(helmet());
```

제공하는 기능

모듈	설명	기본 설정
contentSecurityPolicy	CSP(Content Security Policy) 설정	
dnsPrefetchControl	브라우저의 DNS 프리패칭(prefetching) 제어	✔
Frameguard	클릭재킹(clickjacking) 금지	✔
hidePoweredBy	X-Powered-By 헤더 제거	✔
Hpkp	퍼블릭 키 피닝(HTTP Public Key Pinning) 지원	
hsts	HTTP 보안 강화 프로토콜(HTTP Strict Transport Security) 지원	✔
ieNoOpen	IE8+을 위한 X-Download-Options 설정	✔
noCache	클라이언트 측 캐싱 사용 중지 설정	
noSniff	마임 타입(MIME type) 스니핑 금지	✔

모듈	설명	기본 설정
referrerPolicy	참조 헤더(Referer header) 보호	
xssFilter	XSS 보호	✔

헬멧에 대해서 더 살펴보고 싶다면 다음 링크를 참고하기 바란다.

URL https://github.com/helmetjs/helmet

파일 경로를 다루는 path

패스(path)는 파일 경로를 다룰 수 있는 다양한 유틸리티를 포함하고 있는 모듈이다. 이 모듈을 사용하기 위해서는 require('path')를 해야 한다.

함수	설명
path.delimiter	윈도우 환경에서는 ;를 반환하며, 유닉스나 리눅스 환경에서는 :를 반환한다. process.env.PATH.split(path.delimiter) ['/usr/bin', '/bin', '/usr/sbin', '/sbin', '/usr/local/bin'] 반환
path.sep	윈도우 환경에서는 ₩₩를 반환하며, 유닉스나 리눅스 환경에서는 //를 반환한다. 'foo/bar/baz'.split(path.sep) ['foo', 'bar', 'baz'] 반환
path.dirname(p)	디렉터리 이름을 반환한다. path.dirname('/foo/bar/baz/asdf/quux') '/foo/bar/baz/asdf'를 반환
path.extname(p)	경로의 확장자 이름을 반환한다. path.extname('index.html') '.html' 반환 path.extname('index.coffee.md') '.md' 반환

path.format(pathObject)	경로 문자열을 반환한다.
	path.format({
	   dir: '/home/user/dir',
	   base: 'file.txt'
	});
	'/home/user/dir/file.txt' 반환

path.join([path1][, path2][, ...])	문자열만 인식하여 경로 문자열을 반환한다. path.join('/foo', 'bar', 'baz/asdf', 'quux', '..') '/foo/bar/baz/asdf' 반환

함수	설명
path.normalize(p)	문자열 경로를 파악하여 노멀라이즈한다. path.normalize('/foo/bar//baz/asdf/quux/..') '/foo/bar/baz/asdf' 반환

path.parse(pathString)	경로 문자열을 파싱한다.
	path.parse('/home/user/dir/file.txt')
	{
	   root : "/",
	   dir : "/home/user/dir",
	   base : "file.txt",
	   ext : ".txt",
	   name : "file"
	}

path에 대해서 자세히 살펴보고 싶다면 다음 링크를 참고하기 바란다.

URL https://nodejs.org/dist/latest-v4.x/docs/api/path.html

파비콘(favicon)을 설정하는 serve-favicon

서브파비콘(serve-favicon)은 웹 브라우저의 아이콘을 설정해 주는 모듈이다. 아이콘 경로만 지정하면 되기 때문에 사용 방법도 매우 단순하다.

설치

- npm install serve-favicon --save

사용 방법

```
var express = require('express');
var favicon = require('serve-favicon');

var app = express();
app.use(favicon(__dirname + '/public/favicon.ico'));

// 기타 코드 작성

app.listen(3000);
```

서브파비콘에 대한 추가적인 설명은 다음 링크에서 살펴볼 수 있다.

URL https://www.npmjs.com/package/serve-favicon

HTTP 요청 로거 모듈 morgan

모건(morgan)은 HTTP 요청에 대한 로그를 남겨주는 모듈이다. 다양한 방법으로 로그를 남길 수 있으므로 관련 사이트를 꼭 살펴보기 바란다.

설치

- npm install morgan --save

사용 방법

```
var express = require('express');
var morgan = require('morgan');

var app = express();

app.use(morgan('combined'));

app.get('/', function (req, res) {
    res.send('hello, world!');
});
```

morgan( ) 함수에는 여러 옵션을 지정할 수 있는데, 그중 하나가 로그 형식을 지정하는 옵션이다. 이 옵션들을 정리하면 다음과 같다.

로그 형식

combined

표준 Apache combined 로그 출력

```
:remote-addr - :remote-user [:date[clf]] ":method :url HTTP/:http-version" :status
                            :res[content-length] ":referrer" ":user-agent"
```

common

표준 Apache common 로그 출력

```
:remote-addr - :remote-user [:date[clf]] ":method :url HTTP/:http-version" :status
                                                                   :res[content-length]
```

dev

개발자를 위한 응답 상태를 색상으로 표시. :status 값이 적색이면 서버 에러 코드, 황색이면 클라이언트 에러 코드, 청록색은 리다이렉션 코드, 그 외의 코드는 컬러가 없다.

```
:method :url :status :response-time ms - :res[content-length]
```

short

응답 시간을 포함한 단축형 로그를 출력

```
:remote-addr :remote-user :method :url HTTP/:http-version :status :res[content-
                                                  length] - :response-time ms
```

tiny

최소 로그 출력

```
:method :url :status :res[content-length] - :response-time ms
```

이 밖에도 많은 옵션이 있으므로 다음 링크에서 자세히 살펴보기 바란다.

URL https://www.npmjs.com/package/morgan

쿠키 처리를 위한 cookie-parser

쿠키파서(cookie-parser)는 노드에서 쿠키 처리를 할 수 있도록 개발된 모듈이다. 쿠키를 암호화 처리할 수 있는 옵션도 제공한다.

설치

- npm install cookie-parser --save

사용 방법

```
var express = require('express');
var cookieParser = require('cookie-parser');

var app = express();

app.use(cookieParser());

app.get('/', function(req, res) {
    console.log('Cookies: ', req.cookies);
});

app.listen(8080);
```

이에 대한 추가적인 설명은 다음 링크를 참고하기 바란다.

URL https://www.npmjs.com/package/cookie-parser

HTTP body를 파싱하는 body-parser

바디파서(body-parser)는 HTTP POST 방식으로 전송된 body 내부의 데이터를 파싱하는 모듈이다. 기본적으로 다음과 같은 파서를 제공한다.

바디파서가 제공하는 파서 종류

- JSON body parser
- Raw body parser
- Text body parser
- URL-encoded form body parser

설치

- npm install body-parser --save

사용 방법

```javascript
var express = require('express');
var bodyParser = require('body-parser');

var app = express();

// json parser 생성
var jsonParser = bodyParser.json();

// application/x-www-form-urlencoded parser 생성
var urlencodedParser = bodyParser.urlencoded({ extended: false });

// 인코딩된 URL body 수신
app.post('/login', urlencodedParser, function (req, res) {
  if (!req.body) return res.sendStatus(400);
  res.send('welcome, ' + req.body.username);
});

// JSON body 수신
app.post('/api/users', jsonParser, function (req, res) {
  if (!req.body) return res.sendStatus(400);

  // create user in req.body
});
```

바디파서는 여러 형태의 파서를 제공하는 것뿐만 아니라 다양한 옵션도 제공하고 있다. 그러므로 다음 링크에서 좀 더 자세히 살펴보기 바란다.

URL https://www.npmjs.com/package/body-parser

파일 업로드, formidable

포미더블(formidable)은 HTML 폼(form) 데이터를 파싱하기 위한 node.js 모듈로서 파일 업로드를 하는 용도로 많이 사용하고 있다. 포미더블은 이미지와 비디오를 업로딩하기 위한 목적으로 만들어졌으며, 대용량 파일을 업로드할 수 있도록 많은 테스트가 되어 있다.

특징

- 1초당 500mb 업로드 속도, 논버퍼링 멀티파트 파서
- 업로드 파일 자동 저장
- 적은 메모리 사용

- 적절한 에러 처리

설치

- npm install formidable --save

사용 방법

```
router.post('/icon_upload', function (req, res) {
  var form = new formidable.IncomingForm();

  form.on('fileBegin', function (name, file){
    file.path = './public/member/' + file.name;
  });

  form.parse(req, function(err, fields, files) {
    var sql_update = "update bestfood_member set member_icon_filename = ? where seq =
                                                                                ?;";

    db.get().query(sql_update, [files.file.name, fields.member_seq], function (err,
                                                                                ows) {

      res.sendStatus(200);
    });
  });
});
```

이벤트 종류

이벤트	설명 및 코드
progress	파일 업로드 진행사항을 처리할 수 있는 이벤트 form.on('progress', function(bytesReceived, bytesExpected) { });
field	전송된 필드 이름과 값을 처리할 수 있는 이벤트 form.on('field', function(name, value) { });
fileBegin	파일 업로드가 시작될 때 호출되는 이벤트 form.on('fileBegin', function(name, file) { });
file	필드와 파일을 수신했을 때 호출되는 이벤트 form.on('file', function(name, file) { });

이벤트	설명 및 코드
error	업로드 처리를 하다가 에러가 발생했을 때 호출되는 이벤트 form.on('error', function(err) { });
aborted	업로드 요청이 사용자에 의해 취소되었을 때 호출되는 이벤트. 일반적으로 타임아웃이나 소켓 종료로 인해 발생함 form.on('aborted', function() { });
end	요청이 모두 처리되었을 때 호출되는 이벤트 form.on('end', function() { });

포미더블에 대해 더 살펴보고 싶다면 다음 링크를 참고하기 바란다.

URL https://github.com/felixge/node-formidable

파일 업로드, multer

멀터(multer)는 파일 업로드(multipart/form-data)를 처리하는 모듈이다. 포미더블(formidable)과
함께 자주 사용하는 모듈이다.

설치

· npm install multer --save

사용 방법

```
var express = require('express');
var multer  = require('multer');
var upload = multer({ dest: 'uploads/' });

var app = express();

app.post('/profile', upload.single('avatar'), function (req, res, next) {
  // req.file로 'avatar' 파일에 접근할 수 있으며
  // req.body에는 텍스트 필드가 포함되어 있다.
});

app.post('/photos/upload', upload.array('photos', 12), function (req, res, next) {
  // req.files로 'photos' 파일들의 배열에 접근할 수 있으며
  // req.body에는 텍스트 필드가 포함되어 있다.
});
```

멀터를 통해 파일 경로를 지정하고 파일 크기를 제한하는 등 다양한 처리를 할 수 있다. 이에 대해서 더 살펴보고 싶다면 다음 링크를 참고하기 바란다.

URL https://www.npmjs.com/package/multer

HTTP 요청 처리, request

리퀘스트(request)는 HTTP 요청을 쉽게 처리해 주는 모듈이다. 그래서 원격의 서버에 있는 파일을 노드 서버에 저장하거나 입력 폼을 전송하는 등의 HTTP와 관련된 다양한 처리를 할 수 있다.

설치

- npm install request --save

다음은 구글 URL 요청을 하고 그 결과를 받아서 콘솔에 출력하는 방법을 보여준다.

```
var request = require('request');
request('http://www.google.com', function (error, response, body) {
  if (!error && response.statusCode == 200) {
    console.log(body); // 구글 홈페이지의 HTML을 보여준다.
  }
});
```

다음은 원격 파일을 요청해서 노드 서버에 파일을 저장하는 방법을 보여준다.

```
request('http://google.com/doodle.png').pipe(fs.createWriteStream('doodle.png'));
```

이처럼 request.js는 HTTP와 관련된 처리를 하는 다양한 기능을 가지고 있다. 이러한 기능을 정리를 하면 다음과 같다.

- Streaming
- Forms
- HTTP Authentication
- Custom HTTP Headers
- OAuth Signing

- Proxies
- Unix Domain Sockets
- TLS/SSL Protocol

이에 대해서 더 살펴보기를 원한다면 다음 링크를 참고하기 바란다.

`URL` https://www.npmjs.com/package/request

유틸 라이브러리, underscore

언더스코어(underscore)는 다양한 기능을 제공하는 자바스크립트 라이브러리다. 매우 많은 기능을 가지고 있어 해당 기능을 설명하는 것은 지면 관계상 어려우니 어떤 함수들이 준비되어 있는지만 정리해 보겠다.

설치

- npm install underscore --save

함수 정리

컬렉션	배열	함수	객체	유틸
each	first	bind	keys	noConflict
map	initial	bindAll	allKeys	identity
reduce	last	partial	values	constant
reduceRight	rest	memoize	mapObject	noop
find	compact	delay	pairs	times
filter	flatten	defer	invert	random
where	without	throttle	create	mixin
findWhere	union	debounce	functions	iteratee
reject	intersection	once	findKey	uniqueId
every	difference	after	extend	escape
some	uniq	before	extendOwn	unescape
contains	zip	wrap	pick	result
invoke	unzip	negate	omit	now

컬렉션	배열	함수	객체	유틸
pluck	object	compose	defaults	template
max	indexOf		clone	
min	lastIndexOf		tap	
sortBy	sortedIndex		has	
groupBy	findIndex		matcher	
indexBy	findLastIndex		property	
countBy	range		propertyOf	
shuffle			isEqual	
sample			isMatch	
toArray			isEmpty	
size			isElement	
partition			isArray	
			isObject	
			isArguments	
			isFunction	
			isString	
			isNumber	
			isFinite	
			isBoolean	
			isDate	
			isRegExp	
			isError	
			isNaN	
			isNull	
			isUndefined	

다음은 몇몇 함수를 호출하는 방법을 보여준다.

```
_.each([1, 2, 3], alert);
_.every([2, 4, 5], function(num) { return num % 2 == 0; });
_.contains([1, 2, 3], 3);
```

각 함수에 대한 설명은 아래 링크를 참고하기 바란다.

`URL` http://underscorejs.org

다양한 인증을 쉽게 처리해 주는 미들웨어, passport.js

패스포트(passport)는 인증을 처리해 주는 미들웨어다. 구글, 페이스북, 트위터, 네이버 등을 지원하며 로컬 인증도 지원한다.

패스포트는 다음과 같은 특징을 가진다.

- 300개 이상의 인증 처리 지원
- OpenID와 OAuth 로그인 지원
- 인증 성공과 실패 처리 지원
- 쉽고 단순한 사용 방법 지원

패스포트는 국내 서비스인 네이버, 다음, 카카오 등의 인증 처리뿐만 아니라 국외 유명 서비스인 구글, 페이스북, 인스타그램 등 다양한 인증 처리를 지원하고 있다.

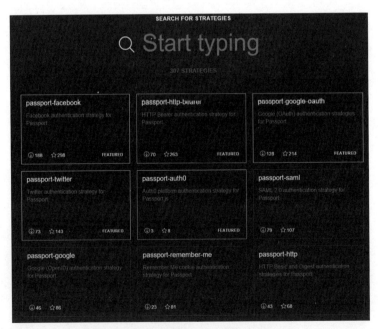

그림 D-13 패스포트에서 지원하는 인증 서비스 목록

다음은 패스포트를 사용하여 구글 로그인 인증을 받는 코드를 보여준다. 이 코드에서는 Google OAuth 2.0 방식을 사용한다.

설치

- npm install passport-google-oauth --save

사용 방법

```
var passport = require('passport');
var GoogleStrategy = require('passport-google-oauth').OAuth2Strategy;

// 구글을 사용하여 로그인 인증
passport.use(new GoogleStrategy({
        clientID: GOOGLE_CLIENT_ID,
        clientSecret: GOOGLE_CLIENT_SECRET,
        callbackURL: "http://www.example.com/auth/google/callback"
    },
    function(accessToken, refreshToken, profile, done) {
        User.findOrCreate({ googleId: profile.id }, function (err, user) {
            return done(err, user);
        });
    }
));

// 인증을 요청하고 결과는 /auth/google/callback 로 반환
app.get('/auth/google',
    passport.authenticate('google', { scope: ['https://www.googleapis.com/auth/plus.
                                                                           login'] }));

// 인증에 실패하면 /login으로 이동하고 성공하면 /로 이동
app.get('/auth/google/callback',
    passport.authenticate('google', { failureRedirect: '/login' }),
    function(req, res) {
        res.redirect('/');
});
```

패스포트에 대한 자세한 설명은 아래 링크를 참고하기 바란다

URL http://passportjs.org

찾아보기